KEINER/RIEDMANN
LEXIKON FÜR DEN PLASTIK-MODELLBAU

BERND P. KEINER / BARBARA RIEDMANN

LEXIKON für den PLASTIK-MODELLBAU

MOTORBUCH VERLAG STUTTGART

Einbandgestaltung: Reinhard Bornemann, unter Verwendung von 6 Dias des Autors.
Bilder: Bernd P. Keiner (187)

Bildnachweis:
Die Autoren danken den folgenden Firmen und Personen für die großzügige Unterstützung von Foto- und Informationsmaterial:
Airfix, Albedo-Forkel, Bandai, Beiersdorf AG, Brawa, Brekina, Burago, Busch, Danhausen, Faller, Fröwis, Graupner, Heki, Heller-Humbrol, Herpa, Historex, Honda, Italeri, Kager, Kibri, Letraset, Martor, Märklin, Matchbox, Messe Nürnberg, Metz, Motorbuch Verlag, Multiplex, Noch, Olympus, Pocher, Pola, Preiser, Protar, Proxxon, Revell, Robbe, Roco, Roskopf, Schreiber, Simprop, Solido, Tamiya, Tekno, TS-Truckstore, UHU, Wedico, Wiking sowie Jörg Schlattner (1. Vorsitzender des EPMC München), Horst John, Tilman Wallroth, Ulrich Siewers, Jos v. d. Beuken, Claus-Peter Ernst, Ernst Prenner von Prikranyi, Axel Gerwing, Gerhard O. W. Fischer, Blacky's Studio, Jürg Eichenberger.

ISBN 3-613-01101-8

1. Auflage 1987

Eine Abteilung des Buch- und Verlagshauses Paul Pietsch GmbH & Co. KG.

Satz und Druck: Rems-Druck, 7070 Schwäbisch Gmünd.
Bindung: Verlagsbuchbinderei K. Dieringer, 7016 Gerlingen.
Printed in Germany.

Vorwort

Plastikmodellbau von A–Z

Modellbau ist beinahe so alt wie die Menschheit selbst. Bereits im Altertum wurden Miniaturen und Nachbildungen von Schiffen, Kampfwagen und Palästen aus Ton, Holz oder Metall angefertigt, wie Funde in altägyptischen Grabkammern beweisen. Allerdings war es ein unendlich langer Schritt von diesen urzeitlichen »Kult-Modellen« bis hin zu der faszinierenden Freizeitbeschäftigung Modellbau, die mittlerweile weltweit von Millionen Menschen begeistert ausgeübt wird.
Einen ungewöhnlichen Boom bei jung und alt verzeichnet hierbei der Plastikmodellbau mit seinen unzähligen Teilbereichen Schiffe, Flugzeuge, Oldtimer, Trucks, Motorräder, Sportautos, Figuren, Dioramen und Fernsteuerungen. Das Angebot an Bausätzen, Fertigmodellen und diversem Zubehör ist schier unerschöpflich, die Vielzahl der Hersteller, Maßstäbe und Materialien verwirrend. Es gibt praktisch nichts, was es nicht gibt.
Was bislang fehlt, ist ein umfassendes Lexikon, das informiert, anregt, erklärt und hilft, in die »aufregende Welt« des Modellbaus noch tiefer einzudringen.
Dieses Buch soll diese Lücke schließen, die notwendigen Informationen, Techniken und Tips liefern, um dem interessanten und kreativen Hobby »Plastikmodellbau« noch mehr Qualitäten und Denkanstöße zu geben.
Natürlich erheben wir mit diesem handlichen Lexikon keinen Anspruch auf Vollständigkeit – zu umfangreich ist die Palette des Modellbaus. Wir hoffen trotzdem, das Wesentlichste berücksichtigt zu haben.

A

Abbrechen Ein Fehler, der von Modellbauanfängern leider immer wieder begangen wird: Das benötigte Bauteil wird kurzerhand vom → Gußast abgebrochen, wobei meistens einzelne Stücke des → Bauteils mit abgerissen werden und es unbrauchbar machen. Grundsätzlich wird das zum Bau erforderliche Teil mit einem scharfen Klingenmesser abgetrennt und die vom Formprozeß eventuell übriggebliebenen Plastikreste sorgfältig mit einer → Diamantstaub-Nagelfeile oder feinem → Sandpapier abgeschmirgelt.

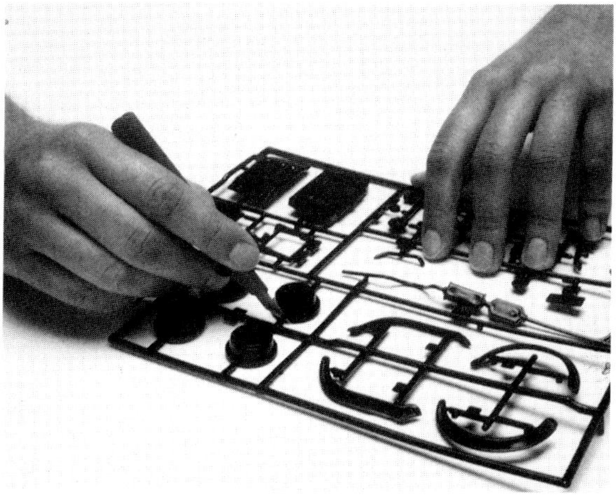

Abdecken Sollen Modelle mehrfarbig bemalt oder gespritzt werden, ist es notwendig, daß bestimmte Stellen (Decors an Sportwagen, Rumpf von Schiffen etc.) durch entsprechende Hilfsmittel (Schablonen, Masken) abgedeckt werden.

Abdeckband Die meisten verwenden ganz gewöhnliches → Klebeband (Tesafilm, Tesakrepp). Kreppband hat den Vorteil, sich geschmeidig der Oberfläche des Modells anzupassen, was die Farbe davon abhält, unter die Bandränder zu laufen. Modellteile, die eine andere Farbe erhalten sollen, werden einfach mit dem Band abgedeckt. Glatte Kanten erreicht man, indem man Kreppband vorher auf einer → Glasplatte mit einem → Lineal entsprechend zuschneidet. Nach dem Bemalen oder Spritzen sollte die Farbe nicht länger als 20 Minuten trocknen, bevor man das Kreppband vorsichtig abzieht. Dadurch wird vermieden, daß beim Abziehen des Bandes kleine Farbstückchen mit herausgerissen werden.
Zum Abdecken auf glatten Flächen eignet sich auch Plastik- oder Isolierband. Optimale Resultate lassen sich mit den flexiblen Abrollbändern von → Letraset und → Meccanorma (erhältlich im Schreibwarenhandel oder in Grafiker-Shops) erzielen. Diese Bänder in der praktischen Rolle gibt es in verschiedener Breite und Form.

Abdeckfilm Häufig verwendet wird selbstklebender Schneide- oder Schablonenfilm, der als Meterware von der Rolle oder im Bogenformat (25,4×38 cm und 28×50 cm) im Grafikerfachhandel erhältlich ist. Das Material ist ein dünner, glasklarer Acetatfilm, dessen Rückseite mit einem nicht farblösenden Klebstoff niedriger Haftfähigkeit beschichtet ist. Sein Vorteil: Er läßt sich abziehen und wieder neu verwenden. Mit einem → Skalpell oder → Cutter-Messer läßt sich der Film spielend leicht zurechtschneiden, wobei man allerdings darauf achten sollte, daß die Klinge nicht die Lackierung des Modells durchschneidet.

Abdeckfolie → siehe Abdeckfilm

Abdecklack Alle Fachgeschäfte verkaufen diese Flüssigkeit (z. B. Maskol, Magic Masker, Color Stop, Retuschelack), die mit dem Pinsel aufgetragen wird und in Verbindung mit Luft nach wenigen Minuten zu einer gummiartigen Haut trocknet. Mit dem Messer kann man Formen oder Muster herausschneiden oder gleich mit Farbe übermalen. Ohne Schwierigkeiten läßt sich Abdecklack wieder abziehen, entweder mit → Klebeband oder mit einer → Pinzette, wobei zuerst mit der Spitze eines Klingenmessers eine Ecke angehoben wird.

Abdecktechnik

Fächer-Design Aus Folie oder Papier das gewünschte Muster schneiden und am Modell fixieren. Mit Farbe übersprühen, versetzen und wieder sprühen – entweder mit derselben Farbe oder einem anderen Farbton.

Flammen-Muster Die Form aus der Folie schneiden und aufkleben. Zuerst die helle Farbe auftragen, dann die dunklen Farbtöne, wobei die Maskenränder stärker besprüht werden sollen.

Netzmuster Groben oder feinen Tüll mit Klebeband (alles in der Bastelabteilung erhältlich) auf dem Modell befestigen. In mehreren leichten Sprühvorgängen Farbe auftragen, Netz entfernen – fertig.

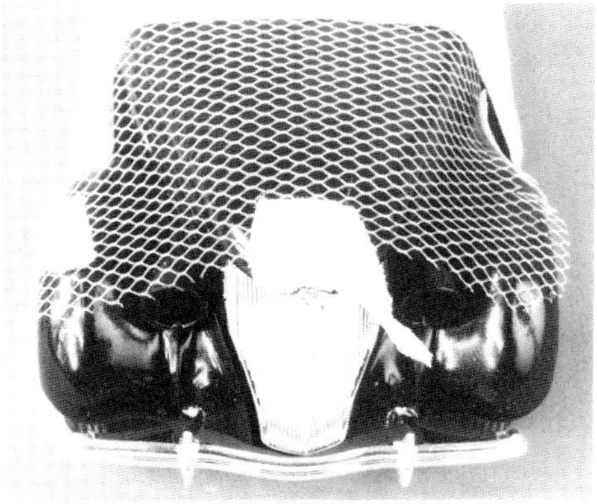

Spitzenmuster Klöppelspitzen, Gardinenreste oder Tortendeckchen (gibt es im Schreibwarenhandel) aufkleben. Aus 20 bis 25 cm Entfernung Farbe aufsprühen. Als Variante kann man auch mehrere unterschiedliche Farben verwenden. Farbe gut trocknen lassen, Spitze vorsichtig entfernen.

Streifen Hierfür gibt es die unterschiedlichsten Techniken und Variationen.

Positive Streifen Drei Tesafilm-Streifen nebeneinander kleben. Den mittleren Streifen entfernen, einsprühen oder bemalen. Beim Pinseln aber darauf achten, daß vom Kleberand weggestrichen wird, sonst entstehen unschöne dicke Farbkonturen. Nach rund 20 Minuten die beiden äußeren Streifen abziehen.

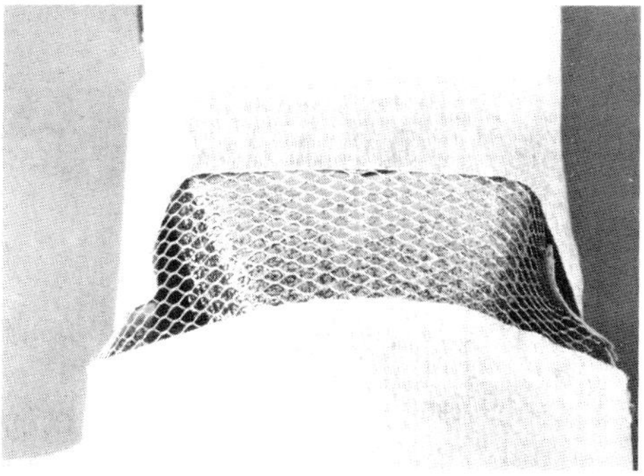

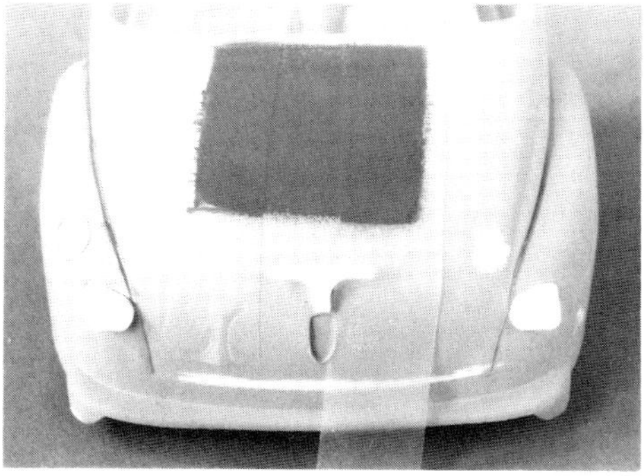

Negative Streifen Zuerst das Modell in der Farbe des Streifens lackieren. Mindestens 24 Stunden trocknen lassen, dann Klebeband, besser noch einen zurechtgeschnittenen Schablonenfilm in der gewünschten Breite des Streifens aufziehen. Jetzt wird mit der zweiten Farbe lackiert. Wird nach dem Antrocknen das Klebeband entfernt, erscheint der Negativstreifen.

Tarnungseffekte Angebracht bei Militärfahrzeugen und -flugzeugen. Aus einem dünnen Karton wird ein unregelmäßiges Muster geschnitten. Um scharfe Kanten zu erreichen, wird diese Schablone direkt auf das Modell gelegt und eingesprüht. Sollen unscharfe, verschwommene Konturen entstehen, wird die Schablone beim Spritzen einige Millimeter über das Modell gehalten. Durch Verwendung unterschiedlicher Schablonen läßt sich das Aussehen einer solchen Flecktarnung wesentlich verbessern.

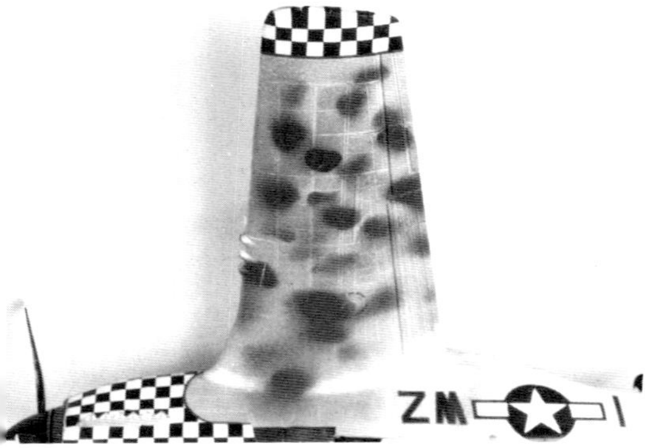

Abdichten Empfindliche Bauteile (→ Empfänger, → Batterien, → Servos von ferngesteuerten Booten oder Offroad-Rennern) sollten weitgehend gegen Nässe und Schmutz geschützt werden. Eine durchsichtige Plastikbox eignet sich hervorragend. Der Deckel wird zusätzlich mit → Silikonkautschuk oder einer anderen elastischen Masse, die sich zum Abdichten eignet, versiegelt. Austrittsöffnungen, z. B. → Antennen, Kabelanschlüsse werden ebenfalls mit etwas Silikonkautschuk versehen. Öffnungen an Ruderstangen (RC-Schiffe) sollten mit einem Gummibalg oder einer Gummitülle abgedichtet werden. Etwas aufgetragenes Staufferfett verhindert, zusätzlich, daß die Ruderstange festklemmt.

Abfallmaterial Gibt es im Modellbau eigentlich nur bei Anfängern. Fortgeschrittene und Experten haben eine → Grabbelkiste, in die erst einmal alles wandert (→ Gußäste, übriggebliebene → Chromteile, → Decals, Schrauben usw.). Aus diesem Abfallmaterial läßt sich hinterher so mancher originelle → Eigenbau montieren.

Abkleben → siehe Abdecken.

Ablösen (Decals) Abziehbilder → (Decals) können problemlos entfernt werden. Hierfür eignen sich besonders spezielle Lösungsmittel wie z. B. → Micro-Sol. Das Decal einpinseln und nach dem Einwirken mit einer Pinzette vorsichtig entfernen. In vielen Fällen lassen sich Decals auch mit verdünnter Essiglösung entfernen. Bleiben beide Methoden ohne Erfolg, kann man mittels → Tesafilm die Decals abreißen. Nachteil: Decal wird bei diesem Vorgang zerstört.
Sogenannte Trocken-Decals lassen sich generell nur mit der Tesafilm-Methode entfernen.

Abnützen Soll ein Modell nicht neu, sondern bereits abgenutzt wirken, kann mittels Farbe und Tricks nachgeholfen werden. Autoreifen werden entweder mit mattschwarzer Farbe bemalt, oder wer es gerne noch realistischer hat, kann mit → Schmirgelpapier die Laufflächen bearbeiten.
Autositze, die aus Leder sein sollen, können mit matter Emailfarbe behandelt werden. Mit den leicht fettigen Fingerspitzen glänzend reiben, das ergibt einen Patinaeffekt.
Siehe auch → Verschmutzen.

Abreibebuchstaben Sie finden bei der Beschriftung von Modellen Verwendung,

z. B. Nummernschilder, Schriftzüge von Firmen und Namen bei Autos, Eisenbahnen, Schiffen, Flugzeugen etc. Abreibebuchstaben gibt es nahezu in allen Schriftarten, Farben und Schriftgrößen im Grafikerzubehörhandel oder gutsortierten Schreibwaren- und Bürofachhandel, zum Beispiel von der Firma → Letraset.

ABS-Kleber Spezieller Kleber für Acrylbutylstyrol (ABS). Er enthält ABS plus Klebemittel und kann (im Gegensatz zu vielen anderen Klebern) auch andere Kunststoffe (Polystyrol, Acryl, PVC etc.) kleben. ABS-Kleber gibt es als Zweikomponentenkleber (z. B. UHU a.b.s oder als Universalkleber).

ABS-Kunststoff Bezeichnung für alle Kunststoffe aus Acrylbutylstyrol (ABS), sie sind neben → Polystyrol die häufigsten angewandten Kunststoffe. Das Material ist von hoher Druckfestigkeit, selbst dünne Platten und Schalen sind noch recht bruchstabil. Der Fachhandel bietet ABS-Kunststoffe unter anderem auch in Sortimenten verschiedener Formen, z. B. Winkel, T- und Doppel-T-Träger, Profile und Winkel, runden und eckigen Rohren an. Siehe auch → Plastruct. Kleben läßt sich das Material mit → ABS-Kleber.

Abstufen Eine beim Spritzen gern angewandte Technik, um ausgefallene Dekors oder Farbschattierungen (z. B. an Fun-

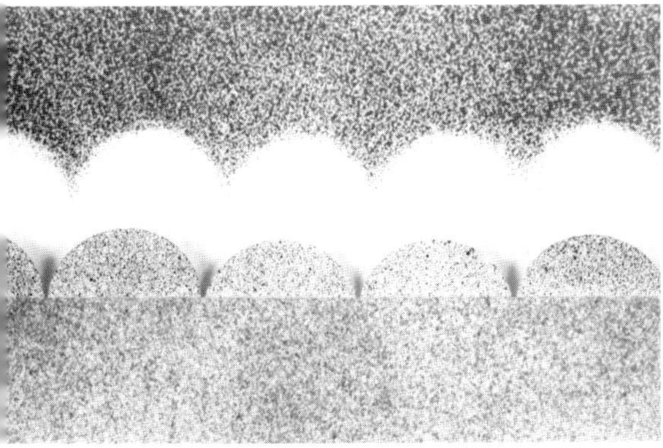

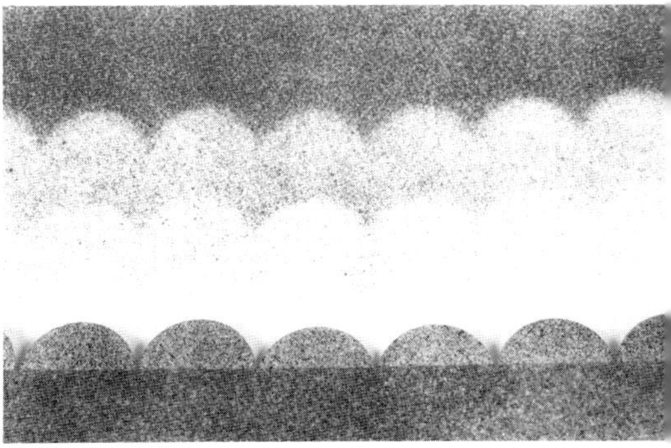

Cars, Chopper usw.) zu erzielen. Man schneidet einfach eine Schablone aus Papier oder Karton (gezackte Ränder, Kurven) → siehe Abdecktechnik, spritzt leicht den gewünschten Farbton an, verschiebt die Schablone, spritzt erneut an, mit einer aufgehellten Farbe, oder dunkleren und wiederholt dies solange, bis der gewünschte Effekt erreicht ist.

Abwaschen Jedes Bauteil sollte vor dem Lackieren gereinigt werden, um Fettspuren und Staub zu entfernen. Am besten eignet sich lauwarmes Wasser, dem einige Tropfen Spülmittel zugefügt werden.

Abwaschen (Lackierung) Eine mißglückte Lackierung kann in den meisten Fällen wieder entfernt, sprich abgewaschen werden. Hier hat sich die Verwendung von Autobremsflüssigkeit, z. B. die → ATE-Bremsflüssigkeit, bestens bewährt. Allerdings gibt es einige Lacke, die auf diese Behandlung nicht ansprechen.
Zum Ablösen wird das Bauteil mehrere Stunden ganz in die Flüssigkeit gelegt. Rillen, Ränder und andere Partien, an denen noch Farbreste vorhanden sind, werden mit einem in Bremsflüssigkeit getränkten Wattestäbchen oder Holzspieß behandelt.
Eine wesentlich effektivere Lösung zum Abwaschen einer mißglückten Lackierung ist die Verwendung von → Natronlauge (gibt es in fast jeder Apotheke). Ideal ist eine 30%ige Natronlauge (30 Teile Natron-

hydroxid, 70 Teile Wasser), in die man das Bauteil mit Hilfe einer → Arterienklemme hineinlegt. *Vorsicht! Beim Umgang mit Natronlauge unbedingt Gummihandschuhe tragen! Wegen der entstehenden leicht ätzenden Dämpfe sollte der Arbeitsvorgang unbedingt im Freien vollzogen werden!* Das Modell oder Bauteil bleibt 24 Stunden in der Natronlauge. Danach wird es gründlich unter fließendem Wasser gereinigt. Eventuelle Farbreste entfernt man mit einer alten Zahn- oder Nagelbürste.

Abziehbilder Auch → Decals genannt. Es gibt zwei Arten von Abziehbildern: → Trockenabziehbilder und → Naßabziehbilder. Letztere werden nach Anleitung im Wasser eingeweicht und dann auf das entsprechende Teil aufgeschoben und vorsichtig mit einem weichen Tuch festgedrückt. Bei unebenen Oberflächen bilden sich in der Regel Luftblasen, die nach dem Trocknen deutlich zu sehen sind. Diese kann man durch Verwendung von → Micro Sol – einem Weichmacher – vermeiden. Siehe auch → Trockenabziehbilder und → Naßabziehbilder.

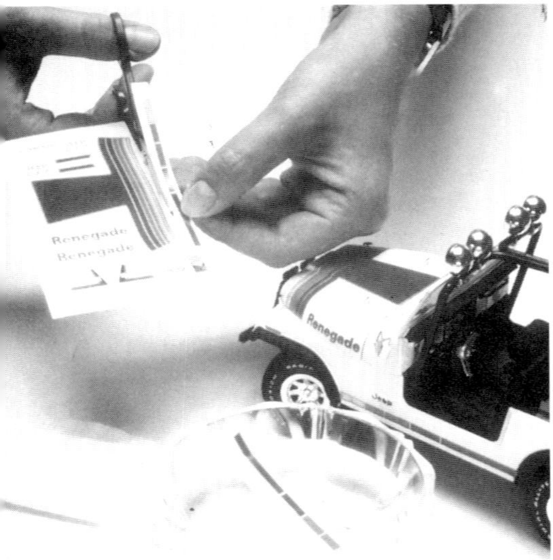

Abziehbilder, alte Durch zu lange Lagerzeiten können Abziehbilder beim Wässern rissig werden, oder sie splittern beim Trocknen. Durch einen Klarlacküberzug läßt sich der Bogen mit den restlichen Abziehbildern häufig noch retten. Nach vollständigem Durchtrocknen können sie, vorsichtig ausgeschnitten, wieder gewässert und verarbeitet werden. Das am Modell gesplitterte oder gerissene Decal am besten durch Andrücken mit Tesafilm abreißen und durch neue ersetzen.

Acetate Salze und Ester der Essigsäure, in Verbindung mit anderen chemischen Bestandteilen unter anderem auch in Form von Aceton (dient als Lösungsmittel und Reiniger) oder als Acetessigester (in Teerfarben und Farbfilmen verwendet) bekannt.

Achsen gehören in der Regel zu jedem Bausatz. Für Um- oder Eigenbauten kann man verschiedenste Materialien als Achsen verwenden. Zum Beispiel: dünne Gießäste, Nägel (ohne Kopf), Stahldraht und -stifte, Nieten etc.

Acryl Ist als transparenter, halblichtdurchlässiger oder durchsichtiger Werkstoff in einer ganzen Reihe von Farbtönen erhältlich. Unter Hitzeeinwirkung läßt sich das ansonsten sehr spröde Material gut biegen und formen. Anwendung findet Acryl vor allem bei Schaukästen für Ausstellungsmodelle oder Plattformen für Diorama-Aufbauten.

Acryldispersion Die ideale Grundierung für Diorama-Grundplatten aus Gips, erhältlich im Fachhandel. Verdünnt auf den Gips gestrichen, füllt Acryldispersion die Poren aus und versiegelt, dadurch wird die Haftfestigkeit erheblich erhöht und der Farbverbrauch um einiges reduziert.

Acrylfarbe wird meist als Autolack verwendet, da diese sehr widerstandsfähig ist. Auch für den Plastikmodellbau eignen sich Acrylfarben in vielen Fällen. Dabei muß das Modell vorher stets grundiert werden. Hierfür eignen sich die handelsüblichen Grundiermittel aus dem Autozubehör. Da Acrylfarben von Hersteller zu Hersteller unterschiedlich auf das Plastikmaterial wirken, empfiehlt es sich, vorher an einer Stelle, die hinterher nicht sichtbar ist, die Materialverträglichkeit zu erproben. Dies gilt übrigens für alle Farben, die nicht speziell für den Plastikmodellbau geeignet sind.

Arcylkleber Ein Kleber, der in Dichlormethan gelöstes Acryl enthält und der in verschiedenen Flüssigkeitsgraden erhältlich ist. Im Modellbau werden vorwiegend dünnflüssige Arten verwendet.

Acrylplatten auch → Plexiglas genannt, werden in der durchsichtigen Ausführung für Schaukasten und Vitrinen verwendet. Acrylplatten lassen sich sägen, bohren, schleifen, biegen und kleben.

ACS-Band Flexible selbstklebende Bänder, die in unterschiedlichen Ausführungen von Letraset und Meccanorma angeboten werden. Zum einen eignen sich diese Bänder, es gibt sie in den Breiten 0,4 – 25,4 mm, hervorragend zum Abdecken bei Fahrzeuglackierungen, da sie sich leicht um Kurven und Rundungen legen, zum andern lassen sich die farbigen Bänder auf Krepp- oder Filmbasis als Dekorstreifen an Autos, Trucks und Flugzeugen verwenden. Angeboten werden ACS-Bänder in Grafiker-Shops oder im Schreibwarenfachhandel.

Adam's US-Firma, die in den Jahren 1957/58 vorwiegend Militaria-Modelle (Maßstab 1:50) aus Polystyrene herstellte. Es handelt sich um Haubitzen, Kanonen und Raketenträger aus dem 2. Weltkrieg und dem Korea-Krieg.

Adapter Englisch (to adapt = anpassen, zurechtmachen). Allgemein bedeutet Adapter ein Zusatzgerät, das ein Gerät für weitere Verwendungszwecke nutzbar macht, z. B. als Anschlußstück verschiedener Kabel in der Elektronik oder bei elektrischen Anlagen → (Fernsteuerungen).

Advent US-Firma, die im Jahre 1979 preiswerte Automodellbausätze im Maßstab 1:32 und 1:25 auf den Markt brachte. Die Bausätze wurden bei Revell hergestellt und enthielten meistens noch nicht einmal verchromte Teile. Außer dem Porsche 911 wurden ausschließlich amerikanische Funny Cars, Dragster und Fantasie-Sportwagen produziert (z. B. Ford Pickup Hot-Rod »Double Trouble«, Chevrolet Vega »Jungle Jim« oder »Mangoose« Rail Dragster).

Aero-Decals Sammelname von → Abziehbildern (→ Decals), die bei Flugmodellen verwendet werden. Einige Firmen z. B. → Microscale, Detail & Scale Decals u. a.) sind auf die Herstellung von Aero-Decals spezialisiert.

Aerodyne Bei den US-Trucks in den letzten Jahren gern angewandte Karosserieveränderung, bei der das Dach des Sleepers, der Schlafkabine, erhöht wurde, um den Fahrern mehr Komfort und eine bes-

sere Raumausnutzung zu geben. Aerodyne-Versionen werden bei beiden Konstruktionsprinzipien (→ COE und → Conventional) angewandt.

Aerograph Markenname, siehe → Spritzpistolen

Aerosol-Lack Farblack, mit einem unter Druck stehenden Treibgas vermischt. Gibt es in den unterschiedlichsten Dosierungen und Farben (Metallic, seidenmatt, glänzend, matt). Das Einatmen der austretenden Dämpfe und Sprühnebel ist gesundheitsschädlich.

A.I.M. Abkürzung für **A**merican **I**ndustrial **M**odels. Unter diesem Firmennamen vertreibt der Amerikaner → James Etter Fahrerkabinen aus → Gießharz diverser US-Trucks im Maßstab 1:25. Dazu gibt es noch eine Reihe Zubehörteile, um aus handelsüblichen Bausätzen maßgeschneiderte Modelltrucks zu basteln.

Airbrush Englisch, Bezeichnung für das Spritzen von Farbe mit → Spritzpistole und → Kompressor, abgeleitet von air = Luft und brush = bürsten, pinseln.

Airfix Eine der ersten und ältesten Modellbaufirmen in Europa. Bereits 1957 erschienen Bausätze der britischen Firma im Maßstab 1:32 (Fort T Runabout von 1910). Später ging man dazu über, neben der Oldtimerserie auch moderne Pkw zu bauen. Heute umfaßt das Airfix-Programm Flugzeuge in 1:48, 1:24 und 1:72, historische Schiffe in 1:72 und 1:600, Militaria in H0 und 1:35, die Meisterstückkollektion (Oldtimer, Dampfloks und Feuerwehren in diversen Maßstäben), ein reichhaltiges

Raumfahrtangebot, Vögel, Dinosaurier, Autos in 1:24 sowie Zubehör (Farben, Pinsel etc.).

Akku Abkürzung für Akkumulator (Gerät zum speichern elektrischer Energie). Diese finden überwiegend im RC-Modellbau Einsatz. Hierbei handelt es sich um eine mehrfach wiederaufladende Batterie, die dort eingesetzt wird, wo häufiger Stromverbrauch unabhängig vom Stromnetz erforderlich ist. Beispiele: Beleuchtungen von Modellen, Signaltöne und bei RC-Modellen für den Antrieb.

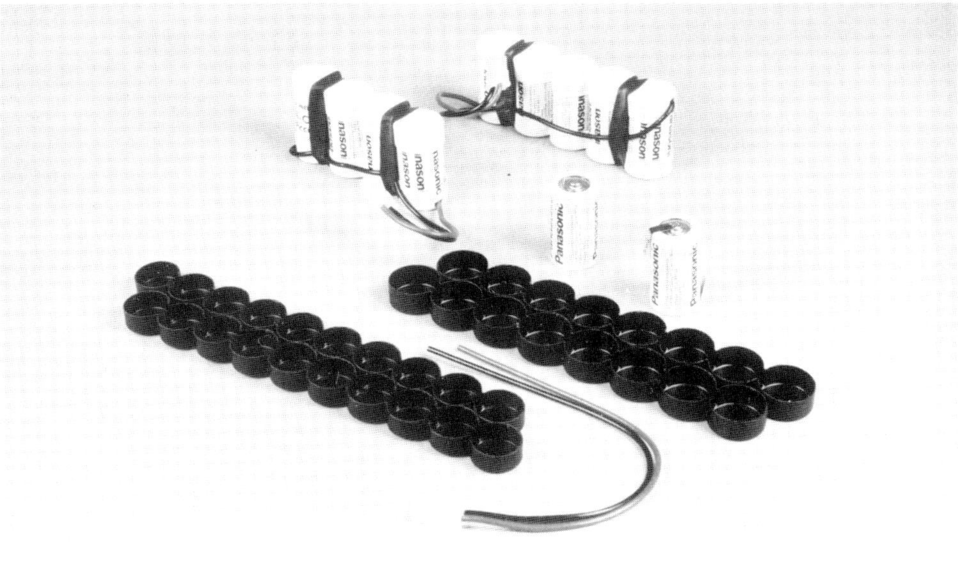

Albedo Seit 1980 fertigt und vertreibt die Albedo-Forkel GmbH ausgezeichnet bedruckte Werbemodelle (Lkw) im Maßstab 1:87. Die Basismodelle stammen ausschließlich von der Dietenhofener Firma herpa. Das Albedo-Sortiment umfaßt Nutzfahrzeuge aller bekannter Hersteller (Volvo, Daimler-Benz, M.A.N., Scania und Ford). Da die Minitrucks stets in limitierter Auflage produziert werden, steigt ihr Sammlerwert von Jahr zu Jahr. Ziel des jungen Unternehmens sind noch realistischere und detailliertere Truckmodelle für den H0-Markt herzustellen.

Alkohol Wird im Plastikmodellbau als Reinigungsmittel verwendet, zum Beispiel bei hartnäckiger Verschmutzung vor dem Lackieren.

Alt Berlin Spanische Firma, deren Modelle im Maßstab 1:87 von Sammlern recht begehrt sind. Vorwiegend Oldtimer aus den Jahren 1907–1938 bestimmen das Programm dieser Firma: Opel Laubfrosch (1923), Rolls Royce Phantom (1925), Studebaker Big Six (1916), Fiat Balilla (1934) und andere.

Altern Beliebte Methode, um neuen Modellen ein älteres Aussehen zu geben. Um eine größtmögliche Wirklichkeitstreue zu erzielen, sollte man Alterungsspuren in der Reihenfolge anbringen, in der sie sich z. B. in der freien Natur einstellen. Wenn ein »fabrikneues« Modell bearbeitet wird, blättert man zuerst etwas Farbe ab, trägt dann die Spuren von Regen, Sonne oder Wind auf. Wie dies im einzelnen geschieht, siehe → Verdrecken → Verstauben → Rost.

Alterspatina Verleiht den fertigen Modellen ein noch echteres Aussehen. Durch verschiedene Maltechniken lassen sich diese Effekte recht einfach herstellen. Will man z. B. eine Alterspatina bei Mauerstrukturen, Häusern, Dächern, Fahrzeugen jeder Art erzielen, überstreicht man die Stellen zuerst mit der Grundfarbe, läßt diese trocknen und trägt anschließend eine dunklere Farbe (Braun, Grau oder Schwarz) auf. Nach erfolgter Trocknung wird mit Wasserschleifpapier (Körnung 360 und noch feiner) nachgeschliffen. Dabei tritt die Grundfarbe wieder hervor, während an den Vertiefungen die dunkle Farbe verbleibt. Eine andere Technik, um eine Alterspatina zu imitieren ist das → Drybrushen.

Alu-Finish Um Modellen mit Naturmetalloberfläche ein realistischeres Aussehen zu geben, trägt man Alufarbe mit einem weichen Lappen auf. Dabei wird die Farbe auf eine Platte, Teller oder ähnliches getropft, mit dem Zipfel des Lappens aufgetunkt und auf der Oberfläche des Modells verrieben. Die Farbe trocknet sehr schnell auf und läßt sich mit Politurpaste sogar auf Hochglanz polieren.

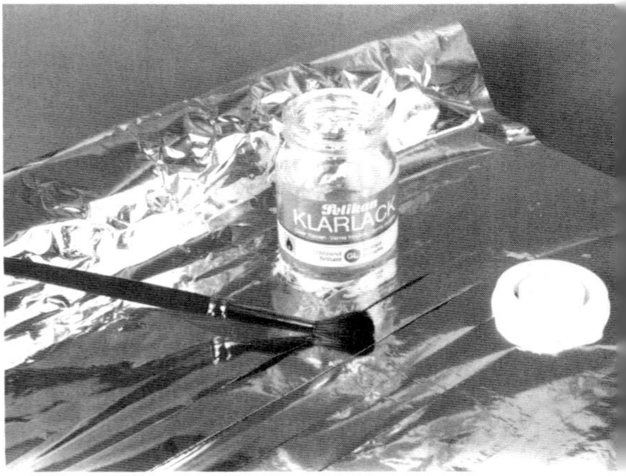

Alufolie → siehe Alu-Methode

Alu-Methode Besonders bei Flugmodellen gern angewandte Technik, um den Nachbauten ein noch authentischeres Aussehen zu geben. Außer gewöhnlicher Aluminiumfolie (Haushalts- oder Backfolie) und einem scharfen Klingenmesser wird dazu kein weiteres Werkzeug benötigt.
Verarbeitung: Nachdem das Modell mit wasserfestem Schleifpapier (Körnung 400) so weit bearbeitet ist, daß weder Klebestellen noch Nähte zu sehen sind, mit der Spritzpistole die Grundfarbe aufbringen. Dieser Anstrich erfüllt nur einen Zweck: die kaum sichtbaren Oberflächenschäden auszugleichen. Jetzt wird die Alufolie in 1–2 cm breite Streifen geschnitten und mit einem feinen Pinsel eine dünne Klarlackschicht aufgetragen (Humbrol, Revell). Eventuell den Lack vorher verdünnen.

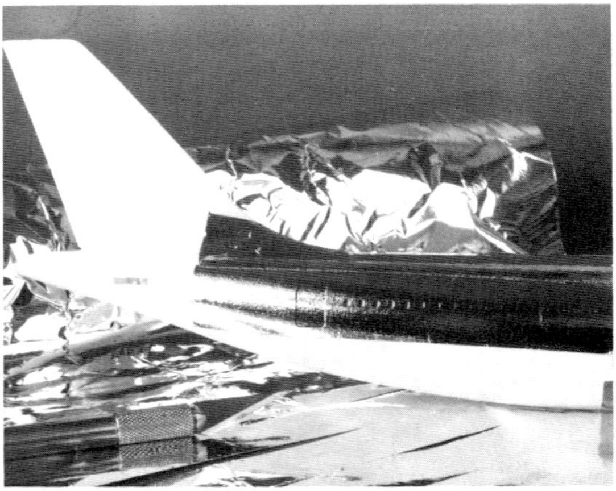

15–20 Minuten trocknen lassen, bis der Lack eine Art Klebewirkung zeigt. Streifen auf »Stoß« kleben oder überlappen lassen. Mit einem weichen Tuch festreiben oder mit dem Modellierholz (Falzbein) glatt streichen. Nieten lassen sich mit einem Stichel entlang eines biegsamen Lineals anbringen. Die Alufolie wird dabei lediglich »punktiert«. Die aufgeklebte Folie kann mit einem Metallputzmittel noch zusätzlich behandelt werden.

Aluminium Leichtmetall, das im Plastikmodellbau lediglich eine untergeordnete Rolle spielt. Reines Aluminium hat eine sehr geringe Dichte, ist silberfarben, weich und oxidiert weißgrau. Aluminiumlegierungen sind zwar ebenso leicht, aber stabiler und fester. Im Modellbau findet Aluminium Anwendung als Folie → siehe Alu-Methode – oder als Ersatz für verchromte Plastikteile (Auspuffrohre bei Trucks oder Motorrädern).

Alurohre Gibt es im gutsortierten Modellbaufachgeschäft oder über die Hersteller von ferngesteuerten Modellen (Simprop, Graupner, robbe). Die Meterstücke erhält man dimensioniert von 2–12 mm Außendurchmesser und noch größer. Mit den Rohren lassen sich z. B. bei Motorradumbauten die Vorderradgabeln verlängern (Chopper) oder an Truckmodellen die hochgezogenen Auspuffrohre nach amerikanischen Vorbildern gestalten. Verkleben lassen sich Alurohre mit → Zweikomponentenkleber (UHU endfest 3000, technicoll Z2).

AMT Abkürzung für Aluminium Metal Toys, amerikanisches Unternehmen, das seit 1948 Modellbausätze und Spielzeug produziert. Von 1955 bis 1958 brachte die Firma zusammen mit dem Branchenriesen → Revell die ersten Kits mit verchromten Bauteilen auf den Markt. Heute werden bei AMT unter anderem 1:25 Trucks, Sportwagen, Oldtimer und auch ausgefallenere Modelle wie Raumfahrzeuge (U.S.S. Enterprise) oder Budweiser-Bierkutschen (Maßstab 1:20) hergestellt.

Angelschnur Zum Takeln von Schiffsmodellen gut geeignet. Gibt es in allen Stärken in Sportgeschäften und Kaufhäusern. Damit die kleinen Knoten besser halten, kurz mit einer Kerzenflamme oder einem Feuerzeug vorbeiwedeln, dann schrumpft das Material und der Knoten verschmilzt nahezu unlösbar.
Antennen an Flugzeugen und Autos lassen sich ebenfalls aus Angelschnurstücken herstellen.

Anguplas Spanische Firma, die in den Jahren 1958–1966 sehr schöne Modellautos aus Plastik im Maßstab 1:86 herstellte: die Mini-Cars-Series. Insgesamt über 120 verschiedene Typen (vom Pegaso Sport Z 103 über Le-Mans-Rennwagen bis hin zum Opel Kadett). Im Maßstab 1:43 erschien die sogenannte »Super Mini-Cars-Series«. Sieben verschiedene Modelle (Seat 1400 familiale, Le Zèbre Voiturette, Ford T Torpedo u. a.).

Anlösen Interessante Farbeffekte lassen sich erzielen, indem man bereits aufgetragene Farben (Lack oder Ölfarbe) mit Verdünnung oder Kunstharzdispersion (Capaplex, Acrylmalmittel o. ä.) anlöst und weiterbearbeitet. Dadurch lassen sich Verwischungseffekte oder Verschmutzungen (Ölspuren an Kesselwagen) erreichen. Experimentieren geht hierbei über studieren. → Emailfarben (Revell, Humbrol etc.) lassen sich z. B. mit Nitro-Verdünnung gut anlösen.

Anpassen ist eine wesentliche Voraussetzung, damit ein Modell auch wirklich gelingt. In den meisten Fällen müssen die Bauteile vor dem Zusammenkleben angepaßt werden. Das bedeutet, daß die Teile erst zusammengehalten werden und dann die ggf. vorhandenen Paßungenauigkeiten beseitigt werden, z. B. Gußgrate etc.

→ Siehe auch Entgraten

→ Siehe auch Spachteln

Anreißen Knickstellen und Falze (z. B. bei Plastik-Sheet oder Alufolie) reißt man mit einem Kunststoff- oder Metallineal an, damit sich das Material paßgenau verarbeiten läßt. Am besten verwendet man dazu eine Reißnadel oder die stumpfe Spitze eines Skalpells, Klingenmessers o. ä. (Vorsicht – nicht zu stark aufdrücken, sonst wird das angerissene Material durchgedrückt oder getrennt.)

Anritzen → siehe Anreisen

Anstrich → siehe Lackieren

Antenne Dient zur Ausstrahlung oder zum Empfang elektromagnetischer Wellen, sogenannten Radiowellen. Entscheidend für die Wirksamkeit der Antenne ist ihre Länge, welche in einem bestimmten Verhältnis zur Frequenz der elektromagnetischen Welle sein muß. Die Länge der Antenne berechnet sich aus: 300 000 geteilt durch Frequenz in Hertz (Hz), 1 Kilohertz (KHz) = 1000 Hz. Das Ergebnis hat das Maß »Meter« (m). Wichtigste Bedeutung und Anwendung: ferngesteuerte Flugzeuge und Schiffe.

Antennen Den wenigsten Modellbausätzen liegt eine maßstabsgetreue Antenne bei. Erfahrene Modellbauer basteln sie deshalb in der Regel selbst. Hierfür gibt es diverse Methoden: 1. Heiß gezogene Antennen aus einem Stück → Gießast, der über einer Flamme erhitzt und dann schnell auseinandergezogen wird. Dadurch entsteht ein konisch verlaufender Plastikfaden, der entsprechend gekürzt als Antenne eingesetzt werden kann. 2. Antennen aus dünnem Draht, der mit → Sekundenkleber befestigt wird.

Anti-Statik-Tuch Spezielles Tuch zum Entfernen von Staubpartikeln an Materialien, z. B. Kunststoffe, welche sich durch Reibung statisch aufgeladen haben. Das Tuch verhindert trotz Reibung bei der Staubentfernung ein statisches Aufladen und reinigt die Oberfläche.

Antonietti, Marc Profi-Modellbauer aus Vichy/Frankreich. Zusammen mit seinem Partner → Bossac, Henry, baut er funktionsfertige Automodelle aus Metall, Holz, Kunststoff und Leder (Maßstab 1:8). Die nahezu authentischen Modelle dürften zu den teuersten und wertvollsten Automodellen der Welt gehören. Alles ist in Handarbeit gefertigt, die Motorteile (Kolben, Zylinder etc.) sind z. B. alle aus Metall gedreht. Gehandelt werden diese Spitzenprodukte zwischen 10 000 und 50 000 DM.

Antrieb ist ein Bestandteil des RC-Modellbaus. Im Plastikmodellbau bieten hauptsächlich japanische Hersteller Bausätze im Maßstab 1:24 und 1:32 mit einem kleinen Elektromotor als Antrieb an. Es obliegt dem Modellbauer, ob er diesen einbaut.

Anzeichnen ist oftmals nötig, zum Beispiel beim Anbringen von Decals, um die richtige Position zu treffen. Mit einem weichen Bleistift wird die Stelle gekennzeichnet, an die das Abziehbild angebracht werden soll. Werden die Ränder der Decals gekennzeichnet, wird die Bleistiftmarkierung nach dem Trocknen wieder vorsichtig weggewischt.

Aoshima Japanischer Hersteller von Plastikmodellbausätzen. Vollständiger Name: Aoshima Bunka Kyozai Sha Co. Ltd. Seit einigen Jahren werden Aoshima-Bausätze auch in Deutschland vertrieben. Angeboten werden Motorräder im Maßstab 1:12 und 1:16 (Honda VT 250F, Yamaha XJ 400 Rennversion, Harley Davidson 18 F von 1918 etc.), sowie Pkw im Maßstab 1:20 und 1:24 (Lancia Stratos Turbo, Porsche 935-78, Step Van Honda, Datsun Truck Rallye-Version 4 WD, Kenmare Skyline %DR 2000 GT-X, Honda City Turbo II Black Special u. a.).

Arbeitsplatz Jeder Modellbauer sollte einen festen Arbeitsplatz besitzen. Wer keinen Keller oder Hobbyraum zur Verfügung hat, kann sich beispielsweise in der Küche eine Arbeitsplatte zulegen. Dazu reicht meist der Abstand zwischen Kühlschrank und Wand (80 cm). Als Arbeitsplatte eignet sich ideal eine 19 mm starke Spanplatte. Unbedingt darauf achten, daß diese weiß beschichtet ist. Vorteile: Einmal ist eine beschichtete Platte leicht zu pflegen und zweitens bietet ein weißer Untergrund bessere Voraussetzungen fürs Auge – die kleinen Teile lassen sich besser erkennen. Die Kante der Platte mittels Umleimer und Bügeleisen sauber einfassen. Wer noch gerne eine Schublade haben möchte, kann entweder eine handelsübliche oder eine vom Sperrmüll anbringen.
Als Ablage eignen sich am besten sogenannte Systemregale auf U-Profil-Basis. Und zur Aufbewahrung von Schrauben, Kleinteilen etc. die sogenannten Stapelboxen, die in jedem Baumarkt angeboten werden. Wer solche aus Plexiglas (Deckel) kauft, kann auf eine Beschriftung verzichten. Ansonsten sollte man dies mit einem wischfesten Tuschestift oder mit Prägebändern vornehmen. Die Aufbewahrung von Werkzeug geschieht am einfachsten an sogenannten Lochplatten, die man meterweise kaufen kann. Oder an Nagelleisten, an denen Hammer, Zangen, Schraubendreher etc. eingehängt werden. Als Beleuchtung eignen sich am besten Leuchtstoffröhren oder Arbeitslampen mit Tageslicht-Röhren.
Wer mit elektrischen Hilfsmitteln wie Bohrmaschine etc. arbeitet, muß für genügend Steckdosen (Mehrfachsteckdosen) sorgen.

Arii Japanische Plastikmodellbaufirma. Korrekter Name: Arii Plastic Model. Seit einiger Zeit sind die Bausätze auch in Deutschland erhältlich. Bekannteste Bausatzmodelle: Lamborghini Jota, Ferrari BB 512 (Maßstab 1:24); Yamaha RC 100 S (Maßstab 1:10); aus der historischen Sammlerserie im Maßstab 1:1 Grammophon, Telephon und Nähmaschine; Roboter-Diorama-Sätze (Maßstab 1:170).

Armaturen liegen den meisten Bausätzen in Form von Decals bei, oder sie sind als Teil mitgepreßt worden und müssen dann in filigraner Arbeit nachbemalt werden.

Arterienklemme Nützliches Requisit für kleinere Lackierarbeiten oder zum Festklemmen von Bauteilen. Man erhält sie u. a. in Angelsportgeschäften und medizinischen Fachhandlungen.

Asphaltpappe wird für den Dioramenbau verwendet. Hauptsächlich Asphaltpappe (Teerpappe) mit feiner Körnung eignet sich zur Darstellung von Straßen, Schotterbetten etc.

ATE-Bremsflüssigkeit Blaue oder braune Bremsflüssigkeit, die sich hervorragend zum Entfernen von alter Farbe, falschen oder fehlerhaften Anstrichen eignet. Modell oder -teile einfach in die Bremsflüssigkeit tauchen (nicht umrühren!). Das Plastikmaterial wird dabei nicht angegriffen. Modell so lange in Flüssigkeit liegen lassen, bis sich die Farbe vollständig gelöst hat und als Lackfilm an der Oberfläche schwimmt. Ausgiebig trocknen lassen und erneut lakkieren.

Atomkleber → siehe Cyanacrylat-Kleber

Aufbau So werden in der Regel all jene Bauteile genannt, die sich bei Schiffen über dem Deck befinden und eigentlich der Cha-

rakteristik des Schiffes entsprechen.
Aufbauten gibt es auch bei Lkw, zum Beispiel Pritsche, Container, Kipper und ähnliches.

Aufhellen Um eine möglichst naturgetreue Bemalung – vor allem bei Figuren – zu erzielen, ist es notwendig, durch Aufhellen Schattierungen zu erzielen. Hierbei wird die Figur erst in ihrer Grundfarbe bemalt und dann beginnt als nächste Stufe das farbliche Modellieren. Als erstes werden die hellen Partien aufgehellt, dabei muß auf Muskeln, Adern, Knochen etc. besonders geachtet werden, dann kommen die dunklen Körperpartien dran. Grundsätzlich sollte mit dunklen Farben etwas sparsamer umgegangen werden, da die Farbunterschiede dem Modell ein unechtes Aussehen verleihen. Lieber mit möglichst kleinen Nuancen arbeiten.

Aufheller So werden Farben genannt, die durch Beimischen zur Grundfarbe einen helleren Ton bewirken, z. B. werden teilweise Militaria-Farben durch aufhellen selbst angemischt (→ Mischfarbe).

Aufkleben → siehe Kleben

Aufkleber Ein Begriff, der hauptsächlich bei → RC-Modellen vorkommt. Dort wird ein großer Teil der Farbgebung durch Aufkleber realisiert. Aber auch bei Kinderspielzeug findet man diese. Der Nachteil gegenüber → Abziehbildern → (Decals) ist die Dicke des Materials, was letztendlich das Modell unrealistisch aussehen läßt. Aufkleber können in der Regel nicht wieder entfernt werden, ohne daß das Modell Schaden nimmt.

Auflieger sind Pkw-Anhänger, welche hinten nur eine oder mehrere Achsen besitzen und mit dem Vorderteil auf der Drehplatte einer Sattelzugmaschine aufliegt. Ist

der Auflieger abgesattelt, steht er auf zwei ausfahrbaren Stützen. Auflieger werden als Bausätze von vielen Firmen in verschiedenen Maßstäben angeboten, z. B. »Loadcraft Lowboy« von Matchbox 1:25 oder »Flatbed Trailer« von Ertl/amt 1:25.

Aufmotzen heißt, ein Modell optisch zu verbessern, ihm einen sportlichen Touch zu verpassen, z. B. mit Spoiler, Renn- und Zierstreifen, Sportlenkrad und -felgen etc. zu versehen → siehe auch Supern.

Aufriggen seemännisch = Schiff mit Takelage (Taue, Fallen, Stage etc.) versehen. Modellschiffe naturgetreu und maßstabgerecht aufzuriggen, ist fast für jeden Modellbauer ein Problem. Hierbei kann ein Rigg aus durchsichtiger Nylonschnur (Anglerschnur), erhitzten und ausgezogenen Gußästen, dünnem Draht, Zwirn oder Baumwollfaden hergestellt werden. Egal, welches Material verwendet wird, es dürfte stets unmöglich sein, ein Schiff so aufzuriggen, wie es der Wirklichkeit entspricht:

Auseinandergezogene Gußäste Solange unter Hitzeeinwirkung auseinanderziehen, bis die gewünschte Stärke erreicht ist. Passend auf Länge geschnitten, ist dieses Material steif und biegt sich nicht durch. Deshalb lassen sich damit auch Verstagungen bei Doppeldeckern oder Drachenfliegern ausgezeichnet anfertigen. Beim Verkleben der hauchdünnen Gußäste Sekundenkleber verwenden: Er löst die Enden nicht an und trocknet schnell.

Nylonschnur Je nach Verwendungszweck eignet sich farblose oder farbige Angelschnur am besten, da es sie in allen Stärken gibt. Nachteil: Angelschnur läßt sich zwar gut verarbeiten, aber schlecht knoten. Kleben ist besser. Die Klebestellen können hinterher mit einem Tropfen Farbe verdeckt werden.

Draht Bei Flugmodellen lassen sich aus dünnem Draht Verstagungen und Antennen anfertigen. Der Draht wird auf die passende Länge geschnitten, gegebenenfalls mit einem Holzklotz auf harter Unterlage gerade gerollt und vorsichtig mit Weißleim oder Sekundenkleber am Modell befestigt.

Auktionen Einige Auktionäre veranstalten regelmäßig Veranstaltungen, bei den vorwiegend altes Spielzeug, Modelleisenbahnen und Modellbausätze älterer Herkunft unter den Hammer kommen. Am bekanntesten sind die Auktionen in Stuttgart (Auktionator Alfried Krieg), in Frankfurt, München, Wuppertal (Auktionator Klaus Graeber). Auskünfte im Bundesgebiet geben die Fachzeitschriften (Modell Hit, Modell Fan u. a.).

Aurora Einer der amerikanischen Modellbaupioniere, 1953 aus der Firma → Champion hervorgegangen. In den Jahren 1959 bis 1975 produzierte Aurora überwiegend Automodellbausätze in den Maßstäben 1:32, 1:25 und 1:16. Im Jahre 1968 wurde die Speedlinie-Serie (kleine bunte Sportflitzer im H0-Maßstab) entwickelt, um mit den »Hot-Wheel«-Modellen von Mattel konkurrieren zu können. Zu den schönsten Aurora-Modellen gehören ein Mercedes-Benz 300 SL von 1956 (Maßstab 1:32) und ein Stutz Bearcat von 1914 im Maßstab 1:16. Durch den Konkurs der Firma (1977/78) sind die einst sehr gefragten Bausätze vom Markt verschwunden und tauchen nur noch vereinzelt im Handel auf (z. B. bei → Monogram vier Bausätze 1980).

Ausfugen Selbst bei Spitzenbausätzen tauchen beim Zusammenbau mehr oder weniger große Fugen auf (bei Flugmodellen meistens am Übergang der Tragflächen an den Rumpf, bei Automodellen oft an den Kotflügeln und der Motorhaube). Um diese Stellen auszufugen, gibt es zwei Techniken:

Spachtelmasse und ausgezogenen Gußäste In die Fuge wird ein dünn ausgezogener Gußast geklebt und nach dem Auftrocknen mit Spachtelmasse verarbeitet. Anschließend Schleifen und Lackieren.

Verdünnte Spachtelmasse Raffinierter ist natürlich das Ausfugen mit verdünnter Spachtelmasse. Dadurch spart man sich häufig das mitunter lästige Schleifen. Als Spachtelmasse eignen sich fast alle im Modellbaufachhandel angebotenen Pasten (Plasto, Stucco, Green Putty). Die Spachtelmasse wird mit Nitro-Verdünnung vermischt, bis sie streichfähig ist. Mit einem Pinsel wird nun die verdünnte Spachtelmasse in die Fugen eingeträufelt und verstrichen. Arbeitsvorgang gegebenenfalls wiederholen, Spachtel niemals zu dick auftragen.

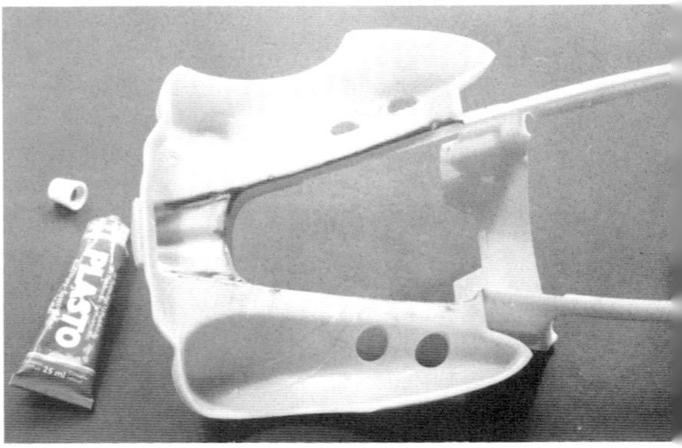

Aussie-Truck sind vielachsige Lkw, auch → Road Trains genannt, hauptsächlich auf Australiens Straßen unterwegs. Diese Sattelzugmaschinen sind mit den für Australien typischen Zubehörteilen wie Bullbar, Steinschlagschutzgitter vor der Windschutzscheibe und großen Dachgepäckträgern ausgerüstet. Aussie-Trucks transportieren überwiegend Schafe, Rinder und Heizöl und sind häufig mit zwei und mehr Anhängern unterwegs.

Auspuff Besondere Bedeutung im Plastikmodellbau haben Auspuffrohre bei Trucks und Motorrädern. Bei Trucks sind es meist die hochgezogenen Auspuffrohre nach dem Vorbild der Ami-Trucks → siehe auch Auspuffrohre.

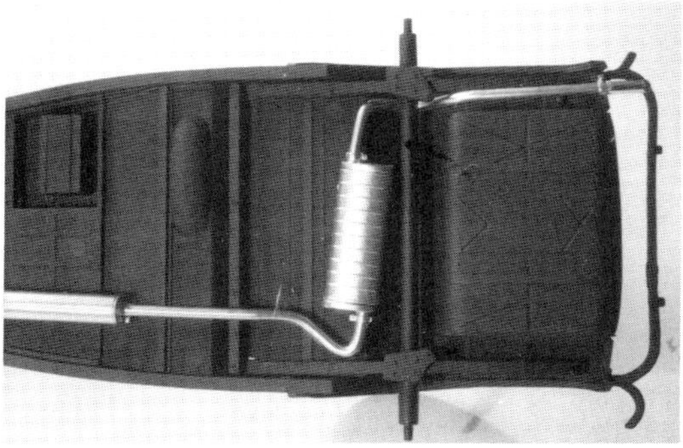

Auspuffrohre Diese interessanten Details sind meistens nicht so hergestellt, daß sie der Realität entsprechen. Viele Modellbauer greifen daher auf dünne → Alu-Rohre zurück, mit denen sich z. B. die Auspuffrohre von US-Trucks besonders gut gestalten lassen. Fertige Plastikteile bohrt man am hinteren Ende auf und färbt diesen Bereich mit verdünnter schwarzer Farbe oder → Graphit, um ein authentisches Aussehen zu erreichen. Besonders pfiffige Bastler verwenden → Q-Tips Wattestäbchen als Ersatz für herkömmliche Auspuffrohre.

Ausstellungen Um das Hobby Modellbau einer breiten Öffentlichkeit zu demonstrieren, veranstalten die meisten Clubs und Vereine regelmäßig Ausstellungen, bei denen das gesamte Spektrum von gebauten Modellen gezeigt wird. Die wichtigsten Termine von Ausstellungen werden in den einzelnen Ausgaben der Modellbaumagazine z. B. → Modell Hit, Modell Fan u. a. bekanntgegeben.

Ausstellungskasten schützt das Modell vor Staub und unerwünschten Berührungen von Ausstellungsbesuchern. Solche Ausstellungskästen gibt es in verschiedenen Größen und diversen Firmen. Sie sind entweder aus Glasscheiben oder → Acryl-Glasplatten zusammengeklebt, verschraubt oder mit Holz- oder Alurahmen zusammengehalten. Als Boden dient eine Holzplatte.

Authentic-Farben Immer mehr Modellbauer geben sich mit den herkömmlichen Emailfarben und Farbsprays nicht zufrieden. Ein aufwendiges und zeitraubendes Unterfangen war bislang das Selbstmischen von Farben für Militärfahrzeuge, Flugzeuge einer bestimmten Airline etc. Seit einiger Zeit gibt es fertige Lacke, die 100% den Originalfarben entsprechen: US Airforce, German Light Blue oder 8th Army Desert Yellow. So umfassen z. B. die Produkte der Firma Molak rund 100 authentische Farbtöne, die anhand einer Farbkarte mit Originalmustern ausgesucht werden können. Um ein Modell zu perfektionieren, lassen sich auch → Autolacke (Spray oder Dose) gut verwenden – nur sind sie zumeist teurer als die Modellbaufarben und vertragen sich nicht immer mit dem Kunststoffmaterial.

Auto Im Plastikmodellbau gibt es jede Art und viele Varianten von Autos: Oldtimer, Trucks, Rennwagen, Rallyefahrzeuge, Fun Cars, Großserienautos und Geländefahrzeuge aller Fabrikate und aus aller Herren Länder, in den unterschiedlichsten Maßstäben und von den verschiedensten Modellbaufirmen.

Auto-Journale Geben dem Modellbauer eine Übersicht aktueller Fahrzeuge, zeigen Vor- und Nachteile, geben Auskunft über Details, Technik und Zubehör und liefern vor allem die Fotos, mit denen er sein Modell vergleichen kann. Auf dem Zeitschriftenmarkt erscheinen z. Z. mindestens ein Dutzend farbiger Monatshefte: Sportfahrer, Auto Motor Sport, Rallye Racing, Chrom & Flammen, Autozeitung, Trucker, Gute

Fahrt, Automobil und Motorrad Chronik u. a.

Auto Kits Ehemaliger Name einer britischen Firma, die 1964 gegründet wurde. Im Maßstab 1:24 wurden überwiegend Modelle klassischer Sportwagen hergestellt, allerdings niemals für die Masse der Modellbauer, sondern für einen kleinen Kreis von Bastlern mit einem bestimmten Geschmack. Heute existiert die Firma unter dem Namen Wills Finecast und produziert Metallmodelle in kleiner Auflage.

Autolack Wird von vielen Modellbauern auch für den Plastikmodellbau verwandt. Allerdings müssen diese mit Vorsicht angewendet werden, da die beigefügten Lösungsmittel der Autolacke den Kunststoff (Polystyrol) angreifen und ruinieren können. Deshalb gilt als Regel: Nie ohne Grundierung Autolack im Plastikmodellbau verwenden (Schrumpflackeffekt).
→ siehe auch Grundierung
→ siehe auch Acryllack

Automobilia sind Ausstellungen rund ums Auto, aber auch all jene Dinge, die rund um das Automobil interessant und sammelnswert sind.

Automodell kennt in seiner Vielfalt an Materialien, Maßstäben, Varianten, Farben und Detaillierung kaum Grenzen. Es gibt sie als Fertigmodelle, Halbfertigmodelle, Metallbausätze und Plastikbausätze sowie Holzmodelle. Die gängigen Maßstäbe sind 1:8 bis 1:100.

Auto-Replica Bezeichnung für einen Oldtimer-Nachbau. Man unterscheidet komplette Replica-Autos (z. B. BMW 328-Replica, hergestellt von Sbarro in der Schweiz) und Replica-Karosserien, die auf echte Veteranen-Fahrgestelle montiert sind. Eines der bekanntesten Replica-Modelle ist der Excalibur, Maßstab 1:12, von → Bandai.

Aviomodelli Italienische Firma aus Cremona, die versuchte, ab 1963 im Boom der Plastikmodellhersteller mitzuschwimmen. Die Bausätze waren im Maßstab 1:30, die Reifen wurden (revolutionierend für die damalige Zeit!) aus Gummi hergestellt. Interessanteste Modelle waren die Oldtimer Fiat 1901, Fiat 1899 Vis-à-vis, Lancia Lambda 1921 und der Fiat Zero.

B

Badger Spritzpistolen aus den USA. Die Firma fertigt seit Jahren Spritzgeräte für den professionellen Markt (Kompressoren, Präzisions-Spritzpistolen, Treibluftflaschen und Zubehör). Wegen der vielfältigen kreativen Einsatzmöglichkeiten im Modellbau greifen immer mehr Bastler zu diesen Geräten.

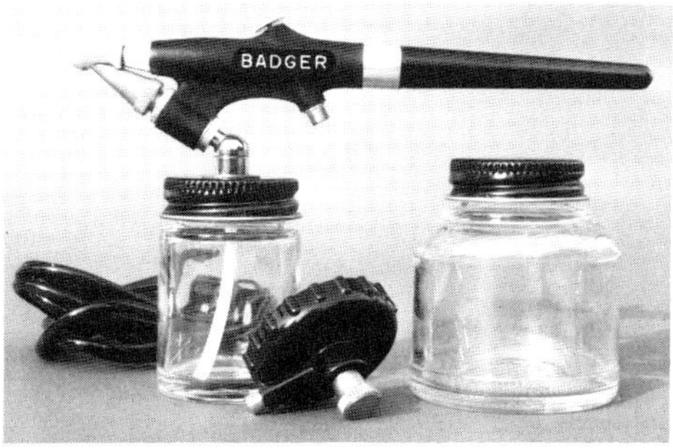

Baekeland Leo Hendrik, belgischer Chemiker, geboren 14. 11. 1863 in Antwerpen, gestorben 23. 2. 1944 in Beacon/New York, entwickelte 1908 den Kunstharzpreßstoff → Bakelit.

Bakelit Nach dem belgischen Chemiker → Baekeland 1909 so benannter Kunstharzpreßstoff aus den Kondasationsprodukten → Phenol und → Formaldehyd (→ Kunstharze). Aus Bakelit wurden hauptsächlich Preßteile (Kämme, Isolierungen, aber auch Spielzeugautos) angefertigt, vorwiegend in der Vor- und Nachkriegszeit.

Ballastgewicht Damit Schiffe aus Plastikmaterial richtig schwimmen, ist es notwendig, den Rumpf mit einem Ballastmaterial zu versehen (Blei, Fensterkitt, Knetmasse o. ä.), damit eine stabile Schwimmlage erreicht wird. Flugzeuge sind nach dem Zusammenbau oft Hecklastig. Das wird verhindert, wenn vor dem Zusammenkleben der beiden Rumpfhälften etwas Knetmasse oder Fensterkit in den Bug gedrückt wird. Bei schwimmfähigen RC-Schiffen (Segelyachten) ist die Beschwerung mit Ballastmaterial für die korrekte Ausführung von Segelmanövern besonders wichtig.

Bandai Die Bausätze dieser japanischen Firma waren in den 60er Jahren sehr gefragt bei den Fans größerer Maßstäbe (1:16 und 1:12) wegen ihrer brillanten Detaillierung. Wahrscheinlich wegen Absatzschwierigkeiten verschwanden die Bandai-Produkte Mitte der 70er Jahre vom deutschen Markt und tauchten nur noch vereinzelt im Handel auf. 1984/85 versuchte der Frankfurter Großvertreiber Kager, die Bandai-Kits wieder bei uns einzuführen. Der Versuch klappte nicht. Seit September allerdings sind die Japaner selbst aktiv und vertreiben ein kompaktes Oldtimer-Programm direkt in Deutschland, über die Bandai-Niederlassung in Holland. Das Sortiment umfaßt momentan sechs Classic Cars: Dennis Motor Fire Engine (1914), Pendal Princess, eine Dampfwalze von 1919, Bugatti Coupé de Ville (1931), Thomas Flyer Flyabout (1910), Mercer Type 35 Raceabout (1913) und Rolls Royce Balloon Car (1908). Alle Bausätze sind im Maßstab 1:16.

Bandscharnier Dieses Scharnier wird häufig bei Flugmodellen (Leitwerk, Landeklappen u. ä.) oder Truckmodellen (bewegliche Türen, Motorhauben) eingebaut. Man verwendet dabei entweder dünne Streifen aus weichem Messing- oder Kupferblech oder Band aus Textilien (Baumwolle, Seide, Kunstfasern), die mit passendem Kleber befestigt werden.

Bare-Metal Eine selbstklebende Metallfolie aus den USA, die aber auch hier im Handel ist. Sie ist hauchdünn und läßt sich mit ein wenig Übung problemlos verarbeiten. Anwendung: Chromteile an US-Straßenkreuzern, Trucks (Auspuffrohre, Stoßstangen) und Flugzeuge. Verarbeitung ähnlich wie → Alu-Methode.

Bastelkiste → siehe Grabbelkiste

Bastelmeisterschaft Ein von der Firma Matchbox ins Leben gerufener Wettbewerb, an dem sich alljährlich Zehntausende von begeisterten Bastlern und Modellbauern beteiligen. Höhepunkt des Wettbewerbs ist die Endausscheidung und die Siegerehrung des Deutschen Bastelmeisters, die Mitte Januar in Frankfurt stattfindet. In nicht allzu ferner Zukunft wird man wohl auch europäische Bastelmeisterschaften, ja sogar Weltmeisterschaften ausrufen. Im letzten Jahr haben sich über 50 000 an der deutschen Bastelmeisterschaft beteiligt.

Bastelmesser ist eines der wichtigsten Werkzeuge im Plastikmodellbau. Damit werden die Bauteile von den Gießästen geschnitten, die Bauteile entgratet, Korrekturen vorgenommen und die Decals sauber aus dem Bogen getrennt. Es gibt diese in diversen Ausführungen (Modellbaufachgeschäft): mit auswechselbaren Klingen oder Abbrechklingen.

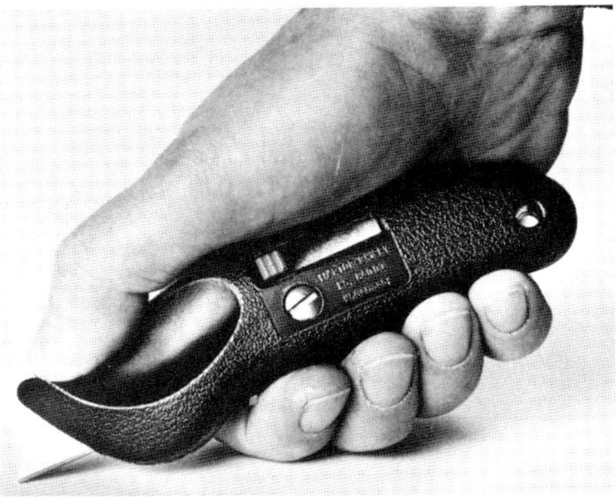

Bastlersäge Für die Bearbeitung von Plastikmaterial geeignet sind Bügelsägen mit auswechselbaren Feinschnittblättern. Mit einer solchen Säge lassen sich auch Kurvenschnitte in jedem beliebigen Winkel durchführen. Für grobere Sägearbeiten kann man Gehrungssägen, Fuchsschwanz oder Laubsägen benutzen. Neuerdings verwendet man Rasierklingensägen und Juweliersägen mit auswechselbaren Säge- und Messersätzen.

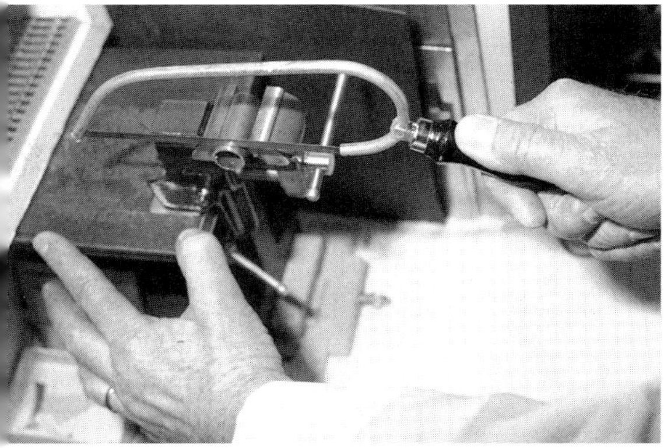

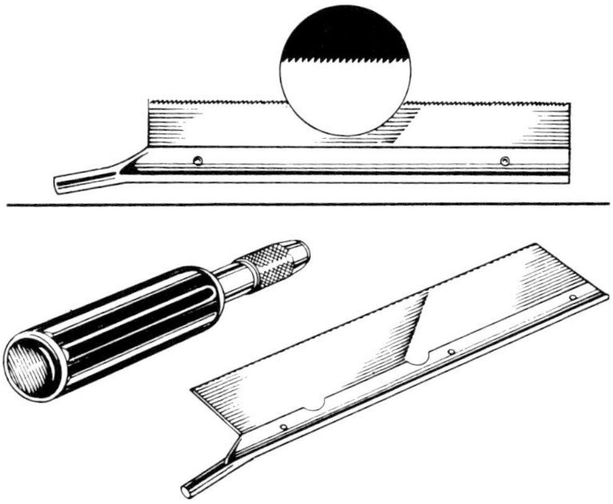

Batikfarbe Feines farbiges Pulver von hoher Farbintensivität, im Hobbyhandel erhältlich. Mit Batikfarbe lassen sich im Dioramenbau Wüstenflächen anlegen und Automodelle stilecht verdrecken und verstauben. Kann auch mit Wasser verdünnt direkt auf das Modell gepinselt werden. Vorsicht – sobald in Wasser gelöste Batikfarbe mit Stoff in Berührung kommt, verfärbt sich dieser. Die Flecken gehen meistens nicht mehr raus.

Batterien Spannungsquelle, welche netzunabhängigen Betrieb von Stromverbrauchern (Motoren, Lampen etc.) ermöglicht. Die Spannungen handelsüblicher Batterien für Modellbausätze sind 1,5 V; 3 V; 4,5 V und 9 V. Durch einen chemischen Prozeß zweier oder mehr chemischen Stoffen, die sich in der Batterie befinden, entsteht die Spannung. Hinweise auf die verwendeten Grundstoffe geben dabei die genaue Batteriebezeichnung (z. B. Nickel-Cadmium). Achtung: Leere Batterien sollten nicht in den Hausmüll geworfen, sondern bei Neukauf abgegeben werden.

Batterien werden im Plastikmodellbau relativ selten verwendet; sie dienen hauptsächlich für Beleuchtungen, wobei sie wegen der stärkeren Leistung meist durch einen Akku ersetzt werden (→ siehe auch

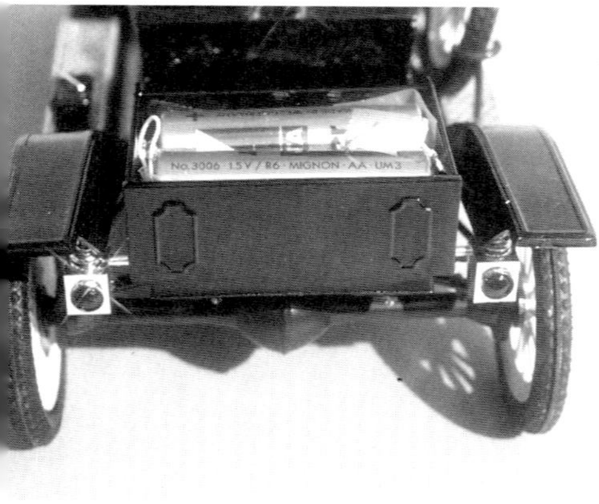

Akku). Vielen japanischen Bausätzen (Fujimi etc.) liegen Batterien bei.

Bauanleitung Jedem Modellbausatz liegt eine Bauanleitung bei. Sie ist in der Regel illustriert oder bebildert und zeigt die genaue Baureihenfolge. Es ist vor allem bei größeren Bausätzen wichtig, die einzelnen Bauabschnitte konsequent zu durchdenken und die Reihenfolge einzuhalten.

Baugruppen Bei größeren Bausätzen und vor allem dann, wenn man über einen langen Zeitraum mit Unterbrechungen an einem Modell arbeitet, ist es von Vorteil, die Bastelarbeiten in Baugruppen zu unterteilen. Hier ist es von Vorteil, lose Teile in kleine Tütchen zu schweißen (mit Haushaltsfolienschweißgerät), damit nichts abhanden kommt.

Bausatz auch Kit genannt, besteht aus Plastikbauteilen, die sich an Gießästen befinden. Je nach Art des Bausatzes können die Teile farbig, transparent (Front- und Heckscheiben sowie Leuchten), oder auch aus Metall (Achsen etc.) sein. Er beinhaltet auch Decals oder Abreibebilder. Ein wichtiger Bestandteil ist die → Bauanleitung.

Bauteile sind die numerierten Einzelteile eines Bausatzes, die an einem oder mehreren → Gießästen hängen. Es kann schon mal vorkommen, daß ein Bauteil fehlt, dann gibt es meist die Möglichkeit, diese beim Hersteller direkt zu reklamieren und somit das fehlende Bauteil ersetzt zu bekommen. Ist dies in Ausnahmefällen nicht möglich, bleibt nur eines übrig, diesen Teil anhand von Skizzen der Bauanleitung selbst anzufertigen.

BBurago Das »Doppel-B« bei BBurago ist keinesfalls ein Druckfehler, vielmehr steht es für die Anfangsbuchstaben des Firmengründers, Signor Mario Besana, der 1974 in dem kleinen Ort Burago di Molgora (bei Mailand) seine erste Produktionsstätte gründete. Längst ist aus der kleinen Fabrik ein großes Unternehmen gewachsen, das Automodelle für Sammler und Bastler anfertigt. Schwerpunkt der BBurago-Produktion sind dabei Fahrzeuge der Maßstäbe 1:24, 1:18/14 die in der Die-Cast-Bauweise (Metall/Kunststoff) hergestellt werden. Schönste Modelle: Oldtimer der Vorkriegsära, Sport- und Rennwagen (z. B. Ferrari 312 T5, Mercedes 300 SL, Alpha Romeo 2300). Die Modelle gibt es als Bausatz sowie als fertiges Sammlermodell für die Vitrine.

Begrasungsgerät Das Gerät gleicht einem Fön und wurde speziell für die elektrostatische Beflockung von großen Flächen (Dioramen und Modellbahnanlagen) entwickelt. Betrieben wird das Begrasungsgerät mit 16 Volt Wechselstrom über einen Transformator. Ein Aufsatz ermöglicht die Verwendung aller im Handel angebotenen Streufasern. Wer kleine Flächen begrasen möchte, kann dafür ein ganz gewöhnliches Teesieb verwenden.

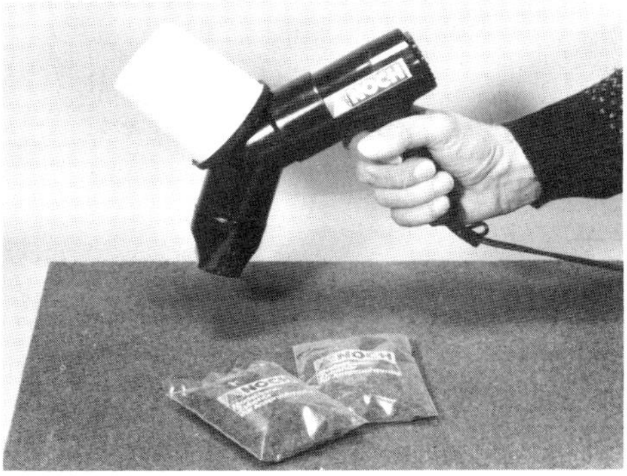

Beleuchtung Zur künstlichen Erhellung von Flächen, Fahrzeugen oder Gebäuden werden im Modellbau überwiegend kleinere Glühlampen verwendet. Die abgegebene Lichtstärke mißt man in Lux.

Bemalen Jeder fortgeschrittene Modellbauer bemalt sein Modell. Denn in der Regel entspricht die vorhandene Kunststoffarbe nicht der Vorstellung des Bastlers. Dabei gibt es die unterschiedlichsten Methoden des Bemalens, zum Beispiel mit Pinsel – vor allem kleinere Teile, Figuren etc. Für große Flächen, wie Karosserie etc., empfiehlt es sich, mit einer Spritzpistole oder Spraydose zu arbeiten, da ein wesentlich gleichmäßigerer Effekt erzielt wird.

Bemo Die Firma stellt ausschließlich Modelleisenbahnen und Zubehör her. Interessant ist der Service von Bemo, → Abziehbilder nach eigenen eingesandten Entwürfen anzufertigen.

Benzinleitungen Lassen sich am Modell – falls nicht im Bausatz enthalten – je nach Maßstab durch Zwirnsfäden, Kunststoffschläuche, Litzenisolierungen u. ä. darstellen. Die Leitungen werden dann z. B. mit Blitzkleber angeklebt.

Beplanken Allgemein das Befestigen von → Planken auf vorgefertigte Rumpfteile (→ Spanten) bei Schiffen und Flugzeugen. Geschieht mit GFK-Matten, Holz oder Kunststoff nach unterschiedlichen Bauweisen.

Beplankung → siehe Planken

Beschriftungen Nicht immer reichen die dem Bausatz beiliegenden Abziehbilder für eine ausreichende Beschriftung des Modells aus. Deshalb behelfen sich viele Bastler mit Abriebbuchstaben, Zahlen oder Symbolen von → Letraset → Meccanorma oder → Microscale-Abziehbilderbögen und -schriften.

Bespannpapier Langfaseriges Papier, meistens aus Japan, von hoher Reißfestigkeit. Besonders für RC-Modelle geeignet. Gibt es im Fachhandel in Weiß und diversen Grundfarben.

Best Die amerikanische Firma brachte 1954/55 einige Plastikmodelle (Maßstab 1:30) von Indianapolis-Siegerautos heraus: Maserati, Gilmore, Monroe, Miller u. a. Die gleichen Modelle wurden später von Aurora übernommen.

Bibliothek Es empfiehlt sich für jeden Modellbauer, Zeitschriften, Magazine, Bücher und Informationsschriften – auch Bauanleitungen und Kataloge – in Form einer kleinen Bibliothek für den Modellbauer anzuschaffen. Hier kann der Modellbauer nicht nur Anregungen, sondern auch so manche Problemlösung nachschlagen.

Biegen Plastikteile verformen geschieht entweder durch Eintauchen in heißes Wasser oder Erhitzen mit dem → Fön bzw. einer → Glühbirne. Biegen über der Kerzenflamme ist zwar ebenso möglich, aber das Material wird dabei zu schnell angeschmolzen und unbrauchbar.

Bienenwachs Beliebtes Hilfsmittel bei Schiffsmodellbauern, um der Takelage den letzten Schliff zu geben. Die dünnen Baumwollfäden oder das Takelgarn wird dabei vor dem Einbau durch ein Stück Bienenwachs gezogen, wird dadurch ein wenig steifer und sieht hinterher authentischer aus.

Binks Amerikanische Spritzpistolen, die auch bei uns vertrieben werden. Es gibt die Geräte für den Amateurgebrauch sowie für den professionellen Einsatz (Retusche, Autolackierer, Kunstmaler und Grafiker).

Bleistift, weicher In den Härtegraden 2B–6B lassen sich Bleistifte gut zum Anzeichnen von Umrissen, Linien oder anderem auf Kunststoff (hier können die Bleistiftspuren leicht wieder abgewischt werden), Papier, Pappe und Holz verwenden. Ebenso kann man mit weichen Bleistiftminen Schmutz- und Alterungsstellen an Modellen darstellen (schraffieren, vermischen usw.).

Blitzkleber → siehe Cyanacrylatkleber

Bobcat Bezeichnung für die Snap-Kits (Bausätze in Schnappbauweise) der Firma Heller. Sind besonders bei Kindern ab acht Jahren als Einsteigerbausätze beliebt. Sie enthalten neben den Plastikbauteilen auch ungiftige Farben, Pinsel, Sticker und bunte Abziehbilder.
Mittlerweile wurde der Name abgeändert! Die Programmreihe heißt jetzt BOBKIT.

Body Putty Englisch, body = Karosserie, Körper, putty = Kitt, eingedeutschter Name für Spachtelmasse aus der Tube, mit der sich Fugen, Risse ausgleichen und kleinere Umbauten an Plastikmodellen vornehmen lassen. Der Spachtel ist grün oder grau.

Bohren In der Regel sind bei Bausätzen die erforderlichen Löcher vorgebohrt. Es kann jedoch vorkommen, daß diese zu eng geraten oder gar nicht vorhanden sind. Für die dann erforderlichen Arbeiten gibt es spezielle Bohrmaschinen auf dem Markt, die hierfür gut geeignet sind. Eine solche Bohrmaschine (→ siehe auch Bohrer) gehört zu jeder Modellbauausrüstung, wenn Um- oder Eigenbauten vorgenommen werden.

Bohrer Für den Modellbau gibt es spezielle Bohrer, die sehr klein sind. Die gängigsten Durchmesser sind 1,0 mm bis 2,5 mm. Geeignet sind ausschließlich Metallbohrer.

Bohrmaschine Für den Plastikmodellbau gibt es spezielle Minibohrmaschinen. Da das Bohren an Kleinstteilen sehr viel Gefühl erfordert, ist der richtige Bohrer wichtig. Hersteller solcher Geräte sind unter anderem Mini Craft, Proxxon etc. Wer eine normale Bohrmaschine besitzt, kann diese mit einem kleinen Bohrfutter an einer biegsamen Welle und den entsprechenden kleinen Bohrern umrüsten.

Bossac, Henry Modellbauer aus Vichy/Frankreich. Baut zusammen mit seinem Partner → Antonietti, Marc, exklusive Metallmodelle von Oldtimern und Sportwagen (Maßstab 1:8). Die Autos sind alles Einzelanfertigungen. Von einem Modell werden höchstens 10 Stück produziert. Preis: Zwischen 10 000 und 50 000 DM

Bowdenzug Seilzug mit Führung durch ein biegsames Schutzrohr. Beide Enden sind fixiert, das Seil aber frei beweglich. Anwendung bei Bremskabeln, z. B. beim Motorrad. Realistisch wirkende Bowdenzüge lassen sich aus dünnen Elektrokabeln, aus denen man die Metallitzen entfernt, oder aus weichen Kunststoffschläuchen leicht selbst herstellen. Zum Ankleben der Enden bewährt sich in den meisten Fällen → Sekundenkleber, da er gute Klebekraft für relativ geringe Flächen erreicht.

Brawa Deutsche Firma aus Weinstadt/Baden-Württemberg, die schon seit etlichen Jahren interessantes Zubehör für Modelleisenbahner und Dioramenbauer liefert (Spuren H0, N und Z). Programmübersicht: Leuchten, Signale, Betriebsmodelle, Bauteile und Elektronikzubehör, Werkzeuge und Metallprofile.

Brekina Der Spezialist für Oldtimer-Modelle im Maßstab 1:87. Aus einer fixen Idee dreier Modellbauliebhaber, eine Firma für Modell-Oldtimer zu gründen, entstand 1979 der Name Brekina, der sich zusammensetzt aus: BREisgau (Ort von Vertrieb und Verwaltung), KInzigtal (Ort der Fabrikation) und NAturgetreu. Im Sommer 1980 erschien das erste Brekina-Modell: ein Opel P4 (als Limousine und Cabriolet). Es folgten so ausgefallene Modelle wie BMW Dixi, DKW F7, Wanderer, die Dampfwalze »Old Smokey« oder Mercedes 190. Busse der

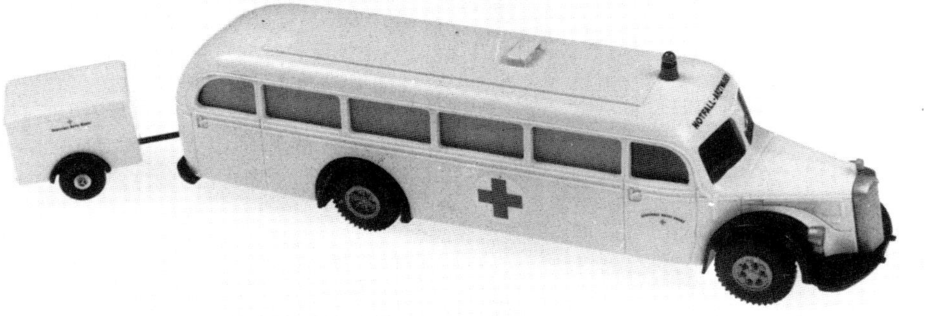

40er und 50er Jahre wurden eine weitere Grundrichtung, ebenso wie die Feuerwehr-Oldies.

Bremsflüssigkeit, blaue siehe → ATE-Bremsflüssigkeit

Brianza, Carlo Modellbauer aus Mailand/Italien, der funktionsfähige Automodelle im Maßstab 1:10 in kleiner Stückzahl herstellt. Imposant ist dabei die Technik und die millimetergenaue Detaillierung, alles in Handarbeit nach Originalplänen angefertigt. Die Preise sind dementsprechend. So kostet ein Auto-Union-Rennwagen aus den 30er Jahren über 12 000 DM.

Brifaut Französischer Pilot, der 1965 damit begann, Bausätze von historischen französischen Flugzeugen (Maßstab 1:70/72) in kleiner Serie zu produzieren. Darunter auch die Maschine des Flugpioniers Bleriot, mit der dieser 1909 als erster den Ärmelkanal überflog. Heute sind die Bausätze von Brifaut in Sammlerkreisen sehr begehrt.

Britains Schon vor dem 2. Weltkrieg erschienen von dieser britischen Firma die ersten Modelle (Maßstab 1:76, Gemischtbauweise Plastik/Metall). Von 1953–1956 wurden weitere Modelle (Nutzfahrzeuge, Panzer und Lieferwagen) produziert. Mittlerweise umfaßt das Programm auch Farmfahrzeuge, Erntemaschinen, Jeeps, Pferdefuhrwerke und Straßenbaumaschinen.

Brumm Italienische Firma aus Como, die historische Automodelle aus Metall (Maßstab 1:43) herstellt. Über 150 verschiedene Modelle – vom Morgan Sport (1923) über Fiat 1100 mit Holzvergaser bis hin zum Jaguar Typ D Le Mans 1954 – sind im Programm. Eine Besonderheit stellen die Pferdekutschen und die fahrbaren Dampfmaschinen dar, die Originalen der vergangenen zwei Jahrhunderte nachgebildet sind.

Bullaugen Bezeichnung für die runden Fenster an Schiffen. Sie lassen sich besonders bei Modellen kleinerer Maßstäbe gut darstellen, wenn man sie vor der Bemalung mit → Tesafilm abklebt und innen mit → Gießharz oder → Kristall Kleer ausfüllt.

Busch Die Firma aus Viernheim produziert Modelleisenbahnzubehör für die Spuren H0, N und Z sowie Puppen und anderes Kinderspielzeug.

C

CAD Abkürzung für Computer Aided Design = computergestütztes Konstruieren. Es stellt die modernste Form bei der Herstellung von Modellbausätzen dar. Im Gegensatz zu den Möglichkeiten, Konstruktionen auf Papier (Zeichnungen) anzufertigen, was zeitaufwendig und kostspielig ist, bietet CAD die Darstellung von Konstruktionsplänen auf dem Bildschirm. Nachdem sich dieses System bereits hervorragend in der Automobilindustrie und in der Raumfahrttechnik bewährt hat, setzt z. B. auch die Firma → Revell CAD bei der Produktion neuer Modelle ein.

Car Collection Englisch = Autosammlung. Durch die Anhäufung der deutschen Sprache mit englischen Formulierungen, hat sich dieser Begriff als Bezeichnung für Modellautosammlung (meistens 1:43/50 oder 1:87) inzwischen bei uns durchgesetzt.

CB-Car Die italienische Firma fertigt vorwiegend → Die-Cast-Modelle im Maßstab 1:24. Bislang umfaßt die aktuelle Kollektion ausschließlich moderne Sport- und Tourenwagen der Marken Peugeot, Ferrari, Porsche und Mercedes-Benz. Alle Modelle verfügen über zahlreiche funktionsfähige Details: bewegliche Türen und Motorhauben, lenkbare Räder, elastische Federung u. v. m.

Cementing Englisch = verkitten. In vielen Bauanleitungen amerikanischer oder japanischer Herkunft verwendete Bezeichnung für das Kleben der einzelnen Teile.

Cement Pen Klebestift zum punktgenauen Kleben. Speziell geeignet für Klein- und Klarsichtteile aus Polystyrol. Sehr schnell trocknend wie ein Sekundenkleber. Nachteile: trocknet meistens zu rasch ein. Hersteller: Tamiya, Revell, UHU u. a.

Champion US-Firma, begann um 1953, die ersten Plastikbausätze (Sportwagen im Maßstab 1:32) herzustellen. Wurde einige Jahre später von Aurora übernommen.

Chassis Fremdwort für Fahrgestell. Bei den ersten Automobilen bestand es noch aus Holz- oder Stahlrohrrahmen. Ab 1901/02 folgte der Leiterrahmen aus Stahlblechprofilen mit Querverstrebungen. Erst in den 30er Jahren ging man dazu über, X-Profilrahmen mit ausladenden Querträgern zu verwenden. Im Modellbau werden meistens in den ersten Baustufen die Teile fürs Chassis zusammengeklebt, bevor man mit der Karosserie weitermacht.

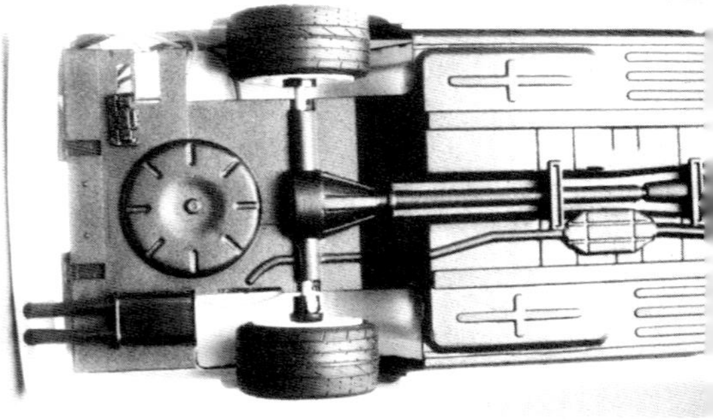

Chicco Italienischer Hersteller von Fertigmodellen aus Plastik. Angeboten werden drei verschiedene Vespa-Roller im Maßstab 1:3. Die Detaillierung ist dementsprechend gut.

Chloroform Exakte chemische Bezeichnung Trichlormethan ($CHCL_3$), eine farblose, unbrennbare, schwere Flüssigkeit mit charakteristischem süßlichen Geruch. Es dient u. a. als Lösungsmittel für Kautschuk, Öle und Harze. Ausgezeichnetes Klebemittel für Acrylplatten. Findet im Modellbau allerdings kaum Anwendung.

Chopper Eigentlich bei uns erst durch den Kultfilm »Easy Rider« bekannt gewordene amerikanische Abwandlung von Motorrädern. Bei einem Chopper sind die Vorderradgabeln teilweise extrem verlängert und der Lenker soweit hochgezogen, daß der Fahrer bequem und aufrecht im Sattel sitzen kann. Bei vielen Choppern ist sogar eine Art Rückenlehne vorhanden. Da die wenigsten Firmen fertige Chopper-Bausätze anbieten, ist der Modellbauer gezwungen, sich hier selbst zu helfen.

Chopping Aus dem englischen Wort »to chop« = trennen, schneiden abgeleiteter Begriff für das Trennen von Modellteilen, z. B. Abtrennen eines Autodachs, um eine Cabrio-Version zu bauen oder das Verkürzen eines Flugzeugrumpfes, indem man ein Stück aus dem Rumpf herausschneidet. Für das Choppen verwendet man am besten feine Laubsägen, Bastelsägen oder scharfe heißgemachte Klingenmesser.

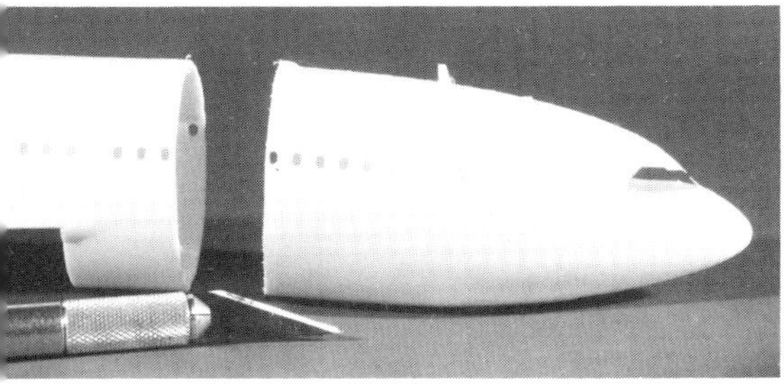

Chota Sahib Hinter diesem indischen Namen verbirgt sich eine englische Firma, die sehr schön detaillierte Figuren (Höhe 54 mm) anbietet. Neben historischen Figuren und Gladiatoren gibt es auch Söldner und Einheiten, wie sie z. B. bei dem Falkland-Konflikt eingesetzt wurden.

Chromfarbe Sie wird in vielen Fällen als Chromersatz verwendet. Chromfarbe ist silbrig-glänzend und soll nach dem Streichen und Trocknen mit → Klarlack überzogen werden (am besten spritzen), da diese Farbe in der Regel griffempfindlich ist.
Zum Einsatz kommt diese Farbe bei allen Chromteilen, die meist beim Abtrennen vom Gußast die eigentliche Farbe des Plastikmaterials durchschimmern läßt. Dann gibt es zwei Möglichkeiten, entweder diese Stellen mit Chromfarbe überpinseln. Das geht rasch, ist bei genauem Betrachten jedoch immer zu sehen. Absolute Profis spritzen diese Teile komplett mit Chromfarbe und versiegeln diese dann nochmals mit Klarlack.

Chromspray Dieses Spray kann eine echte Verchromung nicht ersetzen. Die neueren Produkte sind allerdings bereits so gut, daß auch versierte Modellbauer damit arbeiten. Zum Einsatz kommt Chromspray beim → Aufmotzen von Modellen oder dann, wenn dem Bausatz keine Chromteile beiliegen, das Original aber welche aufweist.

Chromteile Besonders viele Chromteile weisen die amerikanischen Pkw und Trucks auf. Vielen Bausätzen liegen heute Chromteile bei. Fehlen diese, kann man mit → Chromspray und → Chromfarbe selbst nachhelfen. Nachteile vieler Chromteile: Sie laufen bei der kleinsten Berührung grau-gelb an. Diese Verfärbung ist

nicht wieder zu entfernen. Einzige Möglichkeit: mit → Chromfarbe oder → -spray nacharbeiten.

Cle Von dieser französischen Firma erschienen im Jahre 1958 vorwiegend Citroën-Modelle (aus Plastik) in den Maßstäben 1:32, 1:48 und 1:64.

Coating Bezeichnung für den Anstrich, die Lackierung eines Modells, englisch Coating = Überzug, Anstrich.

Cocktailspieße Einfache Hilfsmittel, mit denen man u. a. Spachtel oder Kleber in Fugen und Ritzen streichen kann. Zum Anrühren von Farbe eignen sich Cocktailspieße ebenso wie als Fahnenstange oder Masten an Schiffen. Versehen mit einer Krokodilklemme und in eine Styroporplatte gesteckt, werden sie zur »Dritten Hand« beim Halten von Kleinteilen.

COE Abkürzung, englisch für Cab Over Engine (= Kabine über dem Motor). Konstruktionsprinzip der amerikanischen Trucks. Beim Cabover sitzt die Fahrerkabine direkt über dem Motorblock, dadurch verkürzt sich die Gesamtlänge des Trucks. Bekannte Typen sind: Kenworth Aerodyne COE, GMC Astro, White Frightliner, Mack RS 700.

Collector Englisch für Sammler, nicht zu verwechseln mit Kollektor = Gleichrichter an Dynamomaschinen.

Colofix Weißer Holzleim (Faller) für viele Zwecke des Modellbaus (Dioramen, Anlagenbau, Fugenfüller etc.). Der Leim trocknet glasklar auf und ist dann sehr hart. Läßt sich gut bemalen.

Colorspray Gebräuchlicher Name für die Vielzahl von fertigen Farbsprays (Revell, Pactra, Humbrol-Heller u. a.), die mittlerweile im Modellbau angeboten werden. Es gibt diese Sprays in matt, glänzend, seidenmatt und metallic.

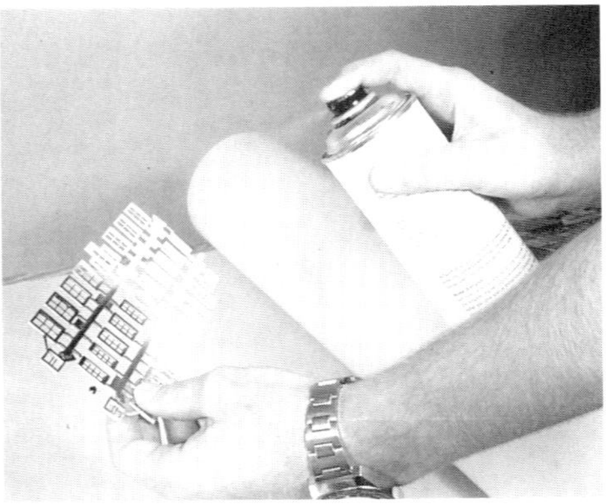

Colorstifte Diese praktischen Email-Lack-Stifte werden seit einigen Jahren zum raschen Bemalen von Kleinteilen oder Details für den Modellbau angeboten. Die Farbstifte enthalten flüssige Farben, die durch einen Druckmechanismus über eine Filzspitze aufs Modell gestrichen werden. Besonders gut eignen sich die Stifte zum Bemalen von erhabenen Flächen (Kühlergrill, Fensterrahmen, Kanten etc.) oder zum Ausbessern von Chromteilen. Eingetrocknete Filzspitzen können ausgewechselt werden. Hersteller: Revell, Tamiya.

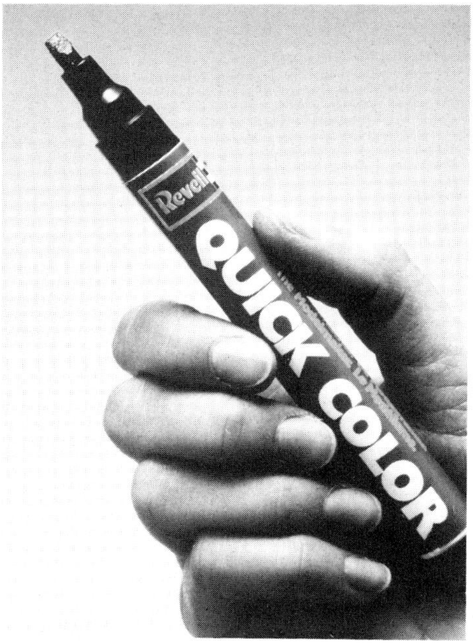

Conrad Fränkische Firma, die vorwiegend Sammlermodelle (Autos, Nutzfahrzeuge und Baumaschinen) im Maßstab 1:43/50 herstellt.

Conrad Electronic Einer der größten und bekanntesten Vertreiber von Bausätzen, Modellen, Fernsteuerungen, RC-Fahrzeugen, Modellbauzubehör, Werkzeug, Modelleisenbahnen und Elektronikteilen. Die Firma (Sitz in Hirschau) hat Filialen in Berlin, München und Nürnberg und versendet ihre Produkte weltweit.

Conventional Konstruktionsprinzip zahlreicher US-Trucks. Der Conventional besitzt die klassische, herkömmliche (= engl. conventional) lange Motorhaube, an die sich die Fahrerkabine anschließt. Bei uns sind die bekanntesten Conventional-Versionen der Kenworth W-900 und der Peterbilt 359. Als Bausätze gibt es diese Trucks von Monogram, amt/Ertl.

Coursor Deutsche Firma, stellt überwiegend Oldtimer und Nutzfahrzeuge im Maßstab 1:43 (Gemischtbauweise Metall und Kunststoff) her.

Coverite Eine selbstklebende Schrumpffolie, mit der vor allem im Flugmodellbau Tragflächen bespannt werden. Das Material (Kunststoff) ist außerordentlich zäh und widerstandsfähig.

Crown Model Co. Japanische Modellbaufirma, produziert überwiegend Automodelle, Militärminiaturen und Waffen (Pistolen) aus Plastik. Bei uns nicht sonderlich bekannt.

Customizing Aus dem amerikanischen Wort »Custom-Made« = maßgearbeitet abgeleiteter und verdeutschter Begriff für das individuelle modifieren eines Modells, z. B. aus einem normalen Motorrad mit Hilfe von zusätzlichen Teilen einen Chopper nach eigenen Vorstellungen zu bauen. Selbstverständlich verwendet dabei der Modellbauer auch selbst hergestellte oder umfunktionierte Teile, z. B. Kugelschreiberminen als Stoßdämpfer, Tesakreppstreifen als Gurte usw.

Cutter Cutter ist ein Begriff aus dem Englischen – cut = schneiden. Cutter ist somit ein spezielles Bastelmesser. Dieses gibt es in den verschiedensten Ausführungen und von diversen Firmen. Erhältlich sind sie im Modellbaufachgeschäft. Ideal sind sogenannte Sicherheitscutter. Ein Schneidegerät ohne gefährliche Kanten. Der Sicherheitscutter verhindert unbeabsichtigtes Verrutschen der Klinge. Diese besteht aus mehreren Segmenten, die einzeln vorperforiert sind und mit leichtem Druck abgebrochen werden können. Die Klingen können einzeln nachgekauft und problemlos in den Griff eingeführt werden.

Cyano Ein Acrylatkleber, der mit Hilfe einer Injektionsnadel aufgetragen wird, d. h. punktgenaues Kleben. Der Klebstoff verschließt die feine Nadel nach einiger Zeit selbsttätig. Bei Erhitzen der Nadelspitze mit dem Feuerzeug oder einer Kerzenflamme ist das Gerät sofort wieder einsatzbereit. Nachfüllpackungen und Ersatzampullen sind im Fachhandel verfügbar.

Cyanoacrylatkleber Diese Einkomponentenkleber sind aus dem Modellbau nicht mehr wegzudenken. Unter Feuchtigkeitseinfluß härten sie sekundenschnell aus (→ Sekundenkleber). Der Vorteil gegenüber vielen anderen Klebern ist schon enorm: Man steckt die Teile zusammen oder hält sie ruhig aneinander und fügt ein paar Tropfen Cyanoacrylatkleber hinzu. Nach nur Sekunden ist die Klebung perfekt. Besonders gut kleben Holz-Holzverbindungen, bei Plastik- oder Metallverbindungen dauert das Aushärten etwas länger. Da der Kleber nur begrenzt haltbar ist, empfiehlt es sich, ihn im Kältefach des Kühlschranks zu lagern, was die Haltbarkeit wesentlich erhöht.
Wichiger Hinweis: Cyanokleber lassen sich durch Wasser oder Lösungsmittel nicht auflösen. Daher unbedingt Hautkontakt vermeiden.

D

Dachpappe → siehe Asphaltpappe

Danhausen Eines der größten Modellbaufachgeschäfte im Bundesgebiet. 1921 gegründet, mit Firmensitz in Aachen. Seit 1974 produziert Danhausen auch eigene Modelle (Maßstab 1:43) zusammen mit der britischen Firma → Western Models. 1979 wurden auf der Nürnberger Spielwarenmesse zum erstenmal auch Danhausen-Modelle in 1:87 angeboten. Für Sammler mit gehobenem Geschmack (und Bankka-

pital) erscheinen bei der Aachener Firma regelmäßig funktionsfähige Fertigmodelle im Maßstab 1:5, 1:8 und 1:24 (Oldtimer, Sport- und Rennwagen, z. B. Porsche 956).

DCS Englisch, Abkürzung für Diorama-Construction-Set. Das sind Bausätze (Ruinen, Kirchen, Gebäudefassaden etc.) und vielfältiges Zubehör (Sandsäcke, Straßenschilder, Mauerteile, Geräte, Werkzeuge etc.), vorwiegend im Maßstab 1:35. Diese Sets sind eigens für den Dioramenbau entwickelt worden, nach einer Idee des belgischen Modellbauprofis → Francois Verlinden.

Decals → siehe Abziehbilder

Dekor-Flock Streumaterial in verschiedenen Farben aus eingefärbtem zerhäckseltem Schaumstoff. Dient im Anlagenbau (Modelleisenbahn) und Dioramenbau zur Ausschmückung von Fenstern, Balkonen und Blumenbeeten (Faller).

Dekorfolie Selbstklebende Polyesterfolien, metallbedampft und in verschiedenen Mustern verspiegelt. Durch die Verspiegelung ergeben sich je nach Lichteinfall Farbenspiele in allen Farben des Regenbogens. Ideale Zierfolie zum verschönern von Flug-, Schiffs- und Automodellen. Erhältlich als Bogen oder Dekorstreifen.

Dekorstraßen Fertige Straßensysteme, die entweder aus Kunststoff oder als bedruckter Geländebogen im Fachhandel angeboten werden. Es gibt diese flexiblen Straßenteile in allen möglichen Ausführungen (Pflastersteinstraße, Feldweg, Kreuzung, Kreisverkehr, Kurven oder Parkplatz). Mit diesen Dekorstraßen lassen sich schnell und auf einfache Weise Dioramen und Anlagen (H0, N und 1:72) bestücken. Für die Gestaltung von Airports (Start- und Landebahnen) gibt es gesonderte Elemente (Preiser).

Dekorstreifen Viele Sportwagen, Lkw, Anhänger und Auflieger etc. sind mit Dekorstreifen geschmückt. Bei Bausätzen liegen sie meist schon der Packung bei. Ansonsten lassen sich diese je nach → Maßstab aus diversen Materialien selbst herstellen. Zum Beispiel aus Abziehbildfilm, den es in verschiedenen Farben und Qualitäten gibt. Selbstklebend von der Firma Simprop. Diese brauchen nur noch in Form geschnitten werden. Schutzfilm abziehen und am Modell anbringen. → Microscale zum Beispiel, bietet Abziehbildfilme, die wie → Naßabziehbilder behandelt werden (→ Aerodecals).

Dekupiersäge Eine kleine Universalwerkstatt (elektrisches Tischgerät, mit der sich Materialien wie Kunststoff, Kupfer, Messing, Alu, Pappe oder Holz) paßgenau schneiden lassen. Mit Zusatzgeräten versehen, erledigt die Säge auch schleifen, fräsen, entgraten, polieren und schärfen (Klingen und Messer). Das praktische Gerät ist im Fachhandel zu bekommen.

Design Englisch, Bezeichnung für Formgebung, künstlerische Gestaltung, Muster, Entwurf. Funktionalität und Aussehen eines Designs ist u. a. für den Verkauf sehr wichtig.

Designer-Knife Begriff, der häufig für Klingenmesser (Cutter) gebraucht wird, deren Segmente einzeln abgebrochen werden können und somit stets scharf sind. Gilt auch für Skalpelle mit auswechselbaren Messern.

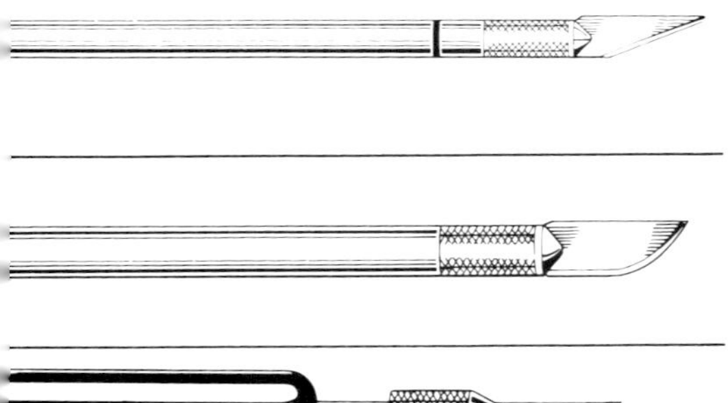

Detail Heißt zu Deutsch Einzelheit und ist beim fortgeschrittenen Modellbauer besonders wichtig. Nur gut ausgebildete Details ergeben ein vorbildgetreues Modell. Erfahrene Modellbauer fügen oft zusätzliche Details am Modell an, was natürlich recht ar-

beitsintensiv ist. Diese Arbeiten dauern oft länger als der Bau des Grundmodells.

Detaillierung Von der Detaillierung hängt letztendlich die Güte eines Modells ab. Das heißt, an der Zahl der wiedergegebenen Einzelheiten, die so gut wie möglich dem Vorbild entsprechen sollen, sind Wert und Preis eines Modellbausatzes zu erkennen.

Diagramm (griechisch = Schaubild), die zeichnerische Darstellung der gegenseitigen Abhängigkeit zweier oder mehrerer Größen. Die Art der Darstellung erfolgt mit Hilfe eines Koordinatensystems und liefert Kurven, Flächen oder Bezugslinien, die Zusammenhänge erkennen lassen. Um mit Hilfe eines Diagramms z. B. Umrechnung der einzelnen Maßstäbe im Modellbau leichter zu erfassen und umzusetzen, legt man an der vertikalen Skala die Originalmaße fest, und in der horizontalen kann man dann mit entsprechenden Maßstabsdiagonalen die exakte maßstäbliche Größe ablesen. Dadurch lassen sich Maßstabsgenauigkeiten schnell feststellen, denn nicht immer sind die Angaben der Hersteller korrekt. Es kommt vor, daß ein mit 1:24 angegebener Bausatz in Wirklichkeit nur 1:29,5 ist.

Die-Cast-Modelle Begriff aus dem Englischen (die = Preßform, cast = Guß, to cast = gestalten, formen). Die-Cast-Modelle sind somit nichts anderes als im Druckgußverfahren (meistens Alu) hergestellte Autos. Besonders für die Sammlermodelle im Maßstab 1:43/50 (Matchbox, Solido, Brumm etc.) wird dieses Verfahren angewendet. Ausnahme: BBurago. Hier werden auch Kits (1:24, 1:16) in Die-Cast-Ausführung produziert.

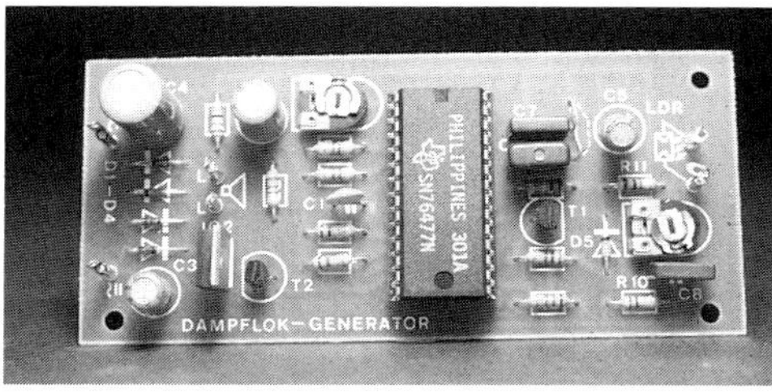

Schiffsmodell 1:250). Ein winziger Generator (Betriebsspannung 10–20 V) erzeugt dabei das Geräusch eines Dieselmotors, das mit einem Widerstand noch variiert werden kann. Angeboten werden solche Module u. a. von Conrad Electronic, Simprop.

Dinky Toys Markenname für Spielzeugautos aus Metall (Maßstab 1:43). Die ersten Dinky Toys wurden 1933/34 in England hergestellt, ab 1935 auch in Frankreich. Heute sind die Modellautos beider Firmen gefragte Sammelobjekte.

Dieselgeräusche Mit immer verblüffenderen Elektronikmodulen lassen sich mittlerweile Dieselgeräusche für Schiffe oder Trucks nachmachen. Selbst für Nichtelektroniker ist das Arbeiten mit den kleinen Bausätzen fast problemlos. Die Module lassen sich leicht einbauen (z. B. in die Schlafkabine eines 1:24-Trucks oder in ein

Diorama Griechisch (= durchleuchtes Bild). Im Modellbau versteht man darunter eine Miniaturszenerie, ganz oder teilweise dreidimensional, in der Figuren, Fahrzeuge oder Gebäude in einer nachgebauten natürlichen Umgebung dargestellt werden. Es gibt offene Dioramen auf einer Grundplatte (Holz, Pappe) oder geschlossene Kasten-

dioramen (Glas/Holz, teilweise beleuchtet). Techniken für die Herstellung von Dioramen gibt es viele.

Dioramen-Grundmaterial Nicht immer sind teure Holzplatten als Grundlage für Dioramen notwendig. Oft reichen schon ausgediente Bausatzkartons als Basis. Man füllt den Karton einfach mit Gipsbrei (1–2 cm hoch) und entfernt nach dem Trocknen die Pappreste. Die so entstandene Grundplatte ist ideal für Figuren, Ausschnitt- oder Kleindioramen. Und noch ein Tip: Den Gips mit einer verdünnten → Acryldispersion grundieren. Dadurch wird die Oberfläche versiegelt und läßt sich besser bemalen.

Dioramen-Wettbewerbe Finden regelmäßig im gesamten Bundesgebiet statt. Am bekanntesten sind die Veranstaltungen um den von der KLIO (Vereinigung für Zinnfigurensammler) ins Leben gerufenen Bundesjugendpokal. Dieser Wettbewerb wird meistens im Sommer abgehalten. Über andere auf lokaler Ebene stattfindende Diorama-Wettbewerbe informieren die Modellbaufachzeitschriften (Modell Hit, Modell-Fan u. a.).

Doyu Sha Japanische Modellbaufirma aus Tokio, stellt Fahrzeuge (Maßstab 1:28 und 1:100), Panzer (1:76), Kriegsschiffe (1:150, 1:250 und 1:300), Pkw (1:24), Wild West Modelle (1:40), Schlösser und japanische Tempel (1:220) und authentische Samurai-Schwerter (Maßstab 1:3) her; noch nicht lange auf dem deutschen Markt.

Dragster Eigenwillige Fahrzeugkonstruktionen in den USA und England. Die hochgetunten Wagen (Oldtimer, Jeeps, umgebaute Sportwagen oder Eigenbauten) ha-

ben Motoren, die 2000 PS und mehr leisten. Einige verfügen sogar über eingebaute Raketenmotoren. Auf eigens dafür präparierten Rennpisten (402 m Länge) werden mit diesen PS-Ungetümen spektakuläre Hochgeschwindigkeitsrennen (Dragster-Races) veranstaltet, bei denen die Fahrzeuge teilweise mit Tempo 400 die Ziellinie überqueren. Gebremst werden sie mit Heckfallschirmen.

Draht Er dient im wesentlichen zur Herstellung elektrischer oder mechanischer Verbindungen (Befestigungen). Man unterscheidet zwischen starrem und flexiblem Draht. Starrer Draht behält die einmal gegebene Form (z. B. durch biegen) bei, während flexibler Draht dort eingesetzt wird, wo eine Verbindung beweglich sein muß.

Draht Läßt sich in den unterschiedlichsten Stärken und aus verschiedenen Materialien einsetzen für:
– Achsen
– Antennen
– Verstrebungen
– Aussteifungen und
– als Hilfsmittel zum Aufhängen von lackierten Teilen, die trocknen sollen.

Drahtfolie Ein neu entwickeltes Material für die Gestaltung stabiler Geländeuntergründe für Dioramen. In einer starken dehnbaren Kunststoffolie ist ein Drahtgitter eingeschweißt, mit dem sich Hügel und Gebirge leicht formen lassen. Verkleben läßt sich Drahtfolie mit → Kontaktklebern (Pattex) oder Spühkleber.

Drehbank Der Wunsch eines jeden Modellbauers. Dabei gibt es speziell für dieses Hobby besonders kleine Drehbänke von den verschiedensten Herstellern. Preise und Qualität schwanken. Mit einer Drehbank können z. B. Zubehörteile aus Kunststoff oder Metall gefertigt oder verfeinert werden. Ein solches Hilfsmittel erleichtert und vereinfacht den Bau von Plastikmodellen enorm.

Dreckspritzer Werden auf verschiedene Weise auf das Modell aufgebracht:
– Man verwendet käuflichen Dreckspray, der ziemlich grobe Spritzer erzeugt (im gutsortierten Modellbaufachgeschäft zu bekommen).
– Mit dem Pinsel: Farbe etwas antrocknen lassen und dann auftupfen. Oder durch den mit Farbe getränkten Pinsel kräftig Pusten (vorher auf Papier ausprobieren).
– Mit der Zahnbürste: Mit dem Pinsel et-

was Farbe auf die Bürste geben und damit Farbtöpfchen auf das Modell spritzen.
– Mit der Spritzpistole: hier wird relativ dicke Farbe verwendet und jeweils nur ganz wenig auf das Modell aufgetragen.

Dreck Er gehört im Modellbau zum Thema → Gebrauchsspuren. Dreck findet also immer dann Verwendung, wenn ein Modell möglichst realistisch erscheinen soll, z. B. bei → Dioramen. Dabei wird natürlich kein echter Dreck (Schmutz) verwendet, sondern Farbe, Puder etc. Meistens wird, je nach Art der → Verschmutzung, eine Mischung aus matt-hellgrau und matt-hellbraun bis mittelbraun verwendet.

Dritte Hand Hierbei handelt es sich um Hilfsmittel für bestimmte Vorgänge im Modellbau, beispielsweise zum Fixieren von Klebestellen, Bemalen von Kleinteilen oder Trocknen von bereits bemalten Modellteilen. Viele Firmen bieten solche »Dritte Hände« an. Man kann allerdings auf wesentlich billigere Hilfsmittel aus dem täglichen Leben zurückgreifen. Zum Beispiel: Zahnstocher, Schaschlikspieße aus Holz, Styroporplatten, Teppichklebeband und Krokodilklemmen. Näheres jeweils unter dem angegebenen Begriff.

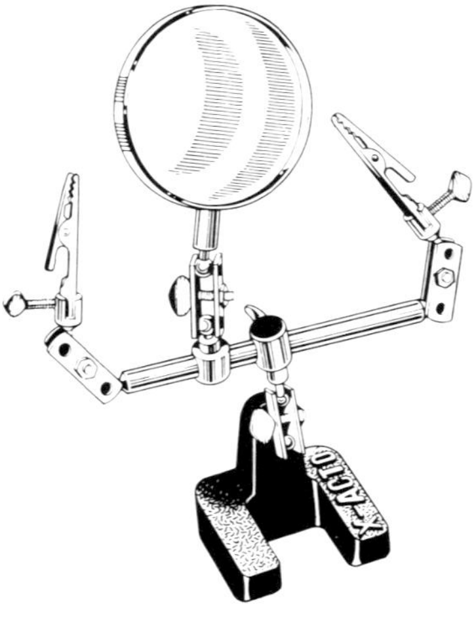

Druckluft Sie wird für das Spritzlackieren von Modellen verwendet. Druckluft wird auf verschiedene Weise gewonnen:
– aus der Druckluftdose, die einen Schraubanschluß für → Spritzgriffel hat,
– aus einem handelsüblichen → Kompressor, mit und ohne Windkessel
– aus einem Eigenbau-Kompressor (Kühlschrank-Kompressor).

Drybrushen (englisch = trockenbürsten). Drybrushen ist das Malen mit einem fast trockenen Pinsel (am besten breite Rotmarderflachpinsel), d. h. mit einem Minimum an Farbe am Pinsel. Grundregel für das Drybrushen: Immer mit einer helleren Farbe über eine dunklere pinseln. Der Pinsel wird dabei kurz in dickflüssige Farbe (vom Boden der Farbdose) getaucht, die dann an einem Papiertaschentuch oder Zeitungsseite solange abgestrichen wird, bis sich keine Farbe mehr zeigt. Jetzt wird mit dem Pinsel weich und behutsam über das Modell gemalt. An den unebenen und erhabenen Stellen und Kanten bleibt dabei die Farbe haften. Will man z. B. Verwitterungseffekte erzielen, kann man auch mit mehreren Farben drybrushen, dabei sollte man die erste Farbschicht immer wieder trocknen lassen, bevor die nächste aufgetragen wird.

Ducolux Ein Markenname für → Autolack, der vor allem in Spraydosen angeboten wird.

Dupli Color Markenname von Original-Autofarben. Diese werden immer mehr beim Bau von Modellautos eingesetzt – vor allem bei → aufgemotzten und → gesuperten Modellen. Am einfachsten zu handhaben sind die Sprühdosen, besonders dann, wenn es sich um → Metallicfarben handelt.

E

Econokote Eine preiswerte und leichte Überzugsfolie, eignet sich vorzugsweise für die Bespannung mittlerer und kleinerer Flugmodelle, für Rümpfe und voll beplankte Flächen. Econokote ist wasser- und treibstoffest und in Transparent- und Volltonfarbe im Fachhandel erhältlich (von der Rolle.)

Eigenbau Nicht alle realen Fahr- und Flugzeuge sowie Schiffe etc. gibt es als Modell. Erfahrene Modellbauer fertigen dann anhand von Plänen, Skizzen und Fotos Eigenbauten. Hierfür muß als erstes ein entsprechender → Maßstab festgelegt werden. Als Baumaterial wird in erster Linie → Plastik-Sheet und → Plastikprofile verwendet. Wer sich an einen Eigenbau wagt, sollte unbedingt Erfahrung im Umgang mit → Spachtel- und → Schleifarbeiten haben.

Einlaufen Ein Begriff aus dem RC-Bereich. Jeden Elektroantrieb muß man erst einlaufen lassen – ähnlich wie es früher bei den Automotoren das Einfahren gab. Um die Lager möglichst glatt und damit einen leichten Lauf zu bekommen, soll jeder Elektromotor ohne Last mit steigenden Drehzahlen für einige Minuten einlaufen.

Einmachgläser Jeder Bastler sollte in seiner Werkstatt ein großes Einmachglas mit der Aufschrift »ALTÖL« stehen haben. Denn Verdünnungs- und Pinselreiniger- und Farbreste gehören auf keinen Fall in den Abfluß oder in die Mülltonne. All diese »Problemabfälle« werden im Einmachglas gesammelt und von Zeit zu Zeit bei Tankstellen abgegeben.

Einpassen Grundsätzlich müssen Teile, bevor man sie in eine Öffnung, Vertiefung, Bohrung und dergleichen montiert (klebt) eingepaßt werden. Gegebenenfalls muß bei schlecht sitzenden Teilen auch nachgearbeitet werden. Siehe auch → Anpassen.

Einschnitte Sind oft nötig, um größere → Abziehbilder (→ Decals) sauber und faltenfrei aufzuziehen oder um Plastikteile besser heißverformen zu können, z. B. Beulen und Schußschäden an Militärfahrzeugen oder ähnlichem. Einschnitte werden am häufigsten bei Figuren vorgenom-

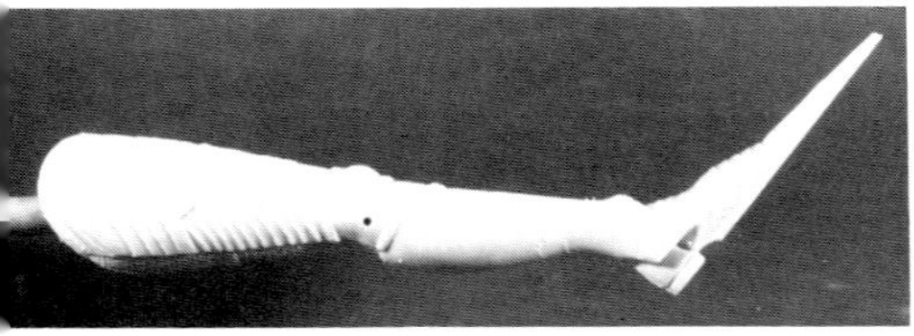

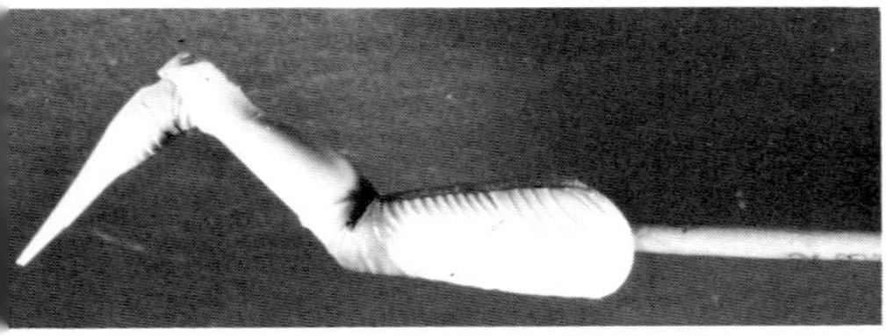

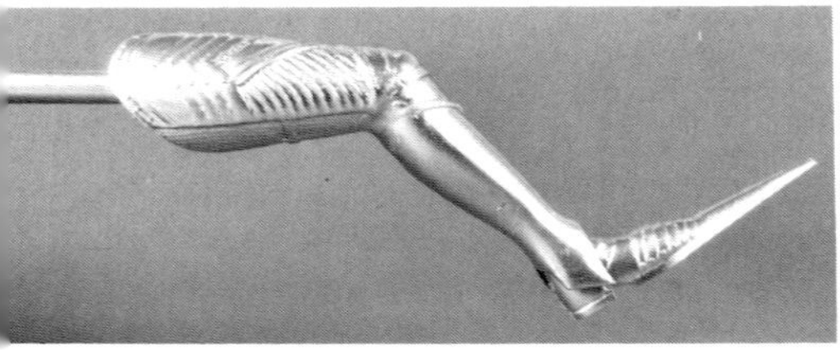

men, um diesen eine andere Haltung zu geben oder dynamischere Bewegungen besser darzustellen.

Einsteckmodule Sie erlauben bei Funkfernsteuerungen, z. B. ein Modulsystem nachträglich und selbst kombinierbar einzubauen, welches alle fest eingebauten Systeme in den Schatten stellt.

Einziehbares Fahrgestell Ist bei den Bausätzen von Flugzeugen im Maßstab 1:48 bei einigen Modellen, z. B. der Monogram Heritage Edition, schon vorgesehen und funktioniert bei richtigem Zusammenbau tadellos. Wer nachträglich andere Modelle mit einem einziehbaren Fahrgestell ausrüsten will, braucht schon ausreichende Erfahrung, um sich solch ein Klappgestänge selbst anzufertigen, denn irgendwo muß ja ein Drehmechanismus angebracht werden. Im RC-Bereich ist das weniger kompliziert – hier bietet der Fachhandel spezielle Einziehservos an, welche die Klappmechanismen steuern.

Emailfarben Sie werden am häufigsten verwendet. Diese Art von Farbe haftet auf dem für die Modelle verwendeten Plastikmaterial am besten und greift die Oberflächen nicht an. Zu den bekanntesten Herstellern von Emailfarben gehören: → Humbrol, → Airfix, → Revell, → Schreiber micro color, → Pactra u. a.

Empfänger Zur Aufnahme elektromagnetischer Wellen werden Empfänger benötigt, welche die empfangenen sogenannten Radiowellen in mechanische Impulse umsetzen → Fernsteuerung.

Empfängerantenne Für den einwandfreien Empfang (→ Empfänger) von elektromagnetischen Wellen wird eine sogenannte Empfängerantenne (auch Empfangsantenne) benötigt (→ Antenne).

Entex Britische Firma, ziemlich unbekannt. Im aktuellen Angebot für den deutschen Markt sind: Elf-Team-Tyrell-Renntransporter, Porsche-Martini-Renntransporter und ein Ferrari-Renntransporter (alle auf Ford-Basis) als Bausatz aus Plastik im Maßstab 1:32.

Entgraten Grate entstehen an den Spritzgußteilen bei schlecht schließenden oder abgenutzten Formen, d. h., je älter eine Form ist, desto mehr Grate entstehen an den Plastikteilen des Bausatzes (Abnutzungserscheinungen). Diese Grate müssen selbstverständlich entfernt werden. Dazu benützt man entweder ein scharfes → Bastelmesser oder eine → Feile.

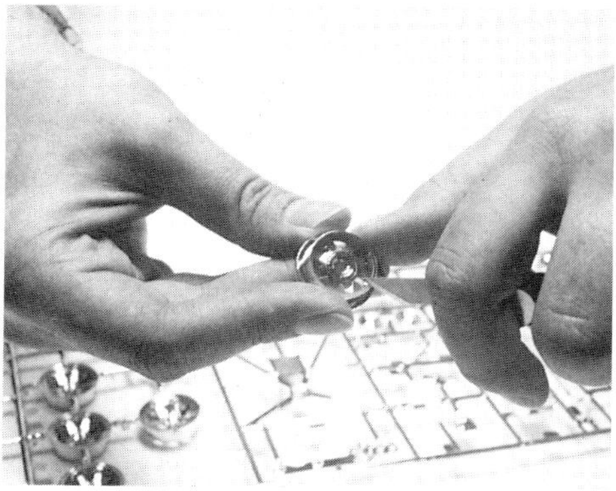

Epoxidharz = Äthoxylinharze), Kondensationsprodukte von Epichlorhydrin mit Polyalkoholen oder Polyphenolen. Die Epoxidharze finden Anwendung in Lacken, Kleber oder Gußkörpern. Sie dienen als Bindemittel für Metall-Gummi-Verbindungen.

Epoxydkleber Setzt sich aus Harz und Härter zusammen. In einer bestimmten Mischung treten nach einer festgelegten Zeit hochfeste Verbindungen mit fast allen Werkstoffen auf. Wegen der hohen Festigkeit des ausgehärteten Materials lassen sich mit Epoxydkleber auch Lücken füllen und Teile mit Abstand zusammenkleben. Zwei Faktoren bestimmen entscheidend die Härte bzw. Elastizität der Klebestellen: das Mischungsverhältnis und die Außentemperatur. Zuviel Härter macht die Verbindung nicht härter, sondern elastischer. Schnellere Verbindungen erreicht man durch Wärmezufuhr (z. B. Fön, Backofen). Normalerweise sind die Kleber bis 130 °C wärmebeständig. Bei höheren Temperaturen lösen sie sich.

Ertl US-amerikanische Modellbaufirma aus Dyersville/Iowa. Hersteller von Plastikkits, vorwiegend Trucks, im Maßstab 1:25, 1:32 und 1:43. Vor mehr als zwei Jahren fusionierte Ertl mit der Firma amt. Seitdem haben beide (zumindest in Deutschland) ein gemeinsames Programm von Trucks und Pkw. Bekannteste Ertl-Trucks sind: Mack »Rubber Duck« (aus dem Film Convoy) und IHC Transstar Eagle.

Esci Italienische Firma aus Mailand, deren Plastikkits weltweit verkauft werden. Das Programm ist sehr umfangreich: Figuren und Militaria im Maßstab 1:72 und 1:35, Snap-Kits (Trucks und Vans) in 1:32, Flugzeuge in 1:48 und 1:72 (ganz neu die Flugzeugcockpits in 1:12), Autos in 1:24, Motorräder in 1:9, Schiffe in 1:200 und Lokomotiven in 1:87.

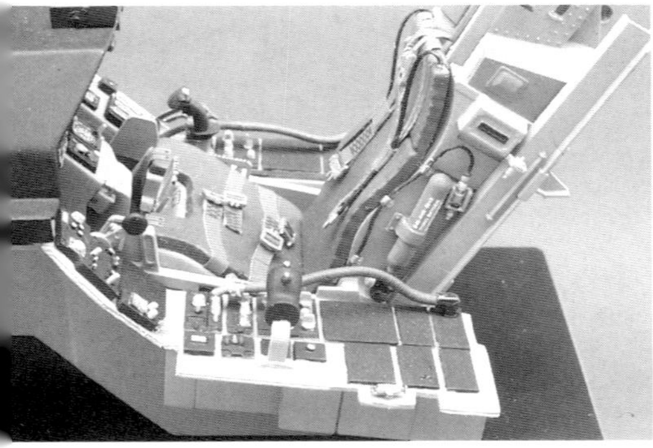

Essex Miniatures Englischer Hersteller von Figuren fast aller Epochen. Die 25 mm hohen Figuren sind gut detailliert und eignen sich besonders für Dioramen historischer Schlachten. Das Angebot reicht vom Ritter über Landsknechte, Barockfiguren, napoleonische Truppenteile bis hin zu Fantasiamodellen.

Etter, James Amerikanischer Meistermodellbauer, seit 1969 stellt er Gießharz-Fahrerkabinen von US-Trucks im Maßstab 1:25 her, mit denen sich herkömmliche Bausätze individuell verändern lassen. Anfangs waren es nur Mack-Kabinen, mittlerweile umfaßt die Angebotspalette auch Ford und GMC. Die Preise sind allerdings recht hoch (ab 25 Dollar aufwärts).

Europe Europe Model Kit ist der vollständige Name dieser französischen Firma aus Paris. Von 1964–1966 wurden gut detaillierte Bausätze (Maßstab 1:32) diverser Oldtimer hergestellt: Panhard 1891 und 1895, Panhard Tonneau 1905. Mitunter findet man in einigen Modellbaugeschäften und Tauschbörsen noch Bausätze von Europe.

F

Fabrikneue Modelle So werden all jene Bausätze bezeichnet, die original verpackt sind – also noch in Folie eingeschweißt oder mit einem unbeschädigten Klebestreifen versehen sind. In der Regel weisen diese Bausätze keine bessere Qualität als länger gelagerte auf, sofern diese fachgerecht gelagert wurden.

Fabrikote Gewebe aus Polyesterfäden, das auf der Unterseite mit einem wärmeaktivierenden Kleber beschichtet ist, während die Oberseite einen treibstoffbeständigen Farbüberzug hat. Angewandt werden Fabrikotegewebefolien überwiegend als Bespannungsmaterial im Flugmodellbau.

Faller Traditionsreiches Unternehmen aus Gütenbach/Schwarzwald, das seit Jahrzehnten schon Zubehör für Modelleisenbahnen und Dioramenbauer produziert. Neben Häusern, Kirchen, Fabriken, Brükken, Tunnel oder Bahnhöfen bietet die Firma auch Klebstoffe, Elektroteile, Modellhintergründe, Literatur und Kinderspielzeug an. Faller vertreibt u. a. auch die Produkte von Italeri und Pocher in Deutschland.

Fantasia Sammelname für eine besondere Sparte des Modellbaus, steht für Figuren und Dioramen aus der Welt der Fantasie, z. B. Amazonen, Drachen, Wesen von anderen Planeten, Götterfiguren der griechischen Mythologie, Meerjungfrauen etc.

Farbauftrag → siehe Bemalen

Farbbehandlung Die meisten Farben können nachbehandelt werden. Zum Beispiel glänzende Farben können mattiert und matte glänzend gemacht werden → Klarlack. Silberne Farbtöne werden mit Klarlack griffest, bestimmte Metalleffektfarben poliert man.

Farbdosen Wer Farbe aus der Dose verwendet, soll grundsätzlich folgende Punkte beachten:
– Dose immer gut verschließen.
– Darauf achten, daß am Rand keine Farbreste zurückbleiben, die zu Verkrustungen und Verklebungen führen würden.
– Vor dem Bemalen muß die Farbe mit einem → Zahnstocher o. ä. gut durchgerührt werden, damit sie sich gut vermischt und eine gleichmäßige Lackierung erzielt wird.
– Möglichst kleine Dosen kaufen, da beim Plastikmodellbau nur geringe Farbmengen benötigt werden.
– In bereits angebrochene Farbdosen ein paar Bleikügelchen (Schrotkugeln oder aus Bleiband von Stores) beigeben, diese sorgen dafür, daß die Farbe beim Schütteln (verschlossen) gut durchgemischt wird.

Farbe Sie gibt jedem Modell erst den letzten Schliff. Im Plastikmodellbau werden die unterschiedlichsten Farbarten verwendet. Die gebräuchlichsten sind → Emailfarben. Diese werden von vielen Herstellern in allen möglichen Farbtönen angeboten, die Ausführung reicht von hochglänzend bis matt. Wichtig sind auch die → Klarlacke. Mit diesen werden bereits lackierte Plastikteile überzogen, um noch mehr Glanzeffekt zu erzielen oder diese matt zu bekommen. Mit Klarlack werden außerdem → Abziehbilder überlackiert und somit haltbarer gemacht. Glänzende Lackierungen können durch einen matten Klarlack in matte Farben verwandelt werden und umgekehrt.
Neben den Emailfarben werden auch → Autolacke aus Sprühdosen verwendet, → Glasmalfarben für Klarsichtteile, z. B. Blinker etc., → Plakatfarben, Grafikersprühfar-

ben und wasserfeste Filzstifte.
Für alle nicht speziell für den Plastikmodellbau empfohlenen Farben empfiehlt es sich, vor dem Lackieren eine Probe an der Unterseite eines Modellteils vorzunehmen (Verträglichkeit).

Farbflaschen Dünnflüssige Farben werden gelegentlich in Flaschen angeboten. Diese Farben eignen sich besonders gut zum → Mischen von verschiedenen Tönen.

Farbreste sollten stets in gut verschließbaren Behältern (Babynahrungsgläschen etc.) aufbewahrt werden. Vor allem bei selbst gemischten Farben ist es ratsam, Farbreste bis zur völligen Fertigstellung des Modells aufzubewahren, da bei einem weiteren Mischversuch nur selten exakt der gleiche Ton erzielt wird.

Farbsortiment Mittlerweile gibt es jede Menge Hersteller von speziellen Modellbaufarben verschiedenster Beschaffenheit. Man unterscheidet zwischen:

- Authentic-Farben (Militärfarben einer bestimmten Nation)
- Leuchtfarben (für Sicherheits- und Notdienstfahrzeuge)
- Metallicfarben
- Seidenmattfarben
- Mattfarben
- RAL-Farben (genormte Farbtöne)

Farbsprays 1958/59 entwickelte die US-Firma → Pactra die ersten brauchbaren Colorsprays für den Modellbau. Wenig später stellte auch Revell eigene Sprays vor, die sich auf dem Styrene-Kunststoff problemlos verarbeiten ließen. Heute gibt es eine Vielzahl von Herstellern, die Farbsprays herstellen, mit denen sich recht gute Ergebnisse erzielen lassen (Tamiya, Heller-Humbrol u. a.). Noch besser (da feiner) sind jedoch die → Autolacke zum Aufsprühen.

Farbtabelle Hier gibt es als klassische Farbtabelle die → RAL-Farbtonkarte. Alle Farbhersteller bieten auch Farbkarten an, auf welchen die Farbtöne ihres Lieferprogramms in möglichst naturgetreuer Weise

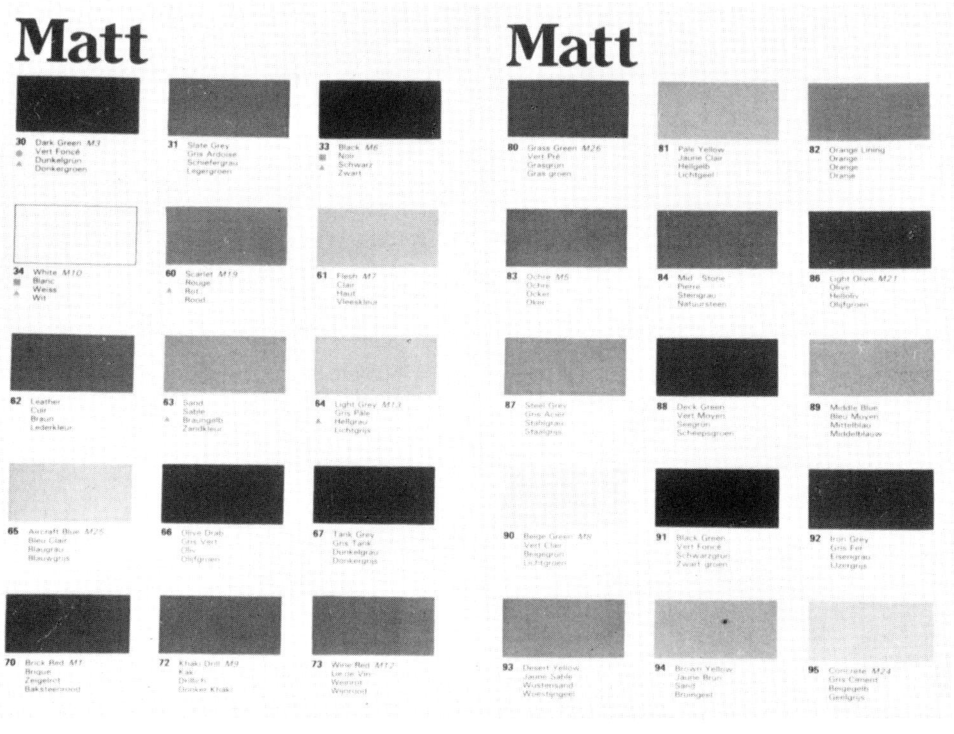

dargestellt werden. Manchmal sind sogar die Originalfarben aufgebracht. Leider sind solche Karten allerdings in den meisten Modellbaugeschäften eine Rarität. Am besten wendet man sich direkt an den Hersteller.
(siehe Serviceteil)

Farbumrührer Vor jedem Gebrauch müssen Farben gut umgerührt werden. Dafür eignen sich gut → Zahnstocher, → Schaschlikspieße, → Gießäste, → Nägel etc. Achtung: unbedingt überprüfen, ob diese Gegenstände auch absolut sauber sind.

Farbverläufe sind Farbgebungen, bei denen zwei oder mehrere Farben langsam ineinander übergehen. Dies können aber auch verschiedene Helligkeitsstufen von ein und derselben Farbe sein – also ein Verlauf von hell bis dunkel. Diese Lackiertechnik zählt zu den schwierigsten überhaupt. Am besten übt man vorher auf einem Stück Karton. Je kleiner das Modell, um so schwieriger ist es, einen Farbverlauf zu spritzen.
Beispiel: Als erstes wird die Grundfarbe aufgetragen, nach dem Trocknen kann mit der zweiten Lackierung begonnen werden. Ein Streifen Karton dient hierbei als Schablone, die in geringer Entfernung über den Teil des Modells gehalten wird, der letztendlich die Grundfarbe behalten soll. Jetzt mit einem feinen Strahl und wenig Druck die freigelegte Fläche spritzen und die Farbgebung zum Ende hin intensivieren. Auf diese Weise können auch geschwungene Linien gespritzt werden.

Faserstifte Sammelname für Schreib- und Zeichengeräte, bei denen die → Tusche oder → Tinte durch eine Spitze aus zusammengepreßten Kunststoffasern austritt. Gut sind die wasserfesten Faserstifte z. B. von Staedtler, mit denen man auf fast allen Materialien (Plastik, Glas, Metall und Holz) zeichnen oder schreiben kann. Faserstifte mit extrafeiner Spitze eignen sich hervorragend für die Darstellung von Schattenfugen, Türfalze oder Umrahmungen.

Federung Bei Modellen, die keinen kleineren Maßstab als 1:16 besitzen, ist die Federung nicht funktionsfähig, sondern lediglich modellhaft nachgebildet. Federungen werden häufig bei Motorrad- und Rennwagenmodellen voll funktionsfähig ausgebildet angeboten.

Feilen gehören zur Grundausstattung des Modellbauers. Praktisch sind die Schlosser- oder Nadelfeilen (gibt es als Set, rund, eckig und flach). Zu empfehlen sind auch Diamantstaubfeilen und normale Nagelfeilen aus Metall oder Pappe.

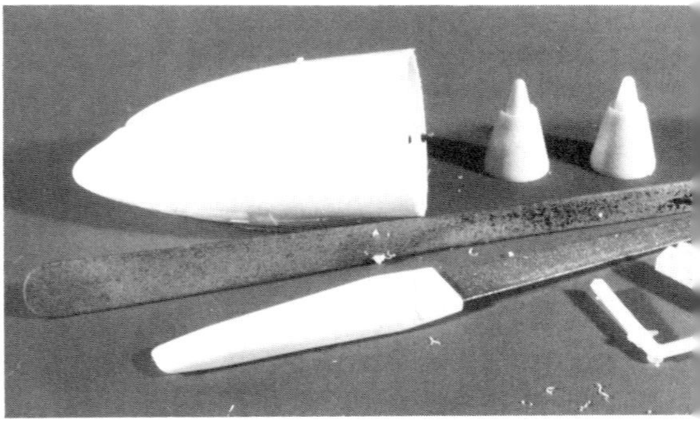

Feinsäge Feinsägen besitzen ein besonderes Feinsägeblatt und sind somit für den Modellbau unerläßlich. Die Feinsäge wird zum Zerschneiden von Holz und Plastikmaterial verwendet. Tip: Vielfach paßt ein Feinsägeblatt auch in den Griff von größeren Bastelmessern.

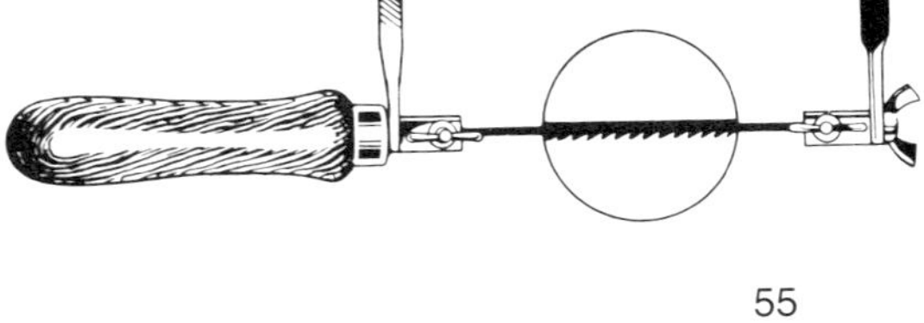

Fensterrahmen Sie sollten – wie auch beim Original – eine andere Farbe als die Karosserie und der Aufbau haben. Meist sind Fensterrahmen schwarz oder → chromfarben. Das Bemalen erfordert viel Geduld, eine ruhige Hand und einen besonders feinen und guten → Pinsel. Am besten werden die Rahmen vor dem Fenstereinbau bemalt.

Fernsteuerung Als solche bezeichnet man das Steuern von Abläufen (Bewegungen) über eine entsprechende Distanz zwischen Befehlsgeber (→ Sender) und Befehlsempfänger (→ Empfänger). Eine Fernsteuerung kann verdrahtet oder drahtlos sein. Zu den drahtlosen Fernsteuerungen gehören → RC, Infrarot- und Ultraschallfernsteuerungen.

Fertigmodelle Überwiegend Sammlermodelle von Autos (Oldtimer, Rennwagen etc.), die entweder aus Plastik, Metall (Druckguß) oder Gemischtbauweise Metall/Plastik hergestellt werden. Die gebräuchlichsten Sammelmaßstäbe sind 1:43/50, 1:32 und 1:87.

Fettstifte Sie wurden ursprünglich als Lithografiekreiden entwickelt, mit denen die vorher glattgeschliffenen Lithosteine bemalt wurden. Heute nimmt man Fettstifte zum Markieren irgendwelcher Modellteile. Der Vorteil: Die Markierungen können mit dem Finger oder einem Tuch wieder abgewischt werden.

Fiberglas Auch unter dem Begriff Glasseide bekannt. Fiberglas sind dünne Glasfäden (Durchmesser 0,01 bis 0,015 mm), die in der Glasspinnerei zu Kunstharzschichtplatten, säurefesten Filtern und feuerfestem Gewebe verarbeitet werden. Im Modellbau findet Fiberglas vor allem im Schiffs- und Flugzeugmodellbau Verwendung.
Fiberglas ist ein leichtes, aber starkes Material, daß sich einfärben läßt. Mit Fiberglas lassen sich Formen herstellen, Reparaturen vornehmen etc.

Figuren Eine eigene Modellbausparte, dabei wird zwischen → Zinnfiguren und Plastikfiguren unterschieden. Letztere gibt es als Bausätze in den Maßstäben 1:72,

1:35 (gebräuchlichster Maßstab für Militaria und Dioramen), 1:24 und Biegepuppen (von → Wedico als Truckzubehör) im Maßstab 1:8. Weitere Hersteller sind unter anderem Historex, Phoenix, Chota Sahib u. v. a.
Der Maßstab bei den Zinnfiguren drückt sich in Milimeter aus, z. B. 20 mm, 25 mm, 30 mm, 40 mm, 54 mm bis 150 mm.
Figurenspezialisten führen auch Umbauten vor, d. h. verändern die Haltung, Größe etc. Das A und O jedoch ist die Bemalung der Figuren. Hier sind eine ruhige Hand, gutes Werkzeug → Pinsel usw. unbedingt erforderlich. Da bei historischen Figuren die Bemalung besonders exakt sein muß, ist ein Recherchieren und Nachlesen in einschlägiger Literatur unerläßlich.

Filzschreiber Sammelname für Schreib- und Zeichengeräte, bei denen die Schreibflüssigkeit durch eine Filzspitze austritt. Für den Modellbauer sind lediglich die wisch- und wasserfesten Filzschreiber interessant, mit denen z. B. Details an Figuren bemalt werden können. Eine besondere Art von Filzschreiber sind die → Quick Colorstifte.

Finish Englisch (= Vollendung, letzter Schliff). Im Modellbau ist damit meistens die Bemalung und das endgültige Verschönern des Modells gemeint. Bei einigen Zubehörherstellern steht Finish für Farbe, Farbspray u. ä.

Flachfeile → siehe Feile

Flachpinsel Spezialpinsel für das Lackieren größerer Flächen. Sie sind entweder aus Naturborsten oder für besonders feine Lackanstriche aus geschmeidigen Nylonfasern. Flachpinsel mit weichen Borsten eignen sich auch zum Abstauben von Modellen.

Flecktarnung Viele Kampfflugzeuge des 2. Weltkriegs waren mit dieser Art von Tarnung versehen. Es gibt zwei Möglichkeiten, diese stilecht an Flugzeugmodellen anzuwenden: Ein Wattebausch wird mit etwas Farbe getränkt und dann solange auf einen Bogen Papier getupft, bis nur noch wenig Farbe vorhanden ist. Jetzt kann man damit das Modell betupfen und erhält mehr oder weniger farbsatte ausgefranste Tarnflecke. Noch besser geht es mit der Spritzpistole oder einem Colorspray, indem man die Farbe durch ein geschnittenes Loch einer Pappschablone aufspritzt.

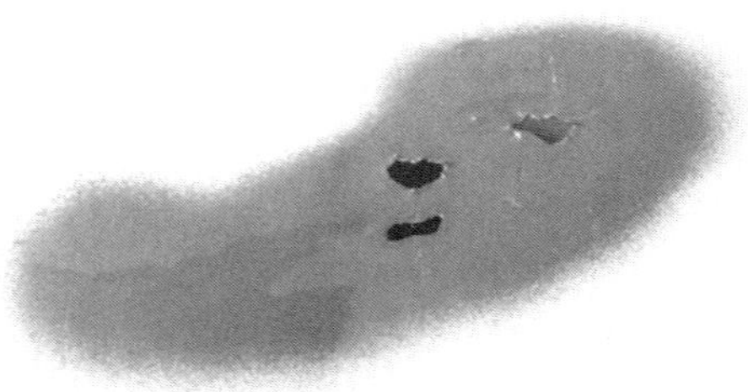

Fleischmann Nürnberger Unternehmen, stellt Modelleisenbahnen der Spurgrößen H0 und N her sowie Autorennbahnen, diverses Zubehör (Werkzeuge u. ä.) und einige Modellautos in H0 und N (Porsche 928, Citroën 2 CV, VW Golf u. a.).

Floureszens-Farben Nichts anderes als Leuchtfarben, welche die Eigenschaft haben, bei Lichteinwirkung verstärkt zu strahlen. Meistens ist Schwefelzink mit Schwermetallzusätzen in der Farbe enthalten. Mit Phosphor angereicherte Farben leuchten auch in der Dunkelheit. Im Modellbau wendet man diese Farben für die Bemalung von Feuerwehren, Rettungshubschraubern oder Bojen an.

Flüssigglas Eine leimartige Flüssigkeit, die es dem Modellbauer ermöglicht, in kürzester Zeit Fensterscheiben, Lampen, Bulleyes u. ä. herzustellen. Mit einem Pinsel oder Zahnstocher wird die zähe Flüssigkeit über die Fensterfläche (Durchmesser 5–8 mm) gestrichen, bis ein Film entsteht. Nach rund 30 Minuten ist die Flüssigkeit glasklar und ausgehärtet. Mit Klarlack überstreichen – fertig. Unter dem Namen Kristal Kleer ist Flüssigglas (in der 60-ml-Flasche) im Fachhandel zu kaufen.

Flüssigkleber gehören zu den am häufigsten im Handel befindlichen Plastikklebern. Man unterscheidet dünnflüssige Kleber wie Faller Perfect, kibri 9995, Humbrol flüssig, paktra cement u. a. und dickflüssige Kleber wie Faller Expert, UHU plast flüssig, Vollmer Supercement S3, Revell-Plastikkleber u. a.
Die aufgeführten Flüssigkleber eignen sich alle ausschließlich für → Polystyrol-Teile.

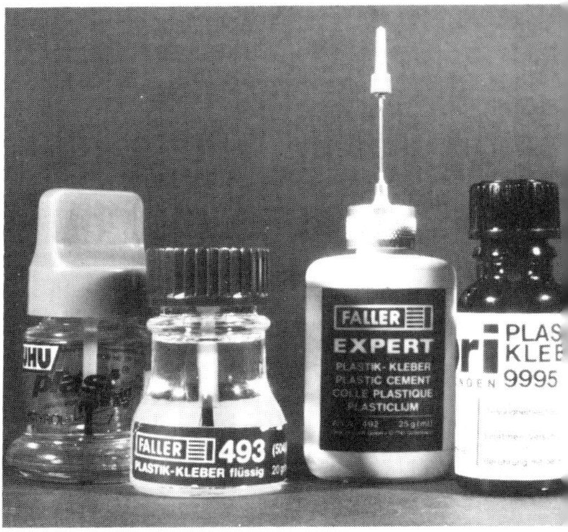

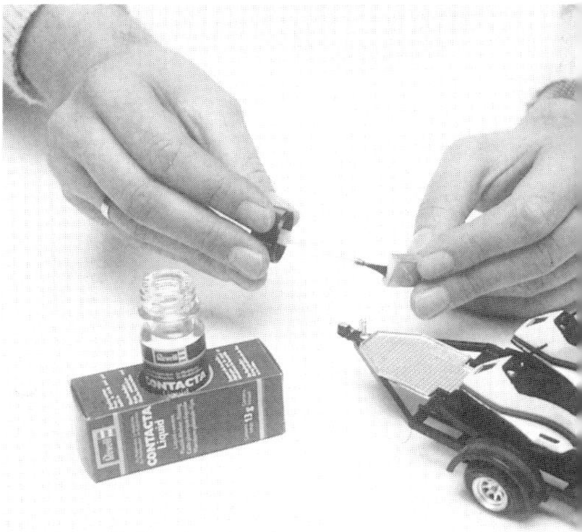

Flüssigmasken Flüssigmasken finden beim Bemalen und Verzieren von Modellen Anwendung, zum Beispiel, wenn Stellen ausgespart oder Kleinteile nicht bemalt werden sollen. Der Modellbaufachhandel bietet eine große Zahl von Mitteln an, die sich dafür eignen, siehe → Abdecklack. Der Abdecklack (Flüssigmaske) wird auf die vorher gereinigte Fläche gepinselt; nun warten, bis dieser angetrocknet ist. Jetzt kann lackiert werden. Erst wenn die Farbe total durchgetrocknet ist, wird die Flüssigmaske abgezogen. Auf gleiche Weise wird bei gewünschten Mustern verfahren. Abdecklack auftragen, nach dem Durchtrocknen gewünschtes Muster herausschneiden, Farbe auftragen, fertig.

Folie siehe → Klebefolie, → Abdeckfolie

Folien-Bügeleisen Ein Bügeleisen zum Aufbügeln von Folien. Findet überwiegend im Flugmodellbau Anwendung. Durch die spezielle Formgebung kann es auch an unzugänglichen Stellen eingesetzt werden. Ein regelbarer Heizwiderstand macht dieses Bügeleisen für jede Art von Folie verwendbar. Beim Verarbeiten von Randbögen, starken Rundungen und zum Versiegeln von Kanten ist es beinahe unentbehrlich. Teflonbeschichtet ist die Sohle, das verhindert das Ankleben der Folie.

Folien-Fön Speziell entwickelter Fön, dessen Anwendungsbereiche fast unbegrenzt sind. Bei Flugmodellen wird das Bespannen der Tragflächen mit Folie enorm beschleunigt. Es brauchen nur noch die Außenkanten durchs Bügeln fixiert werden. Den Rest besorgt der Fön. Die meisten haben einen Zweistufenschalter, der die Wärme reguliert. Außerdem gibt es Spezialdüsenvorsätze zum Fönen kleinerer Flächen (beim Plastikmodellbau).

Folienscharnier Eine selbstklebende Spezialfolie, meistens transparent, kann aber eingefärbt, lackiert werden. Sie ermöglicht einfachste zuverlässige Montage von beweglichen Teilen (Quer- oder Höhenruder bei Flugmodellen, Türen oder Motorhauben bei Trucks und Pkw usw.). Im Fachhandel ist Folienscharnier (Simprop) als Rolle (wie Tesafilm z. B.) erhältlich.

Folienschreiber Wisch- und wasserfeste Filzschreiber, mit denen man auf Kunststoff, Glas, Metall und Keramik schreiben und zeichnen kann. Es gibt die Stifte in den Ausführungen fein, mittel und extrafein (Staedtler, Stabilo u. a.). Extrafeine Folienschreiber eignen sich besonders für das Herausarbeiten von Tür- und Kofferraumfugen bei Automodellen sowie zum Markieren auf zu schleifenden Flächen.

Formaldehyd Ameisensäurealdehyd, chem. Formel HCHO, einfachster Vertreter der Aldehydgruppe, erstmalig 1859 von dem Russen A. M. Butlerow dargestellt, wird durch Überleiten eines Gemisches von Luft und Methylalkoholdämpfen über glühendes Metall (Silber, Kupfer, Platin) als Katalysator oder Metalloxide (Kupferoxide) gewonnen. Formaldehyd kommt in den unterschiedlichsten Verbindungen in Klebern, Filmen und Kunstharzen vor.

Fotos → siehe Hintergrundfotos und Anhang

Fröwis Sammlern und Insidern bekannte Berliner Firma, die seit 1977 in kleiner Serie H0-Modelle (Straßenbahnen, Autos) aus Plastik oder Messing baut. Für individuelles Gestalten der Kleinmodelle bietet Fröwis auch Decal-Bögen an.

Fugen Sie entstehen durch Paßungenauigkeit bei zusammengeklebten Teilen und müssen vor dem → Lackieren → verspachtelt werden.

Fujimi Japanische Firma, Fujimi Mokai Co., Sitz in Shizuoka-Shi, Hersteller von Plastikmodellbausätzen diverser Maßstäbe: Hubschrauber (1:48 und 1:72), Flugzeuge (nur Militär, Maßstab 1:72 und 1:48), Militaria (1:76), Waterlineschiffe (1:700) und Pkw (1:24). Die Bausätze werden erst seit einigen Jahren in der Bundesrepublik vertrieben.

Full-Scale-Modelle Englische Bezeichnung für Modelle, die exakt und hundertprozentig maßstabsgerecht ihren Originalen nachgebaut sind, im Gegensatz zu → Semi-Scale-Modellen.

Füllmaterial siehe → Porenfüller

Funkantenne Diese Art von → Antennen dienen dem Empfang und dem Aussenden elektromagnetischer Wellen.

G

Gaze Schleierartiger, dünner Stoff aus Seide, Baumwolle, Leinen oder Kunstfasern. Wird im GFK-Bau verwendet, um Flächen von Formstücken zu verstärken. Im Figurenmodellbau werden Gaze-Streifen als Kleidungsstücke, Decken, Zelte usw. verwendet.

Gaze-Kleister Ein Dextrin-Klebemittel, um Gazebespannung an Tragflächen oder Flugzeugrümpfen zu befestigen. Wird vorwiegend bei Segelflugmodellen angewendet.

Gebrauchsspuren Sie geben Modellen den letzten Pfiff und ein reales Aussehen. Gebrauchsspuren treten an Reifen, Trittstufen, Scheiben, Schrauben, Motor- und Gehäuseteilen, Ladeflächen, Griffen etc. auf. Diese können aus → Dreck, → Abnützung oder → Ölspuren bestehen.

Gehrung Das Zusammenstoßen oder Verbinden von Werkstücken unter einem bestimmten Winkel (meistens 45 Grad) wird als Gehrung oder Gehre bezeichnet.

Gekröpfte Pinzette Pinzette mit gebogenen Spitzen. Kleinteile können damit optimal aufgenommen, angepaßt und verklebt werden.

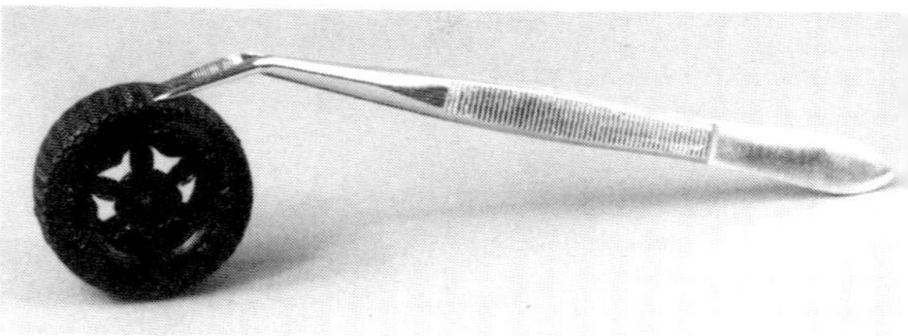

Geländematten Sind aus dem Dioramen- und Landschaftsbau nicht mehr wegzudenken. Es gibt die fertigen Matten in vielen verschiedenen Ausführungen: Wüstensteppe, Kartoffelacker, Kornfeld, Moor, Bergwiese oder Schnee. Angeboten werden die Matten als Meterware von der Rolle oder als zugeschnittene Bögen (Faller, Preiser, kibri).

Geländeplatten Für rationelles Arbeiten bei Diorama- und Anlagenbau haben einige Hersteller sogenannte Geländeplatten entwickelt. Das Material ist geschäumtes Polyurethan. Entsprechend eingefärbt und strukturiert ähnelt es Gneis und Schichtgestein. Diese Geländeplatten lassen sich leicht mit dem Messer oder der Säge schneiden, farblich überarbeiten (Dispersionsfarbe) und kleben (z. B. → Colofix). Der Handel bietet die Platten im Format 50×26 cm (Faller) an.

Gelcoat So nennt man die äußere Lage von z. B. in GFK-Bauweise hergestellten Bootsrümpfen

Getönte Scheiben Liegen solche dem Bausatz nicht bei, kann man die normalen Scheiben mit verdünnter → Glasmalfarbe einfärben. Mit dem Pinsel muß diese rasch aufgetragen werden, da sie schnell trocknet. Ein gleichmäßigeres Ergebnis wird mit der → Spritzpistole erzielt.

Gewichtsverteilung Spielt eine große Rolle beim Einbau von RC-Anlagen in Schiffe und Flugzeuge. Da es dafür keine Regel oder Formel gibt, muß der Modellbauer solange experimentieren, bis die RC-Anlage so exakt gewichtsmäßig verteilt ist, daß das Schiff optimal schwimmt bzw. das Flugmodell richtig fliegt.

GFK Abkürzung für Glasfaserverstärkte Kunststoffe. Darunter versteht man → Fiberglasgewebe, das in Verbindung mit flüssigem → Kunstharz zu einem leichten, aber extrem starken Material aushärtet. Anwendung finden die GFK-Bauweise vor allem bei der Herstellung von Bootsrümpfen und Flugzeugteilen (flugfähige Modelle).

Gießast Nennt man die erstarrten Teile der Fließkanäle in einer Spritzgußform, durch die der flüssige Kunststoff aus dem Spritzzylinder in die Form der einzelnen Bauteile gelangt. Die meisten Bauteile sind durch kleine Zapfen am Gußast befestigt und mit einer Nummer versehen.

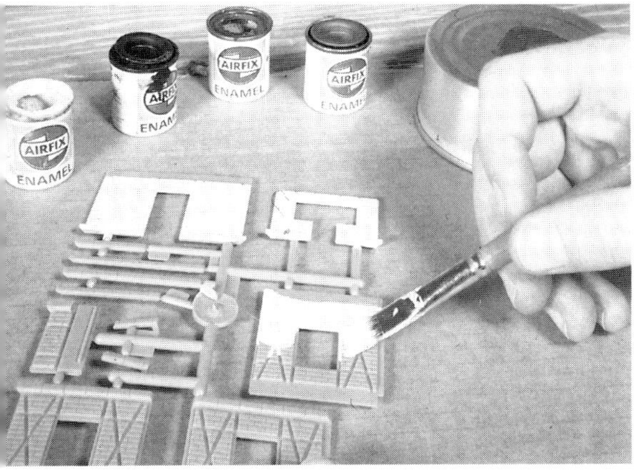

Gießharze Gruppe von Kunstharzen, die in offene Formen gegossen werden und durch Polymerisation oder Polyaddition aushärten, wie z. B. → Epoxid- und Polyesterharze. Ohne Zusätze kann man mit Gießhart beim Landschaftsbau Wasser imitieren. Mit Zusätzen (Glasfasern) erreicht Gießharz hohe Festigkeiten bei einem relativ geringen Gewicht und ist somit ideal für den Bau von Schiffs- und Flugzeugrümpfen.

Gips Universal einsetzbarer Werkstoff. Eignet sich für den Landschafts- und Dioramenbau ebenso wie zum Beimischen von Farben, um Dreck, Sandspuren etc. an Fahrzeugen darzustellen. Gips kann auch als Staub oder Schnee verwendet werden.

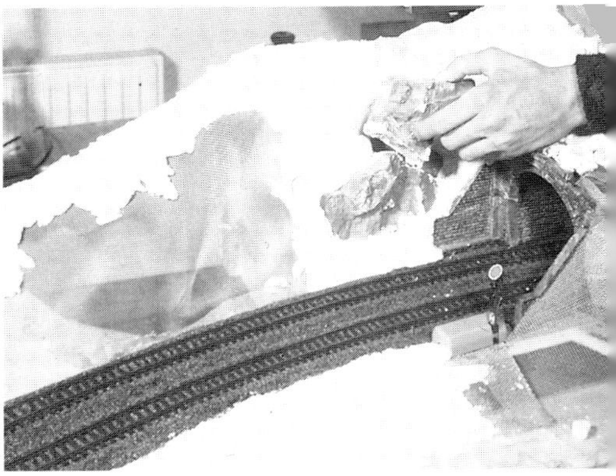

Gipsbinden Diese in Apotheken erhältlichen, abgepackten, mit Gips behafteten Mull- und Gazestreifen eignen sich auf ganz besondere Weise für den Dioramenbau. Die Binden werden kurz in lauwarmes Wasser getränkt und dann über zusammengeknülltes Zeitungspapier gezogen und auf der → Dioramaplatte festgeheftet (Tacker). So erhält man schnell Geländeformationen.

Glaser, Lewis H. Amerikaner aus Venice/ Kalifornien, hatte 1947 die Idee, Modellautos aus Plastik zu entwickeln, die jeder Bastler aus mehreren Teilen zusammensetzen konnte. Er verkaufte diese Idee der Firma → Gowland & Gowland.

Glasfaser siehe → Fiberglas

Glasmalfarbe Untereinander mischbare Farben, mit denen sich Glas, Acrylglas, PVC, Keramik und Kunststoffe bemalen lassen. Die Farben sind meistens nach 30 Minuten schon trocken. Besonders interessant für den Plastikmodellbau sind die Transparentfarben Rot, Orange und Gelb, mit denen sich Klarsichtteile (Scheiben, Scheinwerfer, Rück- und Seitenlichter von Fahrzeugen, Schiffen und Flugmodellen) realistisch einfärben lassen.

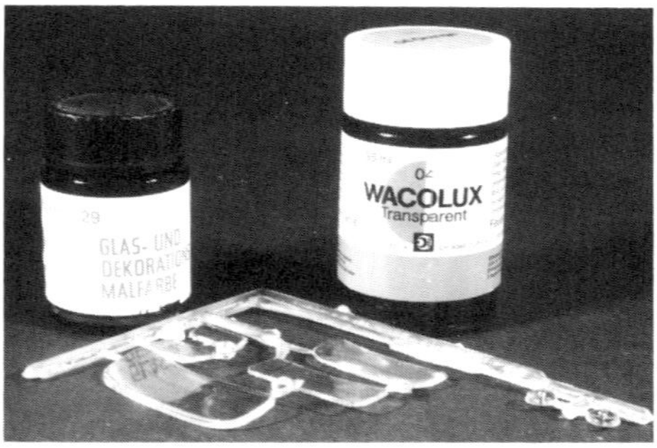

Glasplatte Kann als Unterlage benutzt werden, um → Abziehbilder, → Dekorstreifen, → Schablonen etc. randscharf auszuschneiden. Außerdem kann durch mehrmaliges Aufkleben und wieder Abziehen Tesafilm und → Klebeband die Klebekraft genommen werden. Dies ist insbesondere dann notwendig, wenn diese als → Schablone oder zu → Abdeckzwecken auf ein bereits lackiertes Teil geklebt werden sollen.

Glasseide siehe → Glasseidenband und → Fiberglas

Glasseidenband Dient der Verstärkung von Flächenverbindungen und zur Reparatur oder Herstellung von → GFK-Formteilen. Das gewebte Band hat Kanten, die nicht ausfransen und dadurch das Arbeiten erleichtern. Kleben läßt sich Glasseidenband mit allen Polyester- und Epoxydharzen. Im Fachhandel erhält man fertige Streifen in verschiedenen Breiten und Gewichten.

Gloss Finish Englisch (= glänzender Schliff, Lackierung). Im Gegensatz zum → Mat Finish die hochglänzende Lackierung. Kann durch einen Klarlacküberzug noch in der Wirkung gesteigert werden.

Glühbirne Neben den unter → Verformen schon erwähnten Hilfsmitteln und deren Anwendung lassen sich Plastikteile auch mit einer ganz normalen Glühbirne (25–60 Watt) verbiegen oder auseinanderziehen (Gußäste). Der Vorteil gegenüber einer offenen Flamme: der Kunststoff wird weich, schmilzt aber nicht.

G-Klemmen Verstellbare Zwingen mit Nylonschutzkappen, mit denen man zu verklebende Teile zusammenpreßt, die Funktionsweise ist wie bei den größeren Schraubzwingen.

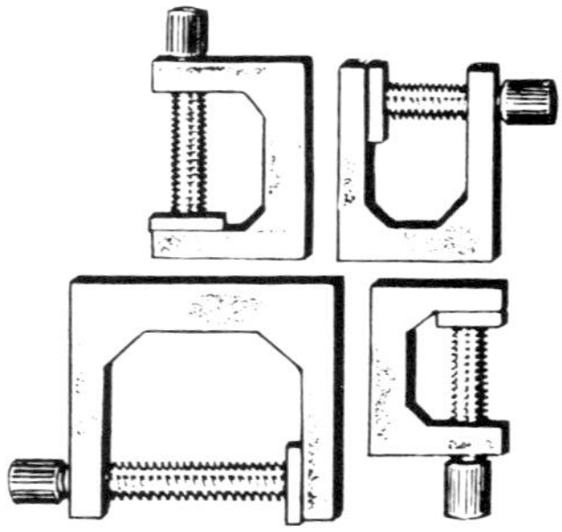

Gowland & Gowland US-Firma, die 1947/48 als erste damit begann, maßstabsgerechte Plastikmodelle (in kleiner Auflage) herzustellen. Später ging die Firma über in → Revell.

Graniertechnik Um eine gewisse Alterspatina auf Dächern oder Fahrzeugen, wie sie durch Staubablagerungen, Moosbefall oder Kalkausschwemmungen entsteht, zu

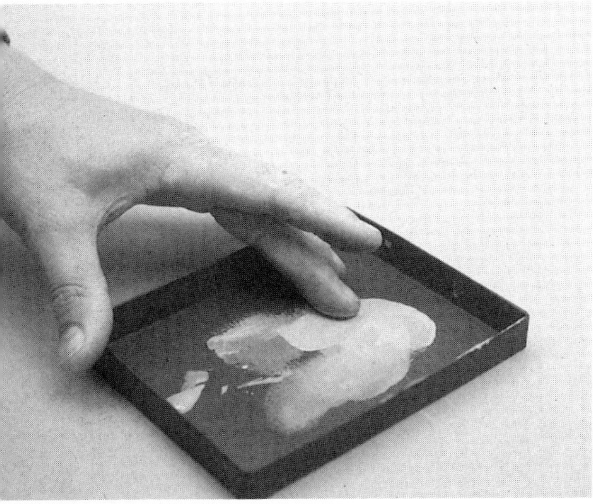

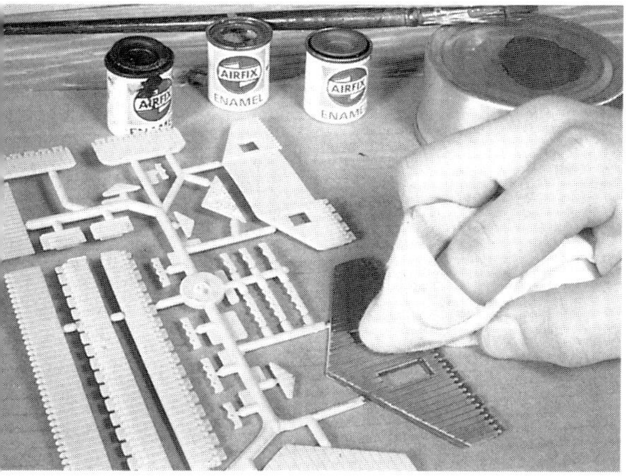

erzielen, kann man sich der Graniertechnik bedienen. Man verwendet hierbei einen nicht allzu weichen, flachen Malpinsel, der nach dem Eintauchen in die vorgemischte Farbe an einem Tuch oder Küchenkrepp abgestreift wird. Mit dem nun fast farbfreien Pinsel streicht man dann leicht über die zu patinierenden Stellen, wobei die Farbe nur an gewissen Stellen haften bleibt. Kupfer- oder Rostpatina gelingt besser durch Aufwischen der Farbe mit dem Tuch oder der Fingerkuppe.

Graphit Modelle erhalten ein realistischeres Aussehen wenn man z. B. mit silberner Farbe bemalte Teile (Auspuff, Stoßstangen, Motorradketten, Stoßdämpfer oder Motore) nach dem Trocknen mit Graphitstaub (von weichen Bleistiften) einreibt und mit etwas Watte verwischt. Reifen sehen benutzter aus, wenn sie mit Graphitstaub eingerieben werden.

Graslöser Mit diesem flüssigen Lösungsmittel lassen sich Bäche, Straßen, Wege oder Hausstellflächen nachträglich auf schon aufgeklebte → Geländematten anlegen. Die Flüssigkeit wird aufgepinselt. Mit dem Spachtel läßt sich nun der Grasbelag entfernen. Die farbliche Weiterbehandlung erfolgt am besten mit → Plaka-Farbe.

Grasmatte siehe → Geländematten

Graspulver gibt es als Streumaterial von fast allen Modelleisenbahn-Zubehörfirmen (Faller, kibri) in verschiedenen Ausführungen und Farbtönen. Zuerst wird der Untergrund vorbereitet, d. h., wenn Kleber mit dem Spachtel aufgetragen ist, wird das Streumaterial mit einem Teesieb aufgestreut.

Grate Diese entstehen an den Formtrennstellen bei der Herstellung von Bausätzen. Je älter eine Herstellungsform ist, um so mehr Grate entstehen. Bevor die

Avantgardist von Anno 1937: das Cord-Coupé. Der Bausatz von amt im Maßstab 1:12 ist mittlerweile eine echte Sammler-Rarität

Clou des Modells: Fenster und Türen lassen sich öffnen

Besonders gut detailliert ist der Acht-Zylinder-Motor mit Kompressor des amt-Cord

Chromblitzendes Interieur und eigenwillige Farbgebung. Gebaut wurde der Cord von Günter Kirscht aus Grünwald

Ebenfalls eine Besonderheit: die verstellbaren Sitze

Truck-Star aus Frankreich; der Renault R 370 Turboleader. Bausatz von Italeri im Maßstab 1:24

Robust und wendig – Cross-Käfer (1:10) von Robbe

Ein Modell für Offroad-Freaks: der VW-Cross, ein RC-Flitzer, Maßstab 1:10 von Robbe

Fühlt sich wohl im Schnee: ferngesteuerter Pisten-Bully (1:10) von Conrad Electronic

Kraftpaket für Extra-Touren: Honda CBX, Maßstab 1:8, von Yodel

DAF 2800 NTT Cattleman, ein Truck-Bausatz (1:24) von Italeri

Noch schwimmt sie – die »Titanic«. Den einstigen Luxusdampfer gibt es als Bausatz (Maßstab 1:350) von Revell

Veteran aus den USA: Cadillac V-16 (Maßstab 1:16) von Revell

Philippinischer »Jeepney« auf der Basis des Toyota BJ 44, ein Modell der italienischen Firma Esci, Maßstab 1:24

Werbemodell von Tekno-Toys, Holland, Maßstab 1:50

Der Airbus A-310 in der Ausführung »Deutsche Lufthansa« – ein Modell der Firma Revell, Maßstab 1:144

Die Paßgenauigkeit und die Detaillierung des Modells sind ausgezeichnet

Teile zusammengeklebt werden, müssen diese gründlich → entgratet werden.

Graupner Die Firma aus Kirchheim/Teck stellt überwiegend RC-Modelle und Zubehör her: Gleit- und Segelflugmodelle, motorbetriebene Flieger, Hubschrauber. Nicht schwimmfähige historische Segelschiffe aus Plastik und Holz, Motoryachten, Stuntcars, Rennwagen mit Glühkerzen und Elektromotoren, Fernsteuersysteme und Verbrennungsmotoren.

Gravieren Kunststoffe lassen sich am besten mit einer elektrischen Heißnadel, einem → Pyrograph gravieren. Einfache Gravuren kann man aber auch mit einer Stahlnadel oder mit den neuen → Mini-Tools erzielen.

Gravur siehe → Gravieren

Grip Eidai Ein japanischer Hersteller von Plastikkits in den Maßstäben 1:12 und 1:24. Abgesehen vom Maserati Bora Racing (1:24) sind alle anderen Bausätze typisch japanische Fahrzeuge: Toyota, Datsun, sowie ein Buggy auf der Basis des Toyota Landcruisers.

Grundierfarbe Um eine möglichst perfekte → Lackierung zu erreichen, sollte vorher Grundierfarbe aufgetragen werden. Solche werden von den diversen Herstellern, die auch Modellfarben vertreiben angeboten. → Autolackgrundierung ist ebenso geeignet wie → Mattfarben im gleichen Ton der endgültigen Lackierung.

Grundierfüller Die meisten → Grundierfarben können gleichzeitig als Grundierfüller bei Unebenheiten durch Schleifen und kleine Rillen verwendet werden. Dadurch wird bei der endgültigen → Lackierung eine glattere Oberfläche erzielt.

Grundierfüllerspray Grundiermittel werden in der Regel in Dosen oder aber auch als Spray angeboten. Da im Plastikmodellbau nur geringe Mengen benötigt werden, reichen die handelsüblichen Spraydosen recht lange.

Grundierung Wenn ein Modell mit aggressiver Farbe – meist Nitroverdünnung – bemalt werden soll, muß vorher unbedingt eine Grundierung vorgenommen werden. Optimal ist es, wenn diese aufgespritzt (→ Spritzen) wird. Grundsätzlich muß die Grundierung total durchtrocknen, ehe mit dem → Bemalen begonnen wird. Eine solche Vorbehandlung ist auch dann zu empfehlen, wenn man dunkles oder intensiv eingefärbtes Plastik mit hellen Farben lackieren will. Bei nicht grundierten Teilen kann es vorkommen, daß die Plastikfarbe besonders an Kanten immer wieder durchscheint, auch dann, wenn mehrere Farbschichten aufgetragen wurden. Welche → Grundiermittel verwendet werden, ist meist Neigungssache und richtet sich nach dem Erfahrungswert des einzelnen.

Gummibänder Hilfsmittel zum Zusammenpressen von verklebten Kleinteilen (Flugzeugrümpfe, Motorteile etc.). Damit das Gummi sich nicht mit etwa herausquillendem Kleber verbindet, empfiehlt es sich, Streichhölzer dazwischen zu klemmen.

Gummihandschuhe Sie gehören zu den → Hilfsmitteln und finden vor allem beim → Spritzen und → Lackieren Verwendung. Am besten bewährt haben sich Operationshandschuhe, die sogenannten Wegwerf- oder Einmalhandschuhe, die aus dünner Plastikfolie sind. In Apotheken bekommt man diese im Zehnerpack für etwas mehr als 1 DM.
Tip: Viele → Chromteile verändern bei Hautkontakt ihre Farbe und werden graugelb. Diese Verfärbung läßt sich nicht wieder entfernen. Deswegen verwenden viele Profis beim Umgang mit Chromteilen Gummihandschuhe.

Gummiring siehe → Gummibänder

Gummitülle Damit werden bei RC-Modellen Elektrokabel bei Durchführungen in scharfkantige Gehäuse- und Karosseriebohrungen geschützt. Gleichzeitig dient die Gummitülle auch als Spritzschutz bei Modellen, die mit Wasser in Berührung können. In diesem Fall muß die Gummitülle genau in die Bohrung passen und innen stramm über das Kabel führen.

Gunze-Sangyo Japanische Modellbaufirma aus Tokio, die seit einiger Zeit auch bei uns ihre Produkte vertreibt. Vorwiegend Plastikkits von Automodellen (Messerschmitt Kabinenroller, Porsche 928 S, Lamborghini 3000, Bugatti Royal Victoria u. a.) im Maßstab 1:24, aber auch Modellbauzubehör wie Farben und Kleber.

Gußteil → Bauteil

Gußzapfen So werden jene kleinen Teile genannt, die ein → Bauteil mit dem Gießast verbinden. Gußzapfen müssen generell abgeschnitten (nie abbrechen) und dann mit einer → Feile (→ Nagelfeile etc.) verschliffen werden. Bei Chromteilen wird durch das Abtrennen stets der Grundton des Plastikmaterials sichtbar. Diese Stellen werden mit → Chromfarbe ausgebessert. Werden Bauteile schlampig vom Gußzapfen getrennt, kann schon mal ein kleines Stück des Teils ausbrechen. In solchen Fällen muß mit → Spachtelmasse nachgearbeitet werden.

H

Haare Wichtiger Part beim Bemalen von Figuren. Zuerst wird die vorgesehene Farbe ins Haar gepinselt und gleichmäßig verteilt. Dann wird mit einem trockenen Pinsel soviel Farbe wie möglich wieder abgetragen. Jetzt werden mit einer etwas dunkler gehaltenen Farbe die Umrisse der Frisur nachgearbeitet, um realistische Schattierungen zu erzielen. Mit Puder kann man Haare aufhellen oder partiell tönen.
Dunkle Haare von Menschen sind bekanntlich dicker als blonde, und schon mancher Modellbauer hat sich selbst Haare ausgerissen, um diese als Antennen für Flugzeuge im Maßstab 1:72 zu verwenden.

Haarklammern Hilfsmittel beim Zusammenpressen von verklebten Kleinteilen (Dächer an Häusern, Tragflächen von Flugzeugen usw.).

Hales Motorräder Made in England im Maßstab 1:12. Das in Deutschland vertriebene Sortiment umfaßt drei Versionen der Yamaha GR50 und zwei Modelle der BMW R 100.

Handbohrer Einen solchen benötigt man, um an größeren Modellteilen langsam und vorsichtig bohren zu können. Der Spiralbohrer (auswechselbar, in Stärken von 1–8 mm) wird dabei mit einer Kurbel betätigt. Für feinere Arbeiten verwendet man besser einen Stielbohrer, der zwischen den Fingern gedreht wird (Bohrerstärke 0,4–1,5 mm).

Handmuster Handgefertigtes Modell, dient als Urmodell für die Produktion von Bausätzen oder Fertigmodellen. Wird aus Gips, Holz, Kunststoff oder Gießharz hergestellt. Bei Messen wird vielfach anhand eines Handmusters die Resonanz des Modells bei Vertreibern und Modellbauern getestet, bevor das ganze in Serie geht. Bei den Werbemodellen im Maßstab 1:87 werden Handmuster, die teilweise nur von einer Seite bemalt oder angedruckt werden, mitunter wie teure Antiquitäten gehandelt.

Handsäge siehe Bastlersäge

Härter Bestandteil eines → Zweikomponentenklebers. Das Basismaterial für Härter ist ganz unterschiedlich. Bei ABS-Kleber kann es Methacrylsäureester sein, bei Epoxid-Verbindungen Polymerkaptan oder modifiziertes Amid. Entscheident ist aber bei der Klebkraft immer die richtige Dosierung des Härters.

Hartplastik Polyäthylen, Silikongummi, Nylon oder PVC sind verhältnismäßig »weiche« Kunststoffe im Gegensatz zu Acryl, Polycarbonat, ABS oder Polystyrol, die man als »Hartplastik« einstufen kann.

Hartschaum Kunststoff, meistens → Polystyrol, der bei der Verarbeitung durch gasgebende Zusätze oder Gasbeimengungen hochgeschäumt wird und zu einem stabilen, aber leichten Material aushärtet. Im Modellbau werden Hartschaumstoffe z. B. für die Tragflächen von Flugmodellen verwendet, mitunter auch im Dioramen- und Anlagenbau.

Hasegawa Japanische Modellbaufirma, die auch in Deutschland gut bekannt ist. Das Programm umfaßt über 300 verschiedene Bausätze, wobei Flugzeuge aller Art den Schwerpunkt bilden. Völlig neu sind die Exklusivmodelle von Drei- und Zweideckern aus den Anfängen des Flugwesens (Fokker Dr. 1 oder Sopwith F.1 Camel) im Maßstab 1:8. Alle anderen Flugzeugkits sind in 1:32, 1:72, 1:48 und 1:200. Waterline Schiffsmodelle 1:700 und 1:450, Militaria in 1:72 sowie einige Snapkit-Serien runden das Programm ab.

Heißmesser Eine Art Lötkolben, nur hat das Gerät statt der Lötspitze eine beheizbare scharfe Messerklinge. Damit lassen sich Kunststoffe wie Polystyrol oder ABS mühelos schneiden. Auch das Abtrennen von Überständen bei tiefgezogenen Teilen aus Lexan können leicht damit geschnitten werden. Fast alle Heißmesser arbeiten mit 220 V – 40 Watt.

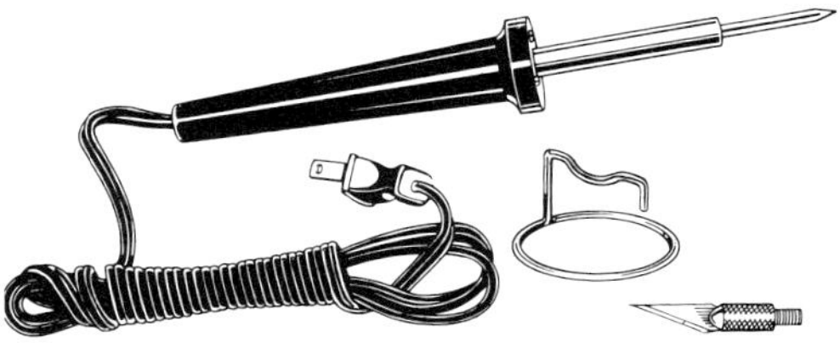

Heki Deutsches Unternehmen aus Rastatt, fertigt Modelleisenbahnzubehör in H0, N und Z, sowie Bäume, Moos, Grasmatten und Streufasern für den Landschaftsbau.

Heljan Dänische Firma aus Odense, fertigt in erster Linie Bausätze für Modelleisenbahnen z. B. Ford Sattelzugmaschine mit Möbelauflieger u. a. im Maßstab 1:87.

Heller gegründet wurde die französische Firma in der Normandie. Das erste Modell war eine Caravelle (Flugzeug). Heute ist

Heller eine der größten Firmen, die Plastikmodellbausätze herstellt. Das Programm umfaßt Oldtimer aller Epochen (Maßstab 1:43 bis 1:8), Trucks (Maßstab 1:24), Renn- und Rallyefahrzeuge (1:12 und 1:43), Motorräder (Maßstab 1:8), Flugzeuge und Helikopter (Maßstab 1:72, 1:50, 1:35 und 1:125), Schiffe (Maßstab 1:150, 1:200, 1:400, 1:100, 1:75 und 1:60). Ein umfangreiches Zubehörprogramm (Farben, Kleber, Pinsel etc.) ergänzt die Angebotspalette von Heller.

Herpa Neben Wiking das größte deutsche Unternehmen, das zeitgenössische und authentische Modellautos im Maßstab 1:87 (Modelleisenbahngröße H0) anfertigt. 1961 gründete der jetzige Firmeninhaber Dipl.-Ing. Fritz Wagener in Nürnberg die Firma Riwa-Plastik, die 1965 durch die seit 1949 bestehende Firma Herpa erweitert wurde. Zur Zeit umfaßt die Programmpalette von Herpa neben aktuellen Pkw-Modellen Nutzfahrzeuge beinahe aller europäischer und amerikanischer Hersteller. Begehrte Sammelobjekte sind die Werbemodelle, die Herpa im Auftrag von Automobilherstellern oder Speditionen in limitierter Auflage herstellt. Ein umfangreiches Zubehörprogramm (Sammelboxen, Abziehbilder, Figuren, Spoiler etc.) ergänzt das Herpa-Angebot seit einigen Jahren.

High-Roller Amerikanische Bezeichnung für Jeeps, Station Wagons und getunte Oldtimer, bei denen das Fahrgestell so ver-

ändert wird, daß die Karosserie des Wagens mitunter bis zu einem Meter über dem Boden schwebt. Extrabreite Reifen geben diesen Fahrzeugen ein noch eigenwilligeres Aussehen. High-Roller dürften bei unseren strengen TÜV-Auflagen wohl kaum auf deutschen Straßen zugelassen werden. Einige Modellbaufirmen (z. B. Monogram, Revell) bieten High-Roller als Bausätze an.

Highway Pioneers Name der ersten Plastikbausätze von Oldtimern, die 1951/52 von der Firma Revell hergestellt wurden (Maßstab 1:32). Eine Neuauflage dieser Modelle erschien im Herbst 1986.

Hilfsmittel Diese gibt es in vielfältiger Art und schaffen bei gewissen Arbeiten große Erleichterung. Dabei handelt es sich in der Regel um einfache Dinge des täglichen Gebrauchs, wie z. B.:
- Bastelmesser (Cutter)
- Pinzette
- Kleber
- Wäscheklammern
- Gummiringe
- Klebeband/-film
- Teppichklebeband
- Gummihandschuhe

- Draht
- Bohrer und Bohrmaschine
- Schleifpapier (Naßschleifpapier)
- Feile
- Pinsel, verschiedene Stärken
- Kerze
- Schraubenzieher
- Pappkarton
- Glasscheibe
- Lineal
- Krokodilklemmen
- Zahnstocher
- Schaschlikspieß
- Styroporplatte

Hintergrund Bei der Gestaltung von Großdioramen oder Modelleisenbahnanlagen läßt sich ein Hintergrund auf verschiedene Arten herstellen. Der einfachste ist der gemalte oder der gekaufte (Bildtapete, fertig bedruckte Landschaftsbilder usw.). Besonders wirkungsvoll sind gestaffelte halbplastische Hintergründe, die wie Kulissen hintereinander angelegt sind. Sie vermitteln am realistischsten den Eindruck von Tiefe.

Hintergrundfotos Ein richtig gewählter Background läßt jedes Modell im Diorama noch realistischer erscheinen. Hierfür verwendet man am besten Poster aus Reisebüros oder Postershops, Kalenderblätter oder andere Kunstdrucke von guter Druckqualität, die man auf dicken Karton oder Sperrholz aufzieht. Dioramaboden und Hintergrundfoto sollten farblich identisch sein und harmonisch ineinander übergehen.

Hintergrundinformation Dafür bieten sich die unzähligen Fachzeitschriften und Spezialliteratur besonders an, aber auch Prospekte und Kataloge von Originalherstellern (VW, Iveco-Magirus, MBB, Blohm & Voss u. a.) geben ausreichende Information.

Historex Französische Firma, die seit etwa 20 Jahren in Paris Bausätze herstellt, die ausschließlich Figuren und Fahrzeuge aus der Zeit Napoleons I. darstellen. Momentan umfaßt das Programm ungefähr 300 Grundtypen, die zudem als verschiedene Dienstgrade erhältlich sind (Offiziere, Trommler, Fahnenträger usw.). Die Pferde der Reitereinheiten können in vielen Haltungen und Gangarten kombiniert werden. Insgesamt sind dadurch 1200 verschiedene Modellkombinationen und Variationen möglich.
Seit 1968 werden Historex-Figuren in Deutschland vertrieben, allerdings sind die Produkte in den wenigsten Modellbaufachgeschäften erhältlich. Einen umfassenden Gesamtkatalog gibt es nicht, nur einzelne Katalogblätter, die Jahr für Jahr durch einige Modellneuheiten ergänzt werden.

H0 Heißt bei uns allgemein Halb-Null und steht für den Maßstab 1:87, die Spurgröße der meisten Modelleisenbahnen. In der DDR steht H0 als Abkürzung für Handels-Organisation.

Hot Rod Aufgemotzte Oldtimer in den USA, die eigentlich nur noch in groben Umrissen dem Originalfahrzeug entsprechen. Zum Teil werden Hot Rods bei Hochgeschwindigkeitsrennen (Dragster Races) eingesetzt, ansonsten sind es reine Showwagen. Interessante Modelle dieser »verrückten« Oldtimer bieten Monogram und amt.

Humbrol Britische Firma aus Hull, fertigt in erster Linie Modellbauzubehör (Farben, Pinsel, Werkzeuge etc.) an. Seit einiger Zeit mit dem französischen Unternehmen → Heller fusioniert.

Hudson Miniatures 1954 begann die Firma in Kalifornien mit der Produktion von Modellen aus Plastik. Die Serie: Name „Lil' Oldtimers" umfaßte vier Modelle im Maßstab 1:32 (1911 Maxwell, Oldsmobile Curved Dash 1914, Packard Landaulet 1912 und Mercedes Raceabout 1913). Später wurde die Firma von Revell aufgekauft.

Hydrozell Hydrozell Geländebauspachtelmasse (Faller) ist ein selbsthaftendes Geländebaumittel zum Modellieren der unterschiedlichsten Landschaften und für das bessere Einfügen von Häusern, Tunnelportalen und Brücken in die Modellandschaft (H0, N, Z). Hydrozell wird mit Wasser teigig zu einer Spachtelmasse angerührt. Diese Masse bleibt gut acht Stunden verarbeitbar und ist nach 24 Stunden ausgetrocknet. Mit Messer, Feile, Säge oder Bohrer läßt sich die getrocknete Masse optimal bearbeiten und gestalten. Durch Dispersionsfarbe kann die Farbe der Spachtelmasse beliebig variiert werden.

I

IC Abkürzung für Integrated Circuit (= integrierter Schaltkreis), bekannter unter der Bezeichnung Chip. Dieses elektronische Bauteil setzt sich aus einer ungeheuer großen Anzahl miniaturisierter Dioden und Transistoren zusammen. IC's werden als Folgeprodukt aus der Raumfahrttechnik bezeichnet. Bei ihnen sind auf einer Fläche von wenigen Quadratmillimetern komplette elektronische Schaltungen untergebracht. Eingebaut werden diese winzigen Bauteile z. B. in Dampflokpfeifen oder Hubschraubergeräuschgeneratoren, mit denen sich Modelle leicht versehen lassen.

Ideal Toys Recht unbekannte amerikanische Modellbaufirma, deren Bausätze in verschiedenen Maßstäben ziemlich unperfekt waren. Existierte Anfang der 50er Jahre.

Ikko Japanische Firma, stellt Plastikbausätze in den Maßstäben 1:32 und 1:24 her. Bei uns bekannt: Ferrari Rainbow (1:24), Lancia Stratos Rallye Safari sowie drei Rennausführungen von Ferrari, Lamborghini und Maserati (1:32).

IMA Abkürzung für Internationale Modellbau-Ausstellung, findet alljährlich im großen Rahmen in München (Deutsches Mu-

seum, Mitte November) und Wien (Messepalast, Anfang November) statt. Dabei zeigen mehr als 3000 in- und ausländische Aussteller alles, was im Modellbau möglich ist. Recht spektakulär sind meistens die Großmodelle aus Produktionen amerikanischer Science-fiction-Filme (Star Wars, Pherry Rodan usw.). Im kleineren Rahmen findet die IMA als Wanderausstellung in Graz, Linz, Salzburg und Innsbruck statt.

Imai Japanische Firma, in Deutschland seit einigen Jahren recht gut bekannt. Das Angebot von Bausätzen ist sehr umfangreich: Automodelle 1:24 und 1:20, Trucks in 1:28, Motorräder in 1:4 und 1:12, Bottle-Ships in 1:450 und 1:700, Segelschiffe aller Epochen von 1:60 bis 1:150 (Big Scale Series), Rumpfquerschnitte von historischen Segelschiffen (Victoria), Holzbausätze, Ritterfiguren in 1:12, Science-fiction und Kinderspielzeug.

Immer mit der Ruhe Sich »Zeit lassen« ist eines der wichtigsten Gebote im Modellbau. Vor dem jeweiligen Weiterbau sollten alle verarbeiteten Teile völlig ausgetrocknet sein. Je größer das Modell, desto mehr einzelne Schritte für den Arbeitsablauf einplanen. Nur so kommt man zu brauchbaren Ergebnissen.

IPMS Die International Plastic Modeller's Society (IPMS) wurde 1963 in London gegründet. Wenig später entstanden auch in anderen Ländern ähnliche Vereinigungen von Plastikmodellbauern. Momentan umfaßt der IMPS einige tausend Mitglieder in vielen Staaten der Welt (USA, Deutschland, Österreich, Schweiz, Italien, Brasilien, Kanada, Japan, Spanien, Portugal, Griechenland, Norwegen, Finnland, Australien, England usw.). Die im IPMS organisierten Modellbauer haben sich zum Ziel gesetzt, den Kontakt mit Modellbaufreunden in aller Welt aufzubauen, zu intensivieren und Gedanken- und Erfahrungsaustausch zu betreiben. Weitere Aufgaben bestehen darin, die Hersteller von Plastikmodellbausätzen bei der Planung neuer Modelle zu beraten, diese zu testen und gegebenenfalls durch Tips und Ratschläge zu verbessern. Da sämtliche Modellbaurichtungen in der IPMS vertreten sind, ist das Spektrum recht groß. Die Mitglieder kommen aus allen Alters- und Berufsgruppen. Für einen Jahresbeitrag von 40 bis 50 Mark erhalten die Mitglieder der einzelnen Clubs die mehrmals im Jahr erscheinenden IPMS-Magazine und Clubsonderveröffentlichungen. Anschriften der deutschsprachigen IPMS-Organisationen sind im Anhang zu ersehen.

Islandmoos Eignet sich besonders für das Gestalten von Buschwerk, Gebirgsflora, Bachufern, Steppen usw. Man erhält es in Friedhofsgärtnereien, Blumenläden oder bereits in verschiedenen Farben sor-

tiert und abgepackt als Modellbauzubehör (Faller, Preiser usw.).

Italeri Eine der bekanntesten europäischen Firmen, Anfang der 70er Jahre in Bologna/Italien gegründet. Ursprünglich wurden nur Flugzeugmodelle produziert. Daher der Name Italaerei (= italienische Flugzeuge), aus dem später der jetzige Firmenname entstand. Nachdem der Markt für die Produktion inländischer Flugzeugtypen erschöpft war, erweiterten die Italiener ihr Programm auf ausländische Typen und auf den Militariabereich. Später kamen Schiffe, Oldtimer und Hubschrauber hinzu. Als erster Hersteller erkannte Italeri die Bedeutung europäischer Trucks im Maßstab 1:24 für den Modellbaumarkt. Kein Wunder, daß die Firma heute das umfangreichste Angebot an Trucks und Truckzubehör hat. Neue Wege versucht man jetzt durch die Produktion von Nobelkarossen (Porsche, Volvo, BMW) einzuschlagen.

J

Jo-Han Amerikanische Herstellerfirma von Plastikautos aller Variationen. 1955 begann die Firma damit, Werbemodelle herzustellen. 1959 ging man dazu über, Oldtimer-Bausätze aus Styreneplastik aufzulegen. Die ersten Modelle: Plymouth Belvedere, Oldsmobile 98, Pontiac Catalina, De Soto Fire Flite (alle im Maßstab 1:25). Modelle der 60er Jahre: Studebaker Lark, Cadillac Fleetwood, Rambler Station Wagon u. a. Heute umfaßt das Programm von Jo-Han neben den klassischen Oldtimern, US-Straßenkreuzern der 60er Jahre, auch professionelle Gebrauchsautos (Polizeifahrzeuge, Rettungswagen, Stock Cars und Dragster) im Maßstab 1:25 sowie Snap Kits (New York Taxi, Javelin AMX u. a.) und fertige Ausstellungsboxen aus Acrylglas.

Jouef Französischer Modelleisenbahnhersteller mit umfangreichem Programm und Zubehör. Eines der interessantesten Modelle ist der TGV in H0.

K

Kabel Sie werden meistens zur Herstellung elektrischer und mechanischer Verbindungen benötigt. Entsprechend ihrer Verwendung gibt es verschiedene Kabel, die sich durch ihren Drahtquerschnitt (→ Draht) entsprechend der Stromstärke oder ihrer Ummantelung (Isolierung) voneinander unterscheiden.

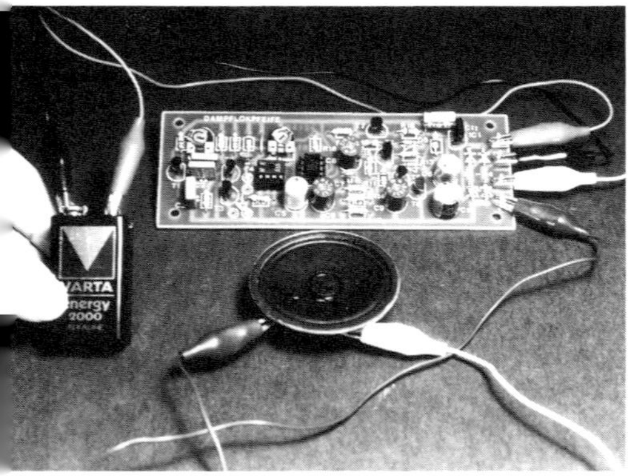

Kabelbinder Flexible Bänder aus Polyamid, mit denen Kabel, mechanische Teile wie Filter, Schalldämpfer etc. oder Schlauchverbindungen bei → RC-Modellen befestigt werden. Gewöhnlich sind Kabelbinder temperaturfest bis 100° C und in verschiedenen Längen und Stärken im Handel erhältlich.

Katalog Wichtiges Nachschlagewerk, besonders die der großen Hersteller (Revell, Esci, Faller usw.), in denen man nicht nur über das jeweilige Firmenprogramm informiert wird, sondern auch nützliche Tips und Anregungen findet. Viele Modellbauer sammeln ihre Kataloge, vor allem die aus den Anfängen des Plastik-Modellbaus.

Kawai Japanische Modellbaufirma, produziert vorwiegend Pkw-Sportversionen im Maßstab 1:24, Spezialfahrzeuge (Racing Buggys, Safari Jeeps u. a.) in 1:35, Motorräder (Snap-Bauweise) in 1:20 und Flugzeuge in 1:100. Die Produkte sind in Deutschland noch recht unbedeutend.

Kaysun 1954 brachte diese amerikanische Firma unter dem Namen Keepsake Models zwei exzellente Oldtimer-Bausätze heraus: Rambler Runabout (1902) und Hupmobile (1909). Die Verarbeitung war ausgezeichnet. Bis Ende der 60er Jahre wurden die beiden Bausätze von der Firma Hawk Models noch in den USA vertrieben.

Ketten Besonders bei Nutzfahrzeugen und Schiffen finden oft Ketten Verwendung. Falls dem → Bausatz keine vorbildgetreuen Metallketten beiliegen, sondern nur solche aus Kunststoff angedeutet sind, empfiehlt sich der Gang zum Uhrmacher oder Schmuckladen, wo man für wenig Geld geeignete Kettchen erstehen kann. Mit einem Seitenschneider kann man die Ketten leicht auf die erforderliche Länge bringen. Der Rest wird für das nächste Modell aufgehoben und kommt in die → Grabbelkiste.

Kerze Ein → Hilfsmittel, welches verhältnismäßig selten verwendet wird, ist die Kerze. Benötigt wird sie zum
a) Herstellen von naturgetreueren → Antennen
b) Erwärmen eines Messers oder Schraubenziehers, um damit einen Kunststoffnietkopf zu formen. So etwas wird bei beweglich bleibenden Bolzenverbindungen, wie bei Spurstangen von Autos, erforderlich.

Kibri Uraltes, deutsches Unternehmen, 1895 unter dem Namen Kindler + Briehl in Böblingen/Schwarzwald gegründet. Von Anfang an wurde Spielzeug aus Blech und Holz produziert, zum großen Teil für den Export nach England, in die USA und in die Schweiz. Nach 1945 stellte die Firma die Produktion auf die Fertigung von Modell-Eisenbahnzubehör aus Kunststoff-Materialien um. Aus Kindler + Briehl wurde der

Markenname kibri. Neben dem umfangreichen Modellbahnzubehör fertigt kibri seit 1976 hervorragend detaillierte Nutzfahrzeugmodelle im H0-Maßstab. Insgesamt umfaßt die Produktplatte von kibri über 500 Artikel für Modellbauer.

Kit-Deckel Wichtigster Teil der Bausatzverpackung, gibt in den meisten Fällen Auskunft über Aussehen, Farbgebung, Bemalungsschemen und Maßstab des Modells. Die Kit-Deckel alter Bausätze (aus den 50er und 60er Jahren) sind heute schon Sammelobjekte.

Kits Englisch = Bausatz, Handwerkszeug

Klammern siehe Wäscheklammern

Klarlack Er wird glänzend und matt angeboten und kann für verschiedene Zwecke benötigt werden, zum Beispiel:
- zum Versiegeln von → Abziehbildern
- zum Erzielen von Hochglanz auf → Mattfarben
- zum Erzielen von Hochglanz auf unlakkierten Plastikteilen
- zum Mattieren bestimmter Partien und Materialien (Stoff, Leder etc.), die nicht glänzen sollen
- zum Einkleben von → Klarsichtteilen, Scheiben, Cockpitverglasung, da dadurch die klaren Teile nicht blind werden.

Achtung, vor der Behandlung eines fertigen Modells mit Klarlack ist darauf zu achten, daß die Fensterscheiben und Klarsichtteile noch nicht eingebaut sind, da diese bei Kontakt mit Klarlack blind werden. Grundsätzlich sollte vor dem Überlackieren mit Klarlack an einer verdeckten Stelle geprüft werden, ob sich die verwendete Farbe mit dem Klarlack verträgt.

Klarsichtteile Transparente Plastikteile für Windschutzscheiben, Fenster oder Pilotenkanzeln sind besonders empfindlich und verkratzen leicht. Vor dem Einbau sollte man diese Teile in lauwarmen Wasser, das mit einem Geschirrspülmittel versehen ist, von Fett, Staub und Fuseln reinigen. Gut mit einem weichen Baumwolltuch oder Antistatiktuch trocknen, dann einbauen. Eventuelle Klebespuren entfernt man mit Schleifpapier (400er- bis 600er-Körnung). Anschließend mit Polierpaste (Hobby-Fachhandel) bearbeiten, bis die Stellen wieder vollkommen klar sind.

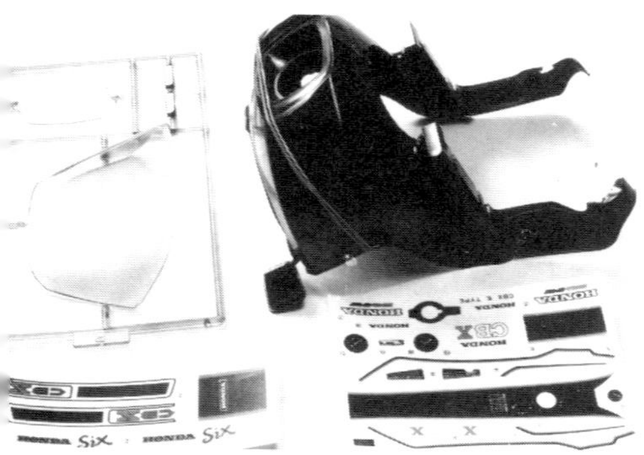

Klebeband Besonders → Teppichklebeband (doppelseitig) dient dazu, beim Spritzen kleinere → Bauteile zu befestigen. Am besten auf einem Spachtel oder einer alten Dose, die dann wiederum als Haltegriff gute Dienste erweist. Festgeklebt durch das Klebeband, kann das Teil beim → Spritzen nicht vom Luftstrom weggepustet werden. Die so bemalten Teile werden erst nach dem vollständigen Austrocknen vom Klebeband durch leichtes Drehen entfernt.

Klebefolien Farbige K. sind ein guter Ersatz für zusätzliche, verlorengegangene oder beschädigte Aufkleber bei RC-Modellen. Aus handelsüblichen Haushaltsklebefolien werden nach selbstgefertigten → Schablonen Dekorstreifen, Fenster auf einfache Schiffsmodelle und Farbflächen auf Autos geschnitten und dann genauso wie Aufkleber angebracht. In beschränktem Maße sind solche K. auch bei Plastikmodellen verwendbar.

Kleben Das erste Gebot heißt Geduld und sparsamer Verbrauch. Vor dem Kleben wird die → Paßgenauigkeit geprüft, erst dann kann mittels Kanüle oder Pinsel der Kleber möglichst so aufgetragen werden, daß die → Klebenaht hinterher nicht sichtbar ist. Falls trotzdem → Klebereste (→ Klebespuren) nach außen quellen, werden diese nach dem Trocknen abgeschliffen. Am besten ist → Naßschleifpapier. Zum Fixieren der Klebestellen eignen sich → Wäscheklammern und Gummiringe.

Klebenähte Stellen stets ein Problem dar und sehen unschön aus. Deshalb empfiehlt es sich, zusammengefügte Modellteile wie folgt zu behandeln: Nach dem Trocknen des Klebers zieht man mit einem scharfen Messer die Klebreste ab und bearbeitet die Klebenaht mit → Schmirgelpapier feinster Körnung (320–600). Am besten naßschleifen. Eventuell vorhandene Unebenheiten oder Risse mit Spachtelmasse ausfüllen und nach dem Trocknen erneut schleifen. Wenn jetzt das Modellteil lackiert oder gespritzt wird, dürfte von einer Klebenaht nichts mehr zu sehen sein.

Klebespuren Grundsätzlich sollten an den sichtbaren Stellen von → Bauteilen keine Klebespuren sichtbar sein (hier würde der Lack nicht halten und aufplatzen). Sollten trotzdem einmal Klebespuren am Modell zurückbleiben, lassen sich diese entfernen, siehe → Kleber.

Klebetechnik Selbstverständlich gibt es verschiedene Klebertypen und Klebetechniken. Dabei herrschen drei Grundtypen vor:
- Lösungsmittelhaltige Kleber, die den Kunststoff anlösen,
- Zweikomponentenkleber (er wird angemischt),
- Cyanacrylatkleber, auch Sekundenkleber genannt.

Bei den lösungsmittelhaltigen Klebern unterscheidet man zwischen → Tubenklebern (zäh) und → Flüssigklebern (mehr oder weniger dünn). Letztere sind in der Regel besser zu verarbeiten. Ein weiterer Unterschied besteht in der Trockenzeit, die wiederum von der Art der Klebestelle abhängt. Normale, kleine bis mittelgroße Stellen werden mit schnelltrocknenden Klebern bearbeitet. Lange Klebestellen, wie beim Einbau von Decks in den Rumpf bei großen Tanks oder langen Aufbauten, klebt man mit langsam trocknenden Typen (zuverlässiger) fest.

Zweikomponentenkleber wird an den Stellen, die größeren Beanspruchungen ausgesetzt sind, oder dort, wo verschiedene Materialien mit Kunststoff verbunden werden müssen, verwendet. → Zweikomponentenkleber wird angemischt und muß grundsätzlich schnell verarbeitet werden.

→ Cyanacrylatkleber werden dort eingesetzt, wo nur leicht fixiert werden soll oder wo die Kontaktflächen zwar glatt sind und gut zusammenpassen, aber sehr klein sind. Außerdem eignet er sich auch hervorragend zum Einkleben von Scheiben und Klarsichtteilen.

Kleenex Weiche, mehrlagige Papiertaschentücher, werden zum Reinigen von Pinseln und zum Abtupfen von überflüssiger Farbe verwendet, teilweise auch zum Bekleiden von Figuren oder als Zelte, Baldachine, Flaggen etc.

Kleeware Britische Firma, die 1956 mit einer interessanten Bausatzserie auf den Markt kam: zwei Modelle in einer Verpakkung. Die Idee war gut, nur der Maßstab 1:80 war schlecht gewählt. Kleeware-Bausätze verkauften sich schlecht. Auch die anschließend hergestellten Kits im Maßstab 1:25 (aktuelle Automobile der damaligen Zeit wie Mercedes 300 SL, Ferrari oder Jaguar) wurden kein Verkaufserfolg. Die Firma machte Pleite.

Kleiderbügel Einfaches Hilfsmittel zum Spritzen von Fahrzeugen oder anderen Modellteilen. Ideal sind billige Drahtkleiderbügel (aus chem. Reinigungen z. B.). Das Modell wird daran befestigt und gleichmäßig von allen Seiten dünn eingesprüht.

Kleinbohrmaschinen Präzisionsgeräte, die mit → Batterien oder mittels Trafos (und Netzanschluß) bei vielen Arbeiten im Modellbau, eingesetzt werden können. Mit diversem Zubehör ausgerüstet lassen sich Kleinbohrmaschinen außer zum Bohren auch zum Polieren, Schleifen, Gravieren, Trennen oder Fräsen verwenden.

Kleinteile Viele Bausätze enthalten Kleinbauteile doppelt oder bieten Accessoires für verschiedene Bauversionen an. Bleiben solche Teile übrig, sollten diese niemals weggeworfen werden, sondern sofort in die → Grabbelkiste wandern; ebenso übriggebliebene → Decals und → Abziehbilder, die in Plastiktütchen oder Klarsichtfolien aufbewahrt werden. Eine gutsortierte Grabbelkiste ist für → Um- und → Eigenbauten unerläßlich.

Kleinteilehalter Praktisches Werkzeug zum Aufnehmen von winzigen Muttern, Schrauben und anderen Kleinteilen. Drückt man oben auf den Knopf, öffnet sich unten das Gabelsystem mit den feinen Metallgreifarmen.

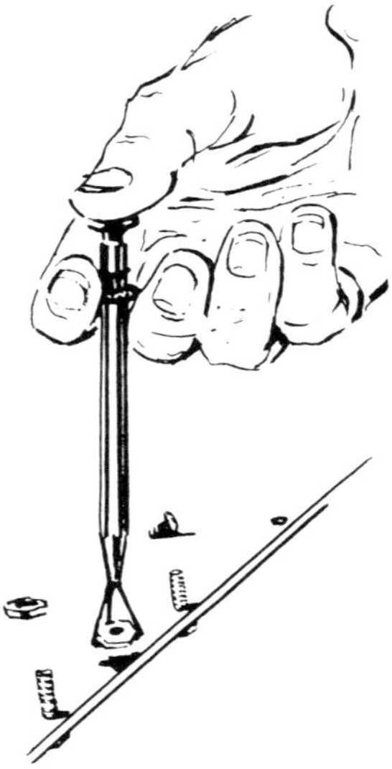

Klettenband Ideale Schnellbefestigung für Empfänger, Akkus usw. Wird im Fachhandel in unterschiedlichen Breiten und Längen angeboten.

Knetmasse Bemalte Kleinteile werden zum Trocknen entweder direkt (mit den unlackierten Klebestellen) in Knetmasse gesteckt oder mittels eines Zahnstochers (Reifen, Felgen u. a.) als Halter in derselben plaziert. Etwaige Knetmassenreste entfernt man mit dem Tuch oder mit Waschbenzin.

Körner Spezialwerkzeug aus gehärtetem Stahl mit dem Markierungen in Metall oder -folie geschlagen bzw. gedrückt werden. Bei Bohrungen in Kunststoffplatten aus Polystyrol schlägt man vorsichtig mit Körner und leichtem Hammer eine kleine Vertiefung, damit hinterher der Bohrer nicht abrutscht.

Kombi-Spachtel Ist eine Spachtelmasse auf Nitro-Basis, die sich auf ideale Weise mit dem Plastikmaterial der → Bauteile verbindet. Dadurch wird die Oberfläche etwas angelöst und härtet anschließend aus. Geschliffen wird erst nachdem das verspachtelte Teil ganz durchgetrocknet ist (Gebrauchsanweisung beachten). Eine weitere → Grundierung ist nicht notwendig, mit dem → Lackieren kann anschließend begonnen werden.

Kork Gängiges Gestaltungsmittel bei Diramen. Als Block ähnelt es sehr Felsen und Gesteinsbrocken, kleinere Korkkrümel nimmt man als Steine oder Geröll. Entsprechend bemalt sieht Kork dann aus wie echter Stein. Ausgediente Korken von Weinflaschen lassen sich auch (längst aufgeschlitzt) als Halter für → Rasierklingen verwenden.

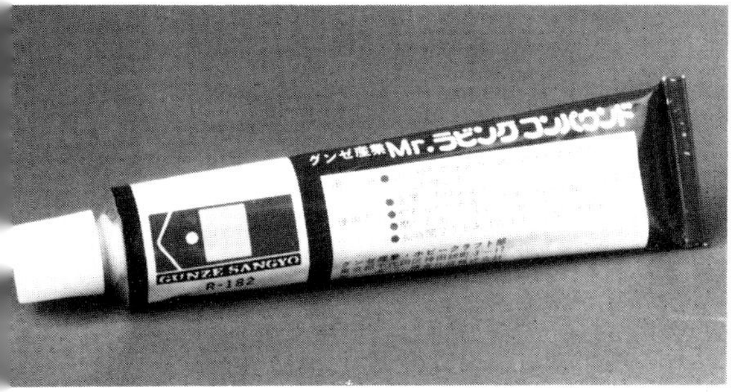

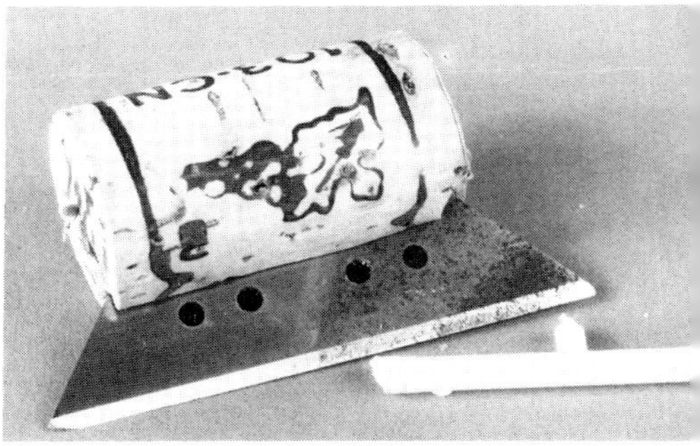

Kompressor Wer seine Modelle mit einer Spritzpistole spritzen möchte, benötigt natürlich Druckluft. Die sogenannten Preßluftkartuschen sind auf die Dauer recht teuer. Für Spritzzwecke reicht schon ein selbstgebastelter Kompressor aus einem alten Kühlschrank. Dieser hat sogar den Vorteil, daß er vergleichsweise leise arbeitet. Ansonsten werden im Handel natürlich die üblichen Kompressoren angeboten. Wichtig ist, daß in keinem Fall auf ein Reduzierventil mit Filter verzichtet wird. Das Reduzierventil ist für den Überdruckausgleich notwendig und der Filter zur Abscheidung des Wassers, das in jedem Kompressor anfällt.

Kopfband-Lupenbrille Praktisches Hilfsmittel, vor allem zum Bemalen von Kleinteilen (Gesichter von Figuren, Details an HO-Fahrzeugen etc.). Die Lupe hat in den meisten Fällen 2–4fache Vergrößerung und wird wie eine Brille getragen. Vorteil: der Modellbauer hat für seine Arbeiten die Hande »frei«.

Kotflügelverbreiterung Falls diese nicht schon im Bausatz vorgesehen ist, kann sie grundsätzlich bei jedem Modell als Umbau vorgenommen werden. Allerdings gehört dazu einiges an Erfahrung. Es gibt zwei Arten die Kotflügel zu verbreitern:

1. Mit → Plastiksheet. Möglichst dünnes, etwa 0,5 mm verwenden. Daraus schneidet man die meist geschwungenen Streifen aus (zuerst als Modell ein etwas größeres Stück) und paßt dann durch Zuschneiden und Abschleifen den Streifen der Karosserieform nach und nach an. Die Kotflügel der linken Seite gegengleich anfertigen. Nach dem Ankleben (→ Kleben) die Übergänge und Fugen → verspachteln und nach dem Austrocknen vorsichtig naßschleifen. Bei der Form der Kotflügel richtet man sich am besten nach Fotos des Originals.

2. Als zweite Version können die Kotflügel aus → Autospachtel (→ Prestolit oder → Plastolit) gefertigt werden. Mit diesen Spachtelmassen wird der fehlende Zwi-

schenraum (Verbreiterung) ausgefüllt, gut durchgetrocknet, verspachtelt und dann lackiert.

Koves, Nicholas Mitbegründer der Firma Airfix, siehe → Airfix

Kräusel-Effekt Entsteht ungewollt, wenn z. B. auf einen aufgetrockneten Mattlack ein Klarlack eines anderen Fabrikats gesprüht wird. Die Lackoberfläche wird runzlig oder kräuselt sich. Bewußt kann man diese Wirkung erzielen, um z. B. Autositzen durch Aufsprühen von Nitro-Lack ein Textilaussehen zu geben. Geht meistens nur, wenn das Teil vorher nicht grundiert wurde.

Kreppband Überall wo Flächen und Stellen abgedeckt werden sollen, kann man Kreppband einsetzen, es ist elastisch, flexibel, von ausreichender Klebkraft und paßt sich fast jedem Material an. Eignet sich ebenfalls für Gurte, Planen, Zelte, Bekleidungsstücke usw. Kann aufgrund seiner Oberflächenstruktur leicht bemalt oder lackiert werden.

Krepp-Papier Mehr für weihnachtliche Bastelabenteuer als für den Modellbau geeignet. Es wird in Ausnahmefällen zum Bekleiden größerer Figuren verwendet.

Kreuzpinzette Besonders geformte → Pinzette, bei der sich die beiden Spitzen überkreuzen. Mit einer Stellschraube lassen sich die Pinzettenarme feststellen.

Kreuzschlitz-Schraubendreher Da die meisten Servoschrauben Kreuzschlitze haben ist dieser Schraubendreher für RC-Bastler unentbehrlich. Man bekommt sie in unterschiedlichen Größen und Ausführungen im Fachhandel.

Krick Die Firma fertigt seit 1959 ferngesteuerte Modelle von Schiffen und Flugzeugen sowie Fernsteuerungen, Verbrennungsmotore, RC-Zubehör und Werkzeug. Ansässig ist die Krick Modelltechnik in Knittlingen/Württemberg.

Kristal Kleer siehe Flüssigglas

Krokodilklemmen Krokodilklemmen gibt es bereits für ein paar Groschen im Modellbaufachgeschäft. Sie finden meist im Eisenbahnaufbau große Verwendung. Man kann diese jedoch prima als Hilsmittel im Modellbau verwenden. Einfach einen Zahnstocher von hinten in die Krokodilklemme einführen, schon hat man ein prak-

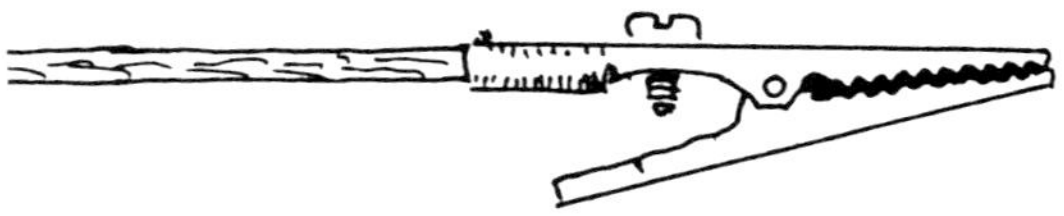

tisches Hilfsmittel zum Bemalen von Kleinteilen und Figuren. Diese werden an einer günstigen Stelle festgeklemmt. Jetzt kann problemlos bemalt werden. Festgehalten wird das zu bemalende Teil am Zahnstocher. Vorteil: die Finger werden nicht voll Farbe und man kann nach dem Malvorgang das Teil mit dem Zahnstocher in eine Styroporplatte stecken und austrocknen lassen.

Kugelschreiber Die Oberteile von Kugelschreibern oder Filzstiften (Kappen) eignen sich sehr gut als Schalldämpfer bei Motorradumbauten. Man entfernt die Spange oder den Druckstift, paßt die Hülse auf den Auspuff und spritzt das ganze chromsilber. Die Ausgangsöffnung sollte ihnnen mattschwarz lackiert werden – das sieht echter aus.

Kugelschreiberfedern Die Spiralfedern ausgedienter Kugelschreiber sind ideale Stoßdämpfer für Motorräder der Maßstäbe 1:35 bis 1:12. Die Federn lassen sich passend zurecht schneiden, lackieren und einfach einbauen.

Kunstharz siehe Gießharz

Kunststoff Für die Teile der Plastikbausätze werden fast immer Kunststoffe aus Polystyrol verwendet; es ist ein sogen. Thermoplast, das bedeutet, daß er sich unter Wärmeeinwirkung verformen läßt.
– Bei Schiffsrümpfen, Flugzeugzellen und manchen Zubehörteilen wird auch der ABS-Kunststoff verwendet. ABS-Teile werden aus erwärmten, ebenen Platten tiefgezogen und haben in der Regel noch überstehende Flächen, welche vor der Verwendung abgeschnitten werden müssen.
– Bei RC-Automodellen, bei denen die gute Detaillierung der Karosserie nicht im Vordergrund steht, sondern die Robustheit bei Karambolagen, verwenden die Hersteller meist den sehr flexiblen und zähen Kunststoff → Lexan, in seiner durchsichtigen Ausführung. Durchsichtig deshalb, damit man die Karosserie von innen lackieren kann und die Farbe deshalb bei Zusammenstößen nicht so stark mitgenommen wird. Bei diesem Kunststoff muß man aber auf den verwendeten Lack achten, da nicht jede Art die erforderliche Flexibilität hat und die Gefahr besteht, daß die Farbe abblättert.

Kunststofflaminate Sind sehr feste Materialien, die aus einer Verbindung von Fiberglas und Kunstharz bestehen. Neben Klampen, Beschläge, Drucklüfter oder Davits (für den Schiffsmodellbau), erhält man Kunststofflaminate im Handel vorwiegend in Plattenform (für Bootsdecks oder Trägerplatten für Elektroinstallation).

L

Lackieren Die meisten Modelle werden lackiert, um damit ein möglichst realistisches Aussehen zu erzielen. Allgemein gilt, daß man sich für Lackierarbeiten viel Zeit lassen soll, das heißt die Teile müssen gut vorbereitet werden. Lieber etwas weniger Farbe auftragen und dafür eine Farbschicht mehr anbringen. Bemalen kann man mit Pinsel oder mit → Spritzpistole. Fachgerechtes Lackieren bedarf allerdings einiger Erfahrung, ebenso die Entscheidung, ob man das Teil pinselt oder spritzt. Grundsätzlich gilt: Es ist viel schwieriger mit dem Pinsel eine streifenfreie, gleichmäßige Oberfläche zu erzielen, als mit der Spray- oder Spritzdose. Es gibt wirklich nur wenige Modellbauer, die mit dem Pinsel perfekte Lackierungen zustande bringen.

Das Problem beim Spritzlackieren ist der Staub. Deshalb wird dafür ein möglichst staubfreier Platz benötigt. Falls Fussel auf den noch feuchten Lack geraten, bleibt nur eine einzige Möglichkeit: trocknen lassen, naß abschleifen und dann wieder lackieren. Das gleiche gilt selbstverständlich auch für sogenannte »Rotznasen« oder »Tränen« (Tropfenbildung), die bei zuviel Farbe an senkrechten Flächen entstehen können. Für den Spritzanfänger ist üben (möglichst nicht am Modell), auf Karton, Schachteln u. ä., äußerst empfehlenswert und vor allen Dingen muß die Anleitung zur jeweiligen Spritzpistole genauestens beachtet werden.

Lackierpinsel siehe Pinsel

Ladekabel Wird vor allem zur Aufladung von → Akkus benötigt. Das Kabel verbindet das Ladegerät mit dem Akku.

Ladestrom Als solcher wird der Strom bezeichnet, welcher über das → Ladekabel zwischen → Akku und → Ladegerät fließt. Bei leerem Akku ist der Ladestrom relativ hoch, verringert sich dann allerdings bei fortschreitender Aufladung.

Laminieren Das schichtweise aufeinanderkleben von Kunststoffplatten, um einen stabilen Block herzustellen, wird als Laminieren bezeichnet. Dabei sollten die einzeln aufeinandergeklebten Platten mit → Flüssigkleber verarbeitet und in einer Schraubzwinge zusammengepreßt werden, bis der Kleber durchgehärtet ist. Erst dann weiterbearbeiten (schleifen, sägen etc.).

Landschaften Ein interessantes Betätigungsfeld für Dioramenbauer. Neben Fantasie und Vorstellungsvermögen sind die richtigen Werkzeuge und Materialien die wichtigste Voraussetzung für die perfekte Gestaltung einer Landschaft. Alle Landschaftsformen jetzt aufzuzählen, erscheint unmöglich. Deshalb zwei für viele:

Graslandschaft: Auf eine hölzerne Grundplatte werden zuerst die Erhebungen (Felsen, Hügel, Bahndamm u. ä.) aus Styropor oder großen Korkbrocken geklebt. Dann wird mit Gips oder Moltofill die übrige Geländeform angelegt, die Bäume und Binsen (aus → Schweineborsten) hineingesteckt. Für Wasserläufe oder kleine Teile nimmt man farbloses Kunstharz oder → Seefolie, für Wiesen → Streufaser und → Plakatfarbe.

Wüstenlandschaft: Bodenplatte wie gehabt, darauf mit einem Mehrzweckkleber

richtige Steine (Kiesel, → Mörtel) oder Austerschalen kleben. Die Bodenplatte mit Gips überziehen, trocknen lassen und mit → Weißleim bestreichen. → Sand aufstreuen und Wüstengras (→ Schweineborsten) und Büsche (aus → Stahlwolle) einstecken oder kleben. Mit Plaka-Farbe und Puder die typischen Wüstenfarben anlegen. Eventuell Minikakteen verwenden.

Laubbäume Kann man bereits in allen erdenklichen Formen und Größen fertig kaufen. Individualisten machen sie sich allerdings selbst. Entweder aus dünnen Holzästen und → Stahlwolle oder eingefärbten miteinanderverklebten → Islandmoos und einem Ast als Holzstamm.

LED allgemeine Abkürzung für Lumineszensdioden (→ Leuchtdioden).

LED-Lichtsignal Den Leuchteffekt einer → LED kann man durch entsprechende Vorschaltung von elektronischen Baugruppen nutzen. Hierbei können Blinksignale (an-aus) in beliebiger Reihenfolge erzeugt werden, oder auch durch das Zusammenschalten mehrerer LED, Lichteffekte erzielt werden.

Leim siehe Weißleim

Leitlack Mit diesem flüssigen Silberdraht werden Kunststoffe, Holz, Glas, Keramik, Pappe usw. elektrisch leitfähig. Vor allem

Laubsäge Für kurvige Schnitte in Kunststoff und Holz ist diese Säge besonders geeignet. Die Sägeblätter lassen sich schnell austauschen und können in jedem gewünschten Schneidewinkel verstellt werden. Aufgrund des ausgeprägten Bügels kann man mit einer Laubsäge tief in das zu bearbeitende Material hineinschneiden.

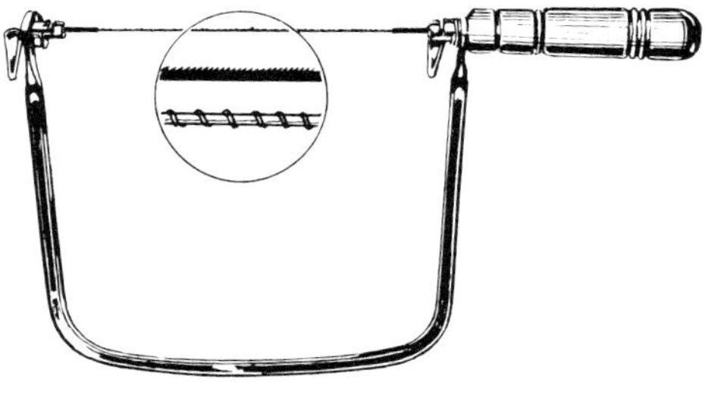

an schwierigen Stellen, an denen es bisher kaum möglich war, feine Drähte für → Beleuchtung u. ä. zu verlegen und zu verlöten, läßt sich Leitlack optimal anwenden. Zum »Unsichtbarmachen« kann man sogar den Leitlack mit fast allen handelsüblichen Kunstharzfarben übermalen. Die Anwendungspalette ist enorm. Selbst in winzigen N-Figuren und HO-Modellen lassen sich stromführende Leitungen aufpinseln.

Les Teuf Teuf siehe Precisia

Les Vieux Tacots Unter diesem Namen erschienen in den 60er Jahren einige Bausatzreihen von Oldtimern (1904 Darracq, 1908 Peugeot, BB Torpedo, ein 1900 De Dion Vis-á-vis und andere) heraus. Insgesamt erschienen 19 verschiedene Modelle der Maßstäbe 1:32, 1:25 und 1:16. Die Bauanleitungen waren schlecht, die Modellqualität einigermaßen. 1966 erschien als letztes Modell ein 1910 Berliet Coupé de Ville.

Letraset Ältester und größter Anbieter von Abriebschriften und Grafikerfolien. Das Programm ist sehr vielfältig: Farbige Schriften und Symbole, Farb- und Strukturbänder, Folien, Filme, Faserstifte, Sprays und Spezialwerkzeuge (Skalpelle, Klingenmesser etc.).

Leuchtdioden Bauteile aus der Elektronik, die immer häufiger in Fahrzeuge, Jets und Gebäude eingebaut werden, um diesen Modellen mehr »Leben« zu geben. Leuchtdioden haben für den elektrischen Strom nur eine Durchlaßrichtung. Wird Strom in diese Richtung geschaltet, so bewirkt er ein Aufleuchten der Diode. Die Stromspannung die hierfür benötigt wird, ist äußerst gering, 1,2 V Gleichspannung. Höhere Stromspannungen würden zur Zerstörung der Leuchtdiode führen.

Lexan Flexibler hochelastischer Kunststoff aus dem Karosserien für → RC-Modelle hergestellt werden. Lexan läßt sich mit normalem Autospray lackieren und verhältnismäßig leicht mit Messer oder Schere beschneiden.

Lexan-Schere Speziell entwickelt zum Beschneiden von Lexan und ABS-Kunststoff, wie z. B. Karosserien und Bootsrümpfen. Auch für dünne Bleche geeignet. Gibt es in gerader und gebogener Ausführung. Letztere ist für Kotflügel, Radausschnitte und Rundungen besonders gut.

Life-Steam-Loks Naturgetreue Nachbildungen von alten Dampflokomotiven, die voll funktionsfähig sind, d. h. durch winzige eingebaute Dampfgeneratoren stoßen sie durch den Schornstein eine Art Dampf aus. Gibt es auch im HO-Maßstab, z. B. von Märklin

Lindberg 1983 hatte die US-Firma ihr 50jähriges Jubiläum. Anfangs wurden bei Lindberg Modelle für Anatomieunterricht und ähnliches hergestellt, seit den 50er Jahren auch Plastik-Kits, die bis Mitte 1983 in Deutschland vertrieben wurden. Das Programm war vielfältig: Trucks in HO, Oldtimer, Sportwagen, Limousinen in 1:32 und

1:24, Motorräder in 1:16, Militaria in 1:32, 1:64 und 1:48, Flugzeuge in 1:35, 1:48, 1:72 und 1:100, Schiffe in 1:32, 1:125, 1:350 und 1:600 sowie 1:64 und 1:900 und Anatomie-Bausätze (Ohren, Gehirn, Skelett, Auge etc.). In den USA produziert Lindberg nach wie vor, bei uns übernimmt Revell die weitere Produktion.

Lineal Beim Plastikmodellbau wird nur selten ein Lineal als Hilfsmittel benötigt. Lediglich zum sorgfältigen Ausschneiden mancher Abziehbilder oder Aufkleber, wenn diese groß sind oder lange gerade Kanten besitzen (Zierstreifen etc.) oder aber zum Nachprüfen von Maßstäben.

Linearservo Ein → Servo, der mit zwei Schiebern ausgestattet ist, die sich in jeweils entgegengesetzter Richtung bewegen. Nachteil dieses Prinzips: Seitliche Bewegungen sind nicht möglich. Verwendung überwiegend bei Schiffen für die Ausrichtung des Ruderblatts.

Lochstanzer Es kommt immer wieder vor, daß man größere Löcher in Kunststoffteile oder -platten stanzen muß. Für kleine Löcher gibt es fertige Stanzer z. B. für Ledergürtel zu kaufen, aber ab 6 mm Durchmesser aufwärts, ist es notwendig, sich den Stanzer selbst anzufertigen. Man nimmt ein Stück Messing- oder Kupferrohr und feilt den Innenrand scharf. Mit einem kurzen kräftigen Hammerschlag auf das obere Ende kann jetzt das Loch gestanzt werden. Tip: Pappe unterlegen, dann geht's besser.

Löschpapier Die ideale Grundlage für in Wasser aufgeweichte → Decals. Aufgrund seiner hohen Saugfähigkeit entzieht Löschpapier rasch die Feuchtigkeit und die Decals können schneller verarbeitet werden. Als Ersatz läßt sich auch Zeitungspapier verwenden.

Lösungsmittel Beinahe jeder Farbenhersteller bietet auch Lösungsmittel an. Um beste Ergebnisse beim Lackieren zu erzielen, empfiehlt es sich stets ein Lösungssprich auch Verdünnungsmittel des gleichen Herstellers zu verwenden, dessen Farbe benutzt wird.

Lötkolben Ein Lötkolben oder eine Lötpistole sind ein wichtiges Werkzeug für die Modell-Elektronik. Außerdem benötigt man diese für die Verkabelung von RC-Modellen und bei der Beleuchtung von Standmodellen. Im reinen Plastikmodellbau ist der Lötkolben kein typisches Werkzeug. Allerdings kann er bei der Darstellung von Unfallschäden sehr von Nutzen sein. Die betroffenen Plastikteile werden hierfür erwärmt und dann entsprechend deformiert.

Lötzinn (Lot) Wird besonders zur Herstellung elektrischer Verbindungen eingesetzt. Das Erhitzen und Verflüssigen geschieht dabei mit Hilfe des → Lötkolbens. Entsprechend der verschiedenen Verwendungszwecke gibt es Lötzinn in den unterschiedlichsten Zusammensetzungen (z. B. 60% Zinn, 40% Blei).

Lokliegen Lokliegen (Firma Mössmer) sind ein Schaumgummiblock mit Klemmrille für das Werkstück und einer praktischen Vertiefung für Kleinteilaufbewahrung mit Magnetplatte. Diese »Lolis«, wie sie auch heißen, gibt es in fünf Größen beim

Modellbahnfachhändler und sie kosten etwa zwischen 4,50 DM und 10,- DM. Darin eingebettet liegt das Modell fest und man hat beide Hände frei zum Arbeiten. Diese Lokliegen finden vor allem beim Basteln von kleinen Maßstäben 1:87 (HO) große Anwendung.
Tip: Damit kein Schmutz an die Modelle kommt, kann man vorher die Lokliegen mit Toilettenpapier auskleiden. Diese Aufgabe lohnt sich besonders dann, wenn viel mit Letraset oder ähnlichen Beschriftungen gearbeitet wird.

Loktite Markenname für einen → Kontaktkleber mit dem sich ähnlich wie bei einem → Sekundenkleber blitzschnell stabile Klebeverbindungen schaffen lassen. Der Vorteil von Loktite: Der Kleber ist nicht so wärmeempfindlich wie herkömmlicher → Cyanoacrylat-Kleber.

Lolis siehe Lokliegen

LS Japanische Firma, seit Jahren auch auf dem deutschen Markt. Bekannteste Bausätze: Morgan Plus 8 im Maßstab 1:8, Porsche 935, Renault Alpine 442, Porsche 924 Turbo in 1:24 (mit E-Motor), Motorräder in 1:20, Flugzeuge in 1:72 und 1:144. Etwas besonderes sind die Waffen-Kits im Maßstab 1:1, funktionsgerecht in Gemischt-Bauweise Plastik/Metall.

Lückenfüller → Spachtelmasse

Luftballon Beim RC-Modellbau finden dickwandige Luftballons als Spritzwasserschutz für die elektronischen und elektrischen Bauelemente Verwendung. Dabei wird der unaufgeblasene Luftballon gedehnt und über das zu schützende Teil gestülpt. Hinter die Öffnung am besten mit einem weichen dünnen Draht leicht zubinden.

Luftregler Er ist ein wichtiger Bestandteil einer komfortablen Spritzpistole. Mit dem Luftregler wird die Menge der Luft eingestellt, die pro Zeiteinheit durch die Pistole strömt und damit die Weichheit oder Schärfe des Farbstrahls.
Deshalb empfiehlt es sich stets vor dem Lackieren des Modells einige Probeversuche auf Papier oder Karton vorzunehmen und dabei den Luftdruck und die Luft-

menge zu variieren, bis die endgültige Einstellung erreicht ist.

Luftschläuche Sie stellen die Verbindung zwischen → Spritzpistole und Luftbehälter dar. Meistens sind die Luftschläuche aus dünnwandigem Kunststoffmaterial oder aus hochdruckfestem Gummi mit Textilummantelung. Während die Kunststoffschläuche leichter und flexibler sind, finden sie häufiger Anwendung als die schweren steifen Textilgummischläuche.

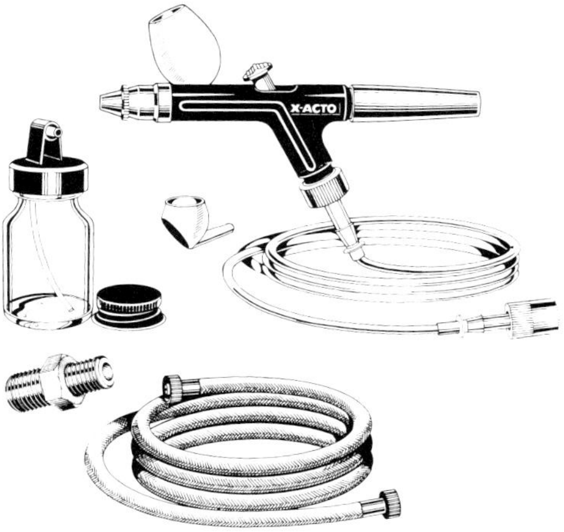

Lupe Besonders für feine detaillierte Malerarbeiten an Figuren oder H0-Modellen ist eine Lupe unentbehrlich. Die Auswahl reicht von einfachen Handlupen, über beleuchtete Vergrößerungsgläser auf einem flexiblen Ständer, bis hin zur → Kopfband-Lupenbrille. Es gibt aber auch Lupen, die an einem Stirnband befestigt sind. Bei Nichtgebrauch klappt man sie einfach nach oben.

M

Mabuchi Die Mabuchi Motor Co. aus Japan fertigt schwerpunktmäßig Mini-Motoren (Elektromotoren) für Luft- und Wasserfahrzeuge und RC-Cars. Die kleinen Motore leisten bei einer Arbeitsspannung von 1,5–15 V bis zu 12 000 Umdrehungen pro Minute.

Märklin Größter deutscher Hersteller von Modelleisenbahnen. Die traditionsreiche Göppinger Firma feierte 1984 ihr 125jähriges Jubiläum. Zwischen 1935 und 1938 produzierte Märklin eine Anzahl von Automobilen (Auto Union, Horch, BMW u. a.) aus → Bakelitt. Heute dürften die Modelle für Sammler recht wertvolle Objekte sein.

Maltechniken Sind so vielfältig wie der Modellbau selbst. Die wichtigsten sind → Drybrushen, Aquarell (Wasserfarben), Naß-in-Naßmalen (gibt weiche Farbübergänge) und spritzen mit der Zahnbürste bzw. mit der Zahnbürste über ein Teesieb reiben, was feine Farbsprenkel auf Modellen bewirkt.

Markierungen Stellen, die am Modell besonders bearbeitet werden sollen (schleifen, bohren, spachteln etc.), markiert man am besten mit wischfesten Filzstiften für Plastik, Glas und Metall. Für Markierungen wie Blechnähte, Schattenfugen, Türfüllungen etc. eignen sich Rapidographen mit Folientusche.

Maskol Markenname eines → Abdecklacks der britischen Firma Humbrol.

Maßstab Dieser zeigt um ein wievielfaches ein Modell vom Original (1:1) verkleinert wurde. Der Plastikmodellbau richtet sich hier nach gebräuchlichen Normen. Die häufigsten sind 1:8, 1:10, 1:12, 1:16, 1:24, 1:25, 1:32, 1:35, 1:48, 1:72, 1:87, 1:100, 1:144, 1:200, 1:350, 1:700, 1:1000 und 1:1400.
Modelle im Maßstab 1:87 werden auch H0-

Modelle genannt. Die verschiedensten Modellbausparten haben ihren Schwerpunkt auf bestimmte Maßstäbe gelegt: z. B. Zweiradfahrzeuge 1:8, 1:12 und 1:16. Bei Autos sind die gängigsten Maßstäbe 1:16, 1:24 und 1:32. Militaria bevorzugt 1:35 und 1:72 und Flugzeuge und Schiffe sind meist in den kleineren und kleinsten Maßstäben vertreten.

Masten Lassen sich selbst herstellen, wenn die dem Bausatz beigefügten Masten nicht ausreichen oder nur unbefriedigend sind. So stellt man Masten für kleine Boote und Wegweiser bzw. Hinweisschilder aus Zahnstochern oder → Schaschlikspießen her. Für größere Maßstäbe nimmt man Rundhölzer aus Hobby- und Heimwerkergeschäften. Selbst zurechtgeschliffene Gußäste können ausgezeichnete Masten abgeben.

Master Badge Farbzusatz, der dem flüssigen Polystyrol im Mischungsverhältnis 2:98 beigegeben wird, bevor das ganze im Spritzgußverfahren verarbeitet wird. Der

Kunststoff wird dabei mit einem Druck von 35–500 Tonnen in die Formen gepreßt.

Master-Modell Damit gemeint ist meistens das Urmodell aus Holz, Gips, Metall oder Plastik, das für eine Bausatzserie (Auto, Schiff oder Flugzeug) von einem

Formenbauer angefertigt wird. Von diesem Master-Modell werden dann die einzelnen Teile und Formen abgenommen für die Herstellung der eigentlichen Stahlwerkzeuge. Das geschieht entweder mit einem dreidimensionalen → Pantographen oder durch Anwendung des → CAD-CAM-Systems.

Matchbox Schon 1947 wurde die Firma von den beiden Engländern Leslie und Rodney Smith (nicht miteinander verbrüdert, sondern lediglich Schulfreunde) gegründet. Wenig später beteiligte sich John W. Odell an dem jungen Unternehmen. 1949 rollten die ersten Modellspielzeuge vom Band. Im Jahre 1953 wurde das Warenzeichen »Matchbox« eingetragen – der Aufstieg begann. In der Glanzzeit 1979 beschäftigte der Konzern weltweit 6500 Mitarbeiter und produzierte pro Woche über 5,5 Millionen Modelle. Ein Jahr später wurde die Firma liquidiert und erlebte erst 1982 unter dem neuen Firmennamen Matchbox Toys eine Renaissance. Heute fertigt Matchbox neben Kinderspielzeug (Autos, Figuren usw.) Plastik-Modellbausätze diverser Maßstäbe: Flugzeuge 1:32 und 1:72, Militaria 1:76, Schiff 1:700, Autos 1:32 und Motorräder 1:12.

Mat Finish Englisch (= matter Schliff). Bezeichnung für alle matten Lackierungen an Modellen. Gegensatz → Gloss Finish.

Mattlack Wird vorwiegend bei Militaria verwendet. Aufgrund seiner Struktur läßt sich Mattlack gut auf größeren Flächen mit dem Pinsel auftragen, ohne daß die Pinselstriche sichtbar werden. Gibt es den erforderlichen Farbton nicht als Mattlack, kann man über eine Glanzlack-Lackierung matten Klarlack auftragen und erzielt damit ebenfalls eine matte Lackierung.

MDA Abkürzung bei Military Diorama Accessoires. Es handelt sich hierbei um Bausätze (Maßstab 1:35) von Ruinen und Bunker aus der Zeit des 2. Weltkriegs, Trocken-Abziehbilder von Militärzeichen, Tarnnetze und anderes Zubehör. MDA-Kits sind von → François Verlinden entwickelt.

Meccanorma Hersteller von Abriebbuchstaben, Gestaltungsbändern, Rasterfolien, Grafikerzubehör, Kleber, Farbsprays, Faserstiften, technischen und graphischen Symbolen etc. Für den Modellbauer interessant sein dürften vor allem die Abriebbuchstaben (unzählige zum Teil farbige Schriften in allen Variationen und Größen) für Zahlen und Beschriftungen an Modellen.

Merit Englische Firma, 1956 von den Brüdern J & L. Randall gegründet, wurde rasch bekannt, weil sie leicht zu bauende Modelle im Maßstab 1:32 anfertigten. Besonders die Rennwagen (Aston Martin DB 3S, Cooper 500 Mk IX, 1952er Maserati 4 CLT San Remo Gewinner, Talbot-Lago Grand Prix Wagen u. viele andere) wurden ein Erfolg. Ebenso wie die Oldtimer-Modelle im gleichen Maßstab (Pakkard 1912, 1903 Cadillac etc.) sind Merit-Modelle heute bei Sammlern absolute Raritäten, die zu hohen Preisen gehandelt werden.

Messing Werkstoff, der im Plastikmodellbau gelegentlich angewandt wird, z. B. als Auspuffrohr bei US-Trucks. Im Handel gibt es Messingrohre von 2–12 mm Durchmesser sowie Profile, mit denen sich z. B. Fahrgestelle für Truckeigenbauten herstellen lassen. Für den Schiffsmodellbau gibt es jede Menge Kleinteile aus Messing: Lampen, Laternen, Davits, Bullaugen, Relingstützen etc.

Messingrohre siehe Messing

Metal-Coat-Farben Die japanische Firma Takara bietet seit neuestem auch bei uns dünnflüssige Farben an, mit denen sich hervorragend Metalloberflächen darstellen lassen. Die Farbe wird mit einem Pinsel in eine Richtung gestrichen und ist bereits nach wenigen Minuten soweit ausgetrocknet, daß man sie mit einem weichen Tuch (Baumwolle) polieren kann. Es entsteht ein schimmernder Metalleffekt.

Metall-Finish Mit den ständig verbesserten Farben, die vor allem aus Japan auf den Markt kommen (z. B. Takara) lassen sich inzwischen durch einen Farbauftrag naturgetreue Metalleffekte erzielen. Wem das nicht reicht, kann auf Metallfolien zurückgreifen, die auf das Modell mit Spezialkleber oder Klarlack aufgezogen werden. Siehe → Alumethode.

Metallic-Farbe Sammelbegriff für alle Lacke, die nach dem Auftrocknen eine metallisch glänzende Oberfläche aufweisen. Im Modellbau eignen sich besonders die im Fachhandel erhältlichen → Autolacke und → Sprays.

Micro-Color Markenname für ein hochwertiges Farbsortiment der Firma Schreiber aus Fürth/Bayern. Zur Zeit (Stand Dezember 1986) umfaßt das Programm über 60 Farbtöne zu je 18 ml. Die Farben sind von cremiger Konsistenz und sehr fein pigmentiert. Nach dem Auftragen sind keine Pinselstriche mehr sichtbar. Micro-Color eignet sich für Kunststoff, Weißmetall und Aluminium ausgezeichnet.

Micro-Flat Klare Flüssigkeit, die schnell auftrocknet und ein mattes haltbares Finish am Modell bewirkt. Mit Micro-Flat lassen sich auch Decals optimal versiegeln.

Micro-Gloss Ein klares und glänzendes → Coating für Abziehbilder. Es dient a) als Unterlackierung und b) als versiegelnder Überzug für Abziehbilder jeder Art, die ein hochglänzendes Finish erhalten sollen. Seidenmatteffekte erreicht man durch Mischen mit → Micro-Flat.

Micro-Hi-Tak Wird überwiegend im Dioramenbau angewendet, bei Anfertigungen von Modellbauten und Szenenbildern aus Holz und Pappe. Micro-Hi-Tak ist wasserlöslich und dadurch leicht zu entfernen, selbst nach dem Auftrocknen. Eignet sich besonders gut für das Verbinden größerer Mengen kleiner Teile.

Micro-Kristal-Kleer siehe Kristal-Kleer

Micro-Liquitape Ein Mehrzweckkleber für Modelle, eine Art flüssiges Doppelklebeband. Dieser Kleber faßt schnell und schafft eine permanente Verbindung von Holz, Papier und anderen porösen Materialien. An Kunststoff oder Metall und Glas läßt sich Micro-Liquitape dagegen wieder entfernen. Solange der Kleber noch feucht ist, kann er mit Wasser entfernt werden, trocken nur mit Alkohol.

Micro-Mask Ein flüssiges Abdeckmittel, das sich vielseitig verwenden läßt. Es wird flüssig aufgetragen, sobald der Lack am Modell trocken ist. Nach einiger Zeit bildet sich eine gummiartige Haut, die mit dem Messer beschnitten werden kann. Entfernen läßt sich Micro-Mask durch Klebeband oder durch einfaches Abziehen.

Microscale Markenname für die amerikanische Firma Krasel Industries Inc. aus Santa Ana, Kalifornien. Neben dem umfangreichsten Abziehbilder-Programm der Welt (Schwerpunkt Flugzeuge 1:48 und 1:72) bietet die Firma auch einige hochwertige Flüssigmaterialien und Hilfsmittel für die optimale Verarbeitung von Abziehbildern an.

Micro-Set Eine vielseitig anwendbare Lösung zum Befestigen und Aufbringen von Wasserschiebebildern. Zuerst weicht die klare Flüssigkeit das Abziehbild an, so daß es problemlos über unebene Flächen, Nieten und Fugen gezogen werden kann. Die Flüssigkeit bewirkt, daß das Abziehbild sich förmlich der unebenen Fläche anpaßt und blasenfrei auftrocknet.

Micro-Sol Die Flüssigkeit bewirkt einen Tiefzieheffekt der Abziehbilder an den mei-

sten schwierigen und unregelmäßigen Stellen an Modellen. Es wird unter und über dem gewässerten Abziehbild aufgetragen (mit dem Pinsel). Sollten sich Blasen bilden, aufstechen und zusätzlich mit Micro-Sol bestreichen.

Micro-Superfilm Mit Superfilm kann man eigene Abziehbilder herstellen. Eine blanke Fläche vom Abziehbilderpapier bestreichen, die etwas größer als Bilddesign sein soll. Trocknen lassen. Danach mit einem feinen Punktschreiber das eigene Design aufzeichnen. Darüber erneut Superfilm auftragen, trocknen – und schon ist das eigene Abziehbild fertig.
Der ultradünne flüssige Film eignet sich auch vorzüglich für das Konservieren alter Abziehbilder sowie als Schutzfilm.

Micro-Weld Ein Flüssigkleber, der schnell und sauber Polystyrol, ABS- und Acrylteile verbindet (verschweißt). Der Auftrag erfolgt am besten mit einem feinen Pinsel. Anschließend die Teile sofort mit den Fingern zusammendrücken. Micro-Weld eignet sich als Fugenfüller und Spachtelmasse für kleinere Paßungenauigkeiten.

Milchglas Um bei dünnen → Plexiglasteilen das Aussehen von Milchglas zu erreichen, wie man es noch an alten Fabriken sieht, schmirgelt man mit → Naßschleifpapier die Rückseite oder pinselt → Flüssigkleber für → Polystyrol auf, der das Material ausreichend trübt.

Militaria Mit eines der größten Betätigungsfelder für Modellbauer und Sammler ist der Bereich Militaria, der vom Nachstellen einzelner Kriegs- und Schlachtenszenen (ganz gleich aus welcher Epoche) bis hin zum Bau von Militärflugzeugen, Kriegsschiffen, Panzern, Waffen und Barrikaden reicht. Fast alle Hersteller von Plastik-Kits

bieten Militaria im Maßstab 1:35 bis 1:87 an. Psychologen, Erzieher und Verhaltensforscher stehen immer wieder vor dem Rätsel, wieso ausgerechnet Jugendliche und junge Erwachsene dieser Art von Hobby frönen.

Mini-Bohrer siehe Bohrer

Mini-Schraubzwingen Unentbehrlicher Helfer bei widerspenstigen und verzogenen Klebeteilen, z. B. Rahmen und Träger von Fahrgestellen größerer Maßstäbe (1:8 und mehr). Für den Modellbau gibt es spezielle Schraubzwingen, deren verstellbare Klammern mit Kunststoff oder Hartgummi überzogen sind, damit die zu klebenden verspannten Teile nicht beschädigt werden.
Kleinere Teile lassen sich während des Trocknens gut mit hölzernen Wäscheklammern zusammenpressen.

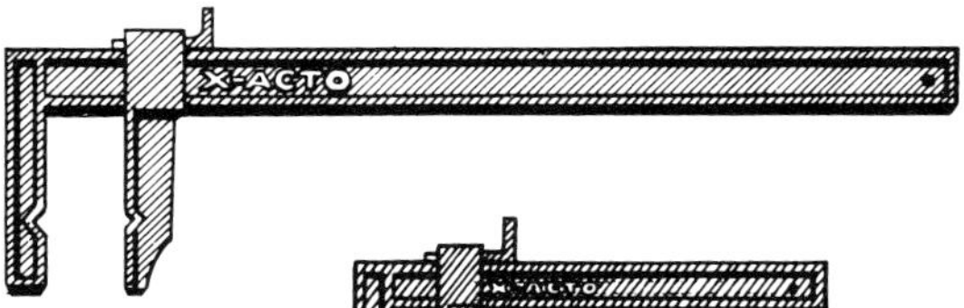

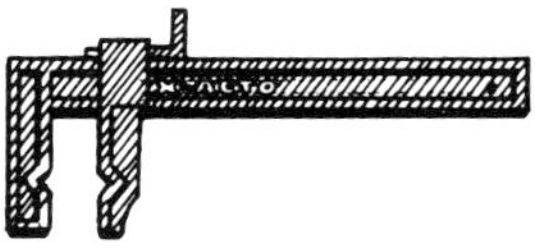

Mini-Tools Sammelname für alle elektrischen Kleinmaschinen, die im Modellbau angewendet werden, z. B. Kleinbohrmaschinen mit auswechselbaren Werkzeugen für polieren, schleifen, trennen, gravieren, bohren usw. Dazu kommen ferner auch Kleindrehbänke und Mini-Stichsägen.

Mischen (von Farben) Die Palette der handelsüblichen Farben ist riesig. Beinahe jeder Hersteller bietet für seine Modelle spezielle Modellbaufarben an. Trotzdem kann es vorkommen, daß gerade die gewünschte Farbe nicht greifbar ist. Dann besteht die Möglichkeit des Mischens. Dazu werden folgende Utensilien benötigt: ein kleines Gefäß und ein Holzspieß (z. B. Zahnstocher oder Schaschlikspieß) zum Verrühren, und die jeweils zu mischenden Farben.
Man fängt mit ganz wenig Farbe an, da sich verschiedene Töne in ihrer Auswirkung auf die Mischfarbe sehr unterschiedlich auswirken. Insbesondere dunkle Farben wirken stärker und dürfen deshalb nur wenig beigemischt werden. Für ein gutes Ergebnis ist gründliches Umrühren wichtig. Bevor mit der Mischfarbe das Modell vollkommen lackiert wird, soll an einer verdeckten Stelle erst ein Probeanstrich erfolgen, um sicherzugehen, daß der gewünschte Farbton erzielt wurde. Viele Farbmischungen verändern sich während der Trockenzeit und sind hinterher heller oder dunkler.

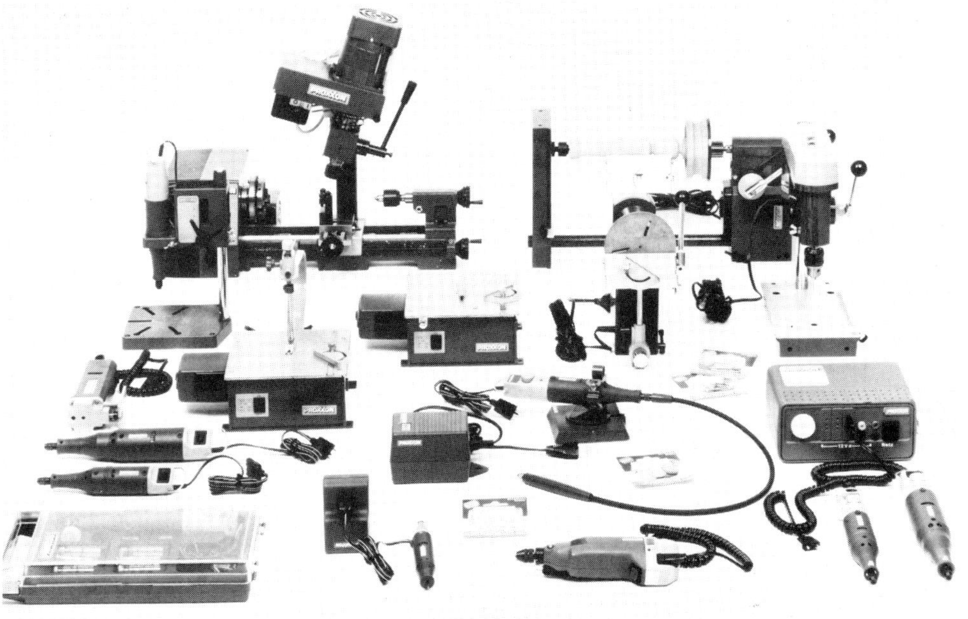

Mischfarben entstehen durch Mischen mit den Grundfarben Rot, Blau und Gelb. Die gängigsten Mischfarben bieten viele Hersteller an. Trotzdem kann es vorkommen, daß ein bestimmter Farbton selbst gemischt werden muß. Siehe → Mischen.

Mischschalen Da im Plastikmodellbau in der Regel nur kleine Mengen Farben angemischt werden, empfiehlt es sich, diese in möglichst kleinen Tiegeln anzumischen. Hierfür eignen sich Schraubverschlüsse von Flaschen, Einsätze von Pralinenschachteln etc. und natürlich die Farbgläschen von Spritzpistolen.
Zum Umrühren in diesen kleinen Gefäßen eignen sich → Zahnstocher, Abschnitte von Gußästen etc.

Mitsuwa Japanische Firma aus Tokio, vollständiger Name Mitsuwa Model Co. Ltd. Bei uns sind vorwiegend die mit Motor und Kabelfernlenkung ausgerüsteten Panzer im Maßstab 1:48 bekannt. Weitere Mitsuwa-Produkte sind Autos, Boote und Trucks (Fuso Dump Truck, Fuso K-FV 214 JR z. B.) in 1:24.

Modellbau Für über 500 000 Bundesbürger (so schätzt man) das schönste Hobby der Welt. Bis Anfang der 50er Jahre beschränkte sich dieses Freizeitvergnügen vorwiegend auf die Gestaltung von Modellbahnanlagen, doch durch die stürmische Entwicklung in der Kunststofftechnik Mitte der 60er Jahre begann der eigentliche Siegeszug im Bereich Plastikmodellbau. Seitdem erfreut sich dieses Hobby ständig wachsender Beliebtheit.

Modellbauer Eine eigenartige Gattung des Menschen, für den das größte Glück im Zusammenbau von Kleinem liegt. Im Altertum (um 2000 vor Christi) trat die Spezies zum erstenmal in Erscheinung, wie Grabbeigaben (Schiffs- und Tiermodelle aus Ton und Holz) in einigen ägyptischen Pyramiden beweisen. Seitdem hat sich der Modellbauer über die Jahrtausende über die ganze Welt verbreitet. So gibt es (nach vorsichtigen Schätzungen im Jahr 1986) allein in Deutschland etwa 500 000 Menschen, die als Modellbauer einzustufen sind, davon etwa 80 000 in organisierten Clubs oder Vereinen.

Modellbaumessen Die wohl größte und bekannteste ist die alljährliche Spielwarenmesse in Nürnberg, zu der alle bedeutenden Modellbaufirmen kommen und ausstellen. Die Messe ist gewöhnlich im Februar. Andere bedeutende Messen (mehr Ausstellung) sind die Modellbau in Dortmund (jedes Jahr im April) und die → IMA (Internationale Modellbau-Ausstellung) in München (meistens im November).

Modell Hit Name eines auflagestarken exklusiven Modellbau-Magazins. Das farbige, aufwendig produzierte Fachmagazin erscheint 2-monatlich und beschäftigt sich in jeder Ausgabe mit Themen rund ums Automobil in allen Maßstäben. Bisher erschienen sind die Sonderhefte »Truck-Spezial, Car Classic-Spezial, Sportauto-Spezial und Motorrad-Spezial«. Modell Hit erscheint im FMV Freizeit-Medien-Verlag, Schlesierstraße 4, 8028 Taufkirchen 1, Telefon 0 89/6 12 70 29.

Modellierholz wird für Eigen- und Umbauten benötigt. Es ist sinnvoll, bei einigen Rundungen, die ausgeformt werden müssen, nicht zuviel Spachtelmasse aufzutragen, sondern zur Anformung von Kehlen usw. ein Modellierholz zu verwenden. Diese gibt es unter anderem in Bastelläden oder Töpferzubehörläden.

Modelliermesser Spezialwerkzeug (Halter) mit auswechselbaren Klingen für die Bearbeitung unterschiedlichster Materialien wie Kunststoff, Holz, Pappe oder Linoleum. Es gibt Modelliermesser mit drehbaren Klingen für Kurvenschnitte oder extrem feinen Klingen für das Schneiden selbst kleinster Teile.

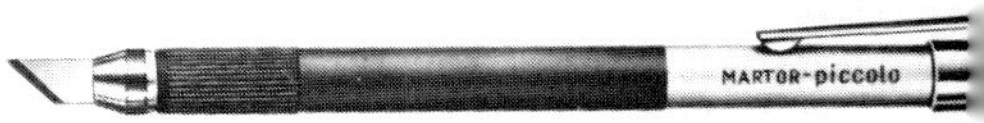

Modellspachtel wird überall dort eingesetzt, wo Bauteile nicht 100%ig zusammenpassen, bei Unebenheiten an der Oberfläche, bei Eigen- und Umbauten etc. Viele Modellbaufirmen bieten einen speziellen Modellbauspachtel an. Spachtelmasse aus dem Autozubehör eignet sich ebenso.

Model Power Die US-Firma fertigt Werkzeuge speziell für den Hobby- und Freizeitbereich: Skalpelle und Klingenmesser, Schnitzwerkzeuge, Beitelsätze und Feinsägen und Sandpapierschleifer, Klammern, Zwingen, Schraubendrehersätze, Pinzetten, Schraubstöcke usw. Vertrieben werden die Model-Power-Produkte von der Kager GmbH in Frankfurt.

Module Ergänzungen und komplizierte elektronische Bauteile, mit denen sich Fernsteuerungsanlagen ausrüsten lassen. Mittlerweile gibt es eine Vielzahl solcher Funktionsmodule, mit denen sich herkömmliche Fernsteuerungen um zusätzliche Funktionen z. B. für Rückenflug oder Standgas beliebig erweitern lassen.

Mörtel Hartgewordener Zementspeis oder Betonstücke bezeichnet man als Mörtel. Zwar sind sie eintönig grau, doch bemalt eignen sie sich ganz gut als Felsen für Dioramen.

Mo-Lak siehe Authentik-Farben

Moltofill Ähnlich wie → Gips, läßt sich allerdings noch besser für Dioramen verwenden, da die angerührte Masse eine längere Verarbeitungszeit hat. Läßt sich nach dem Trocknen bemalen. Wer besonders optimale Resultate bei der Landschaftsgestaltung erzielen möchte, kann Erde oder → Streufasern in die noch feuchte Masse einreiben.

Monogram Eine der weltgrößten Modellbaufirmen mit Sitz in Morton Grove/Illinois (USA). 1946 entstanden bereits die ersten Bausätze von Automodellen (aus Balsaholz). Kurze Zeit später erschien ein Plastikbausatz: ein Midget Racer aus Acetatplastik). 1955 erschien der erste Bausatz mit verchromten Teilen: ein Cadillac de Ville, Maßstab 1:18. Heute umfaßt das Angebot von Monogram historische und moderne Flugzeuge der Maßstäbe 1:72, 1:48 und 1:32; Militaria 1:35, Autos 1:32, 1:24 und 1:8, Trucks 1:32, 1:24 und 1:16, Schiffe 1:120 und 1:400, Lokomotiven, Spur H0.

Monokote Diese Folie ist ein hauchdünner starapazierfähriger Polyesterfilm, der weltweit als Bespannmaterial eingesetzt wird. Sie zeichnet sich besonders durch hohe und dauerhafte Klebkraft des verwendeten Klebers aus, der von der Top Flite in den USA entwickelt wurde. Der mit einem regulierbaren Bügeleisen aufgezogene Film ist zäh, treibstoffsicher, wasserbeständig und temperaturstabil. Es gibt ihn in opaken und transparenten Farben (von der Rolle) fast überall im Fachhandel.

Moos Der Handel bietet zwar bereits eingefärbte, fertig abgepackte Moose → (Islandmoos) an, doch für Dioramen im kleinen Maßstab (1:72 oder 1:87) ist es meistens zu grob. Man behilft sich hier mit richtigem Moos aus dem Wald, das wesentlich feiner strukturiert ist. Mit der

Schere schneidet man es knapp über der Wurzel ab und verklebt es entweder mit → Holzleim oder → Plastikkleber.

Moosgummi Gibt es in verschiedenen Formen und Abmessungen. Im Modellbau findet Moosgummi als Federungselement, zum Abdichten bei RC-Fahrzeugen, als Versteifung oder Verhärtungsmittel bei sehr weichen Lkw-Reifen, als Luftschlauch im Mantel und bei der Anfertigung von Transportbehältern Anwendung. Dabei dient Moosgummi als Unterstützung des Modells an stabilen Stellen.

MPC Abkürzung für Model Products Corporation. Ein amerikanisches Unternehmen, das seit 1964 seinen ersten Modellbausatz, eine Corvette Coupé, herstellte. Über ein Jahrzehnt waren die Bausätze von MPC wegen ihrer guten Ausführungen bei allen Modellbauern beliebt, dann verschwand die Marke vom Markt. Seit April 1986 werden sämtliche Restbestände von MPC von dem Frankfurter Großvertreiber Kager wieder im Fachhandel angeboten, darunter auch so bekannte Bausätze wie der »Lil' Red Truck, Ford Mustang, Dodge Stunt Van« u. a.

Multiplex Die Firma aus Schwaben fertigt Funkfernsteuerungen, Modellbaukästen und allgemeines Modellbauzubehör.

N

Nadelventil ist ein Bauteil der Spritzpistole. Die lange dünne, vorne spitz geschliffene Nadel bestimmt die Größe und Gleichmäßigkeit der Düsenöffnung beim Betätigen des Auslösehebels und ist somit mitentscheidend für ein gutes Spritzergebnis.

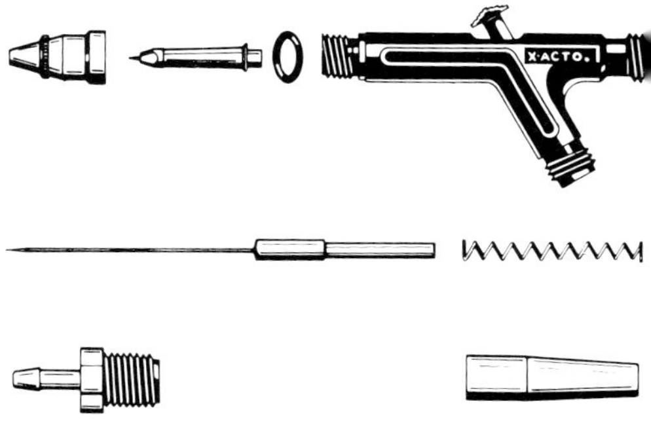

Nagano Plastics Bislang bei uns weniger bekannte japanische Modellbaufirma, produziert Autos (z. B. Honda Civic) in 1:20 und Motorräder (Honda CB 750, Kawasaki KZ 1000 u. a.) im Maßstab 1:8.

Nagelclipper Klein und handlich, zum glatten Abschneiden kleinerer Bauteile vom Gußast geeignet. Selbst vorstehende Zapfen oder Gußgrate lassen sich mit dem Nagelclipper abzwicken.

Nagelfeile Neben den → Schlosser- oder Schlüsselfeilen ein wichtiges Werkzeug für das saubere Entgraten von Gußteilen. Ideal sind Nagelfeilen mit Diamantstaubsplittern aus dem Kosmetikladen.

Nakamura Japanischer Hersteller von Plastikbausätzen im Maßstab 1:20. In der Bundesrepublik ist bislang nur der Buggy Fellow bekannt.

Naßschleifen Schleifarbeiten sind bei Modellen dann nötig, wenn eine Lackierung mißglückte, Spachtelstellen geglättet werden müssen oder die Oberfläche Unregelmäßigkeiten aufweist. Am besten eignet sich für derartige Arbeiten Naßschleifpapier. Das Schleifpapier wird immer wieder naß gemacht, um es von den Farb- und Kunststoffresten zu befreien. Weiterer Vorteil des Naßschleifens: Es wird vermieden, daß sich größere Abriebteile sammeln, die sich dann wie ein großes Schleifkorn verhalten, was wiederum zu großen Kratzern führt. Das Schleifpapier immer kreisrund auf der Oberfläche des Teils bewegen, dadurch können abgeschliffene Partikel seitlich wegrutschen und somit keinen Schaden anrichten.

Naßschleifpapier Um besonders glatte Oberflächen – vor allem bei lackierten Teilen – zu erzielen, empfiehlt es sich Naßschleifpapier zu verwenden. Der Unterschied zu normalem Schleifpapier liegt in der wasserfesten Verleimung des Schleifmittels auf dem Schleifmittelträger. Die Körnungen sind bei Naßschleifpapier die gleichen, wie bei herkömmlichen Schleifpapier. Im Modellbau finden hauptsächlich die Körnungen 180 bis 600 Verwendung.

Natronlauge Eignet sich vorzüglich zum → Abwaschen und Reinigen mißglückter Farblackierungen. Erhältlich ist sie als fertige Lauge in fast allen Apotheken oder als Natriumhydroxid, Natriumhydricum oder Natronplätzchen (ebenfalls in Apotheken). Beim Umgang mit der Lauge ist äußerste Vorsicht geboten! Natronlauge kann auf der Haut schwere Verbrennungen und Verätzungen hervorrufen. Desweiteren entstehen beim Mischen von Natriumhydroxid und Wasser ätzende Dämpfe, welche die Atemwege reizen.

NC-Akku → Akku mt den chemischen Wirkstoffen Nickel (N) und Cadmium (C) zur Spannungserzeugung. NC-Akkus werden überwiegend in → RC-Modelle eingebaut und können über einhundert Mal aufgeladen werden.

Nichimo Seit einiger Zeit ist diese japanische Firma auch bei uns bekannt. Ihre Modellbaupalette umfaßt Kits von Autos in 1:20 und 1:24. Motorräder in 1:10, Flugzeuge in 1:20 (Sportmaschinen und Helikopter) und 1:48, Schiffe in 1:200 (größtes Modell ist die Yamato, Länge 130 cm),

1:350, 1:500 und 1:700, U-Boote in 1:150 und 1:300 (tauchfähig) und Panzer im Maßstab 1:35.

Nietenhammer Kleiner leichter Hammer. Der Metallkopf ist an der einen Seite abgeflacht, an der anderen abgerundet.

Nitrolack Lacke, die häufig dort verwendet werden, wo die Farben schnell trocknen sollen (Autoindustrie z. B.). Im Modellbau nur begrenzt einsetzbar, da einige Nitrolacke dazu neigen, den Kunststoff anzugreifen und aufzulösen.

Nitto Die Nitto Kagaku Co. aus Tokio/Japan ist einer der größten und bekanntesten Hersteller von Modellbausätzen auf dem Markt. Das Programm umfaßt beinahe alles, was es zu bauen gibt: Pkw in 1:12, 1:20, 1:24 und 1:28; Panzer und Dioramen-Sets in 1:76, motorbetriebene Schiffe in 1:450 und 1:550; Motorräder in 1:12, 1:15 und 1:8; Flugzeuge in 1:100, 1:200 und 1:144 und Elektrofreiflugmodelle. Für Science-Fiction Freunde bieten die Japaner Roboter, Kampfmaschinen und Fantasie-Figuren unterschiedlichster Maßstäbe an.

Noch Firma aus dem Allgäu, fertigt Modellbahnanlagen mit ausgefallenen Landschaftskonstruktionen, Modellbauzubehör und Kinderspielzeug.

Noppenband Stabiles selbstklebendes Textil/Gummiband, mit dem sich z. B. die Servos in RC-Fahrzeugen schnell und ohne zu bohren befestigen lassen. Das Noppenband garantiert festen Sitz und kann trotzdem bei Bedarf wieder gelöst werden, ohne das Material zu beschädigen. Erhältlich als Meterstreifen.

Nylon Kunstfaser aus Polyamid, wurde Anfang der 40er Jahre bereits erfunden. Nylon ist widerstandsfähig und robust. Im Spritzgußverfahren lassen sich z. B. Luftschrauben für Flugmodelle oder strapazierfähige Mini-Scharniere für Trucks und Boote herstellen.

Nylonschnur ist vor allem beim Fotografieren von Modellen ein wichtiges Hilfsmittel. Zum Beispiel wenn ein Flugzeug in einem Diorama abgelichtet werden soll. Mit einer Nylonschnur erhält man eine später unsichtbare Aufhängung des Modells. Stärkere Nylonschnurstücke ersetzen häufig Antennen an Automodellen.

O

Oberflächenbehandlung Nur selten sind Modellbausätze so perfekt, daß auf eine Oberflächenbehandlung verzichtet werden kann. Der Begriff ist recht weitgespannt. Dies sind z. B. Anbringen von → Decals, Aufkleben von Zierstreifen und → Rubbelbuchstaben → (Letraset), Bemalen und Spritzen, Auftragen eines farblosen Lacks (auch Klarlack genannt), Behandlung mit speziellem Glanzwachs (ergibt einen Metalleffekt), Aufttragen von sogenannten Schutzfilmen für Abziehbilder etc.

Ölfarbe Gemeint sind die Künstlerfarben (Tuben), wie sie für Ölgemälde verwandt werden. Im Plastikmodellbau kann man diese Farben für Spezialeffekte benutzen, z. B. für Goldverzierungen an Ritterfiguren oder für die Bemalung der prunkvollen Schnitzereien an Galeeren und Galeonen.

Ölspuren Für authentisches Aussehen von Straßen kann man z. B. Ölspuren ausgezeichnet realistisch mit Hilfe von schmutzigem Terpentin darstellen, das einfach auf die Fahrbahn aufgestrichen wird.

Oldtimer Allgemeine Bezeichnung (wenn auch umstritten) für Automobile älterer Baurt. Im Englischen versteht man unter Oldtimer auch einen älteren Herrn. Eindeu-

tige Oldtimer (in bezug auf Automobile) sind das bekannte Ford-T-Modell 1909, der Mercedes-Benz SSK (1929), der Bugatti Typ 43, Baujahr 1927 und ähnliche andere Fahrzeuge.
Genauere Definitionen über diese Art von Autos gibt der Dachverband der Oldtimer-Clubs, die FIVA (Fédération Internationale des Véhicules Anciennes).

Optikerbohrer Spezialgerät, welches zum Aufbohren von Schraublöchern z. B. an Brillenbügeln, benötigt wird. Die Bohrer haben einen Durchmesser zwischen 0,2 und 2 mm Durchmesser und werden mit einem Kleinbohrgerät betrieben, dessen Betriebsspannung zwischen 6 und 15 V liegt. Mittlerweile bieten Heimwerkergeschäfte solche Kleinwerkzeuge → Mini-Tools an, mit denen der Modellbauer Präzisionsarbeiten leicht und exakt ausführen kann.

Othaki Japanischer Hersteller von Plastikmodellbausätzen. Das bei uns bekannte Programm umfaßt Autos der Maßstäbe 1:12 (Pontiac Transam, Lamborghini, Porsche 911 u. a.) und 1:24 (Sportwagen aus USA und Europa), Flugzeuge in 1:48 und 1:144 (z. B. Super Guppy 201), Schlachtschiffe in 1:250 bis 1:800 (teilweise für RC-Betrieb), Lokomotiven in 1:50 und Militaria in 1:48 und 1:35.

P

Pactra War Ende der 50er Jahre der erste Hersteller von Sprays und Farben für Modellautos und Flugzeuge, mit denen sich zufriedenstellende Ergebnisse erzielen ließen. Seit einigen Jahren werden die Farben der Firma Pactra auch in Deutschland vertrieben: Sprays in allen gängigen Farben für Plastikmodelle, Polyurethanfarben für den Flug- und Schiffsmodellbau, authentische internationale Militärfaren, Flüssigkleber und Verdünner.

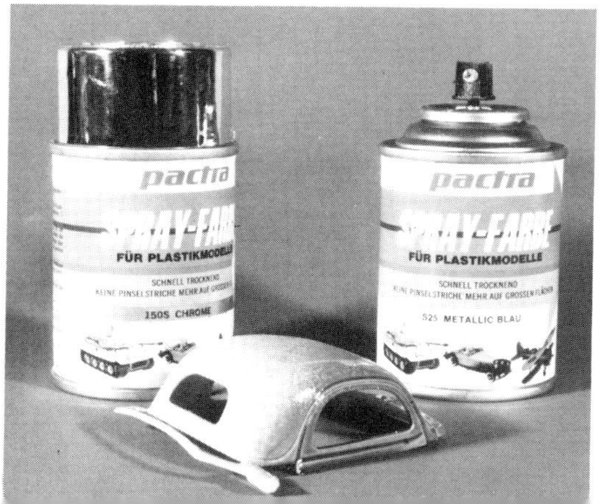

Pantograph Gerät zum Übertragen von Bildern und Zeichnungen in einen größeren oder kleineren Maßstab, auch Storchschnabel genannt. Die Hersteller von Plastikmodellbausätzen bedienen sich z. B. dreidimensionaler Pantographen für die Übertragung von Formteilen in Stahlwerkzeuge.

Panzerkarton Stabile, rund 6 mm starke mehrlagige Wellpappe mit der sich Vertikalstege und horizontale Ebenen und Trassen beim Dioramen- und Anlagenbau herrichten lassen. Die Vorteile liegen in der schnellen Verarbeitung und der großen Stabilität bei extrem leichten Gewicht. Panzerkarton läßt sich schneiden und sägen und mit jedem herkömmlichen Holzleim oder wasserfestem Kontaktkleber (z. B. UHU por kleben).

Papiertaschentuch Universell einsetzbares Hilfsmittel. Mit ihm lassen sich Zelte und Planen für Dioramen herstellen oder Pinsel reinigen. Auch um Figuren stilgerecht zu bekleiden, lassen sich Papiertaschentücher benutzen. Selbst Segel für historische Schlachtschiffe, Baldachine für Galeeren oder Fahnenwimpel, lassen aus diesem überall erhältlichen Material anfertigen.

Pappkarton ist ein besonders vielseitiges Hilfsmittel. Als Pappkarton dient es als Transportmittel für Modelle. Im Dioramenbau wird Pappe als Grundplatte und für die Versteifung von Hintergrundpostern verwendet. Als Schablone wird er zum Spritzen benutzt (siehe Pappschablone).
Gelegentlich kann Pappkarton als Ersatz von Plastik-Sheet eingesetzt werden. (Siehe Plastiksheet)

Pappmaché Wird aus Papierresten, Wasser und Tapetenkleister gemischt und zu einem Brei verrührt. Sobald das Wasser verdunstet ist, erhärtet der Brei. Mit Pappmaché lassen sich Geländeformen wie Gebirge, Hügel und Täler anlegen. Ist das Material völlig hart geworden, erhält es mit Farbe, Streufasern und Lack seine endgültige Form.

Pappmaske siehe Pappschablone

Pappschablone Werden zum Spritzen von Farbverläufen und lackierten Dekors auf Modellen benötigt. Außerdem finden diese bei der Tarnlackierung von Militaria Anwendung. Hier werden unregelmäßige Teile aus Pappe gerissen und als Schablone beim Bemalen und Spritzen auf das Modell gelegt. Am besten verwendet man Pappe mit möglichst wenig Fasern, damit beim Spritzen keine Fuseln auf die frische Farbe kommen.

Paßgenauigkeit ist bei vielen Bauteilen ungenügend, dies bedeutet, das Nacharbeiten (spachteln etc.) notwendig sind. Wird eine Paßungenauigkeit nicht korrigiert, ist das fertige Modell unansehnlich und gibt kaum etwas her. Eine gute Paßgenauigkeit ist somit entscheidend für die Qualität des Modells.

Patina Oxidschicht. Hauptsächlich bekannt bei alten Kupfer- und Bronzegegenständen. Im Modellbau stellt Patina ein gebrauchtes Aussehen dar. Wie man bei Modellen diesen Effekt erzielt, ist unter → Abnutzen und → Gebrauchsspuren aufgezeigt.

Patinieren siehe → Abnützen, → Gebrauchsspuren und → Dreck

Pattex zählt zu den bekanntesten Kontaktklebern. Derartige Kleber finden im Plastikmodellbau kaum Anwendung, gelegentlich im allgemeinen Modellbau. Nachteil der Kontaktkleber: verfärben sich nach einiger Zeit bräunlich und altern, d. h. sie werden spröde und verlieren ihre Haftkraft, die Teile lösen sich voneinander.

Pinsel Unerläßliches Utensil im Plastikmodellbau. Findet nicht nur zum Bemalen Anwendung, sondern auch zum Auftragen von Flüssigkeiten, Klebstoffen, Weichma-

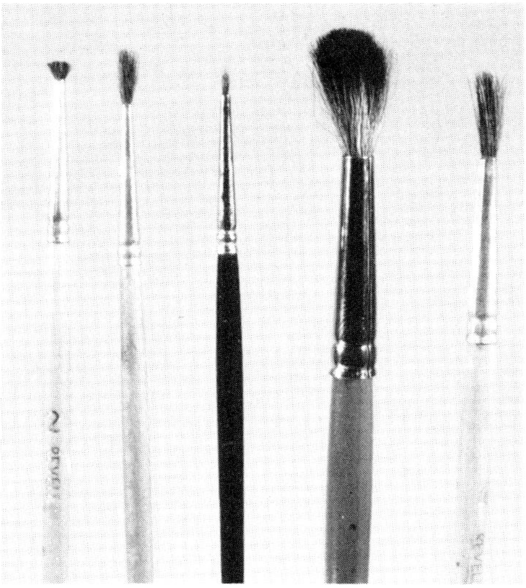

chern für Abziehbilder, Reinigen von Rillen etc.
Die Eignung verschiedener Pinselarten und -größen hängt von der zu verarbeitenden Flüssigkeit ab. Bei Klebern und Weichmachern kommt es im Prinzip nur auf die Stärke des Pinsels an, beim Auftragen von Farben ist die Qualität der Pinselhaare maßgebend. Zum Lackieren sollte man grundsätzlich Pinsel bester Qualität verwenden. Nur so ist ein gleichmäßiger und streifenfreier Auftrag gewährleistet. Zum optimalen Arbeiten sind Pinsel in mehreren Größen erforderlich. Siehe auch → Pinselpflege, → Pinselgröße. Gute Pinsel gibt es unter der Bezeichnung Rotmarderhaar, oder Künstlerpinsel. Ihre Vorteile: Eine feine Spitze und viel Elastizität, die verhindert, daß sich die Spitze beim Bemalen teilt.

Pinselgröße Wird gemessen an Dicke und Stärke in Zahlen angegeben. Der dünnste trägt die Bezeichnung 00 und die dicksten Mal- und Zeichenpinsel 14.
Für den Modellbauer sind nur die kleinen Ausführungen interessant (in der Regel bis Größe 3), da stärkere Pinsel zuviel Farbe für die Modellteile aufnehmen und beim Bemalen Tropfen bilden, die die feinste Detaillierung verschmieren würden.

Pinselpflege Ohne geht es nicht. Zur optimalen Pflege der Pinsel gehört Pinselreiniger (Malergeschäft). Auf keinen Fall Universalverdünnung (Nitroverdünnung) verwenden, diese entzieht dem Pinsel das natürlich vorhandene Fett und macht ihn spröde. Beim Reinigen sollte darauf geachtet werden, daß die Pinselspitze nie den Glasboden berührt. Mit einem Stück Papierküchentuch etc. wird der Pisel mehrfach immer in Richtung Pinselspitze saubergewischt. Je öfter er gereinigt wird, desto länger hält ein Pinsel. Einmal eingetrocknete Farbe zerstört in der Regel das Werkzeug. Nach Abschluß sollte man alle Pinsel in warmem Prilwasser auswaschen, die Spitze fein formen und über Nacht trocknen lassen.

Pinselreiniger Gut geeignet für das Reinigen von Pinseln sind Terpentin oder KH-Verdünnung. Nitroverdünnung ist nicht zu empfehlen, denn diese entzieht dem Pinselhaar das natürlich vorhandene Fett und macht es spröde. Der in Terpentin getauchte Pinsel wird mit einem Stück Küchenkrepp oder → Papiertaschentuch mehrfach in Richtung Spitze saubergewischt. Danach sollte man ihn in lauwarmem Prilwasser auswaschen, die Spitze fein formen und über Nacht trocknen lassen, das erhöht die Lebensdauer von Pinseln erheblich.

Pinzette Ein unentbehrliches Werkzeug, ohne das feine Detailarbeiten kaum durchführbar sind. Es gibt Pinzetten in verschiedenen Ausführungen. Eine Pinzette mit

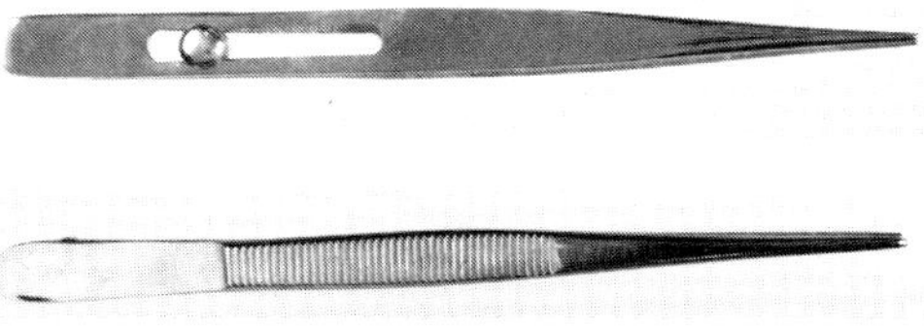

spitz zulaufenden Enden ist nützlich, um kleinste Gegenstände zu halten. Für schwer zugängliche Klebearbeiten hilft häufig eine gekröpfte Pinzette, und um Plättchen oder Platten zu halten, nimmt man eine mit abgeflachten Enden.

Plaka-Farbe Wird in besonderen Fällen eingesetzt. Plaka-Farbe ist eine wasserlösliche Dispersionsfarbe, die sehr schnell trocknet und verhältnismäßig spröde wird, deshalb hält sie auf beanspruchten Plastikteilen nicht lange.
Plaka-Farbe eignet sich hauptsächlich für den Dioramenbau, bei der Landschaftsbemalung. Es sind gut deckende Farben, die sich hervorragend mischen lassen. Nach dem Trocknen ist Plakafarbe weitgehend wasserfest.

Planken Die Rümpfe von Segelschiffen (vergangener Jahrhunderte) bestehen aus aufgesetzten längslaufenden Brettern, den Planken. Die Art der Beplankung ist ganz unterschiedlich, so unterscheidet man Karweel-, Klinker- und Diagonalverplankung. Bei den meisten Plastikrümpfen sind die Planken nur kaum → ausgeprägt, doch mit der richtigen Bemalung → Drybrushen oder Zweischichtenlackierung, gelingt es die Planken halbwegs realistisch darzustellen. Bei der letzteren Metholde wird zuerst eine helle Farbe aufgetragen. Nach Auftrocknung wird die dunklere Farbe aufgemalt und solange sie feucht ist mit einem fuselfreien Tuch wieder abgewischt. In den Unebenheiten und Rillen bleibt jedoch ein Teil der Farbe haften.

Plastik-Chirurgie Wohl die passendste Übersetzung für → customizing. Plastik-Chirurgie bedeutet nichts anderes als ein Modell (Auto, Motorrad, Flugzeug) so zu modifizieren, daß es einen völlig neuen Charakter bekommt, z. B. wenn ein biederer Oldtimer in einen → Hot Rod umgewandelt wird. Dabei werden gravierende Umbauarbeiten am Modell vorgenommen wie Dach abtrennen, Kotflügel verbreitern, Chassis verlängern u. ä.

Plastikfarbe siehe Emailfarben

Plastikfolie In der einfachsten Form als Tüten oder Schlauch von der Rolle dient Plastikfolie in erster Linie zum wasserdichten Verpacken von Akkus, Fahrtreglern und Servos sowie zum Abdecken von Anlagen. Mit Acrylfarbe läßt sich Plastikfolie, wie sie bei Einkaufstüten verarbeitet ist, bemalen und zu brauchbaren Lkw-Planen verwenden. Als veredelte selbstklebende Folie wie → Coverite, → Monokote oder → Solarfilm wird sie im Flugmodellbau häufig benutzt.

Plastik-Kleber wird in der Regel für sämtliche Modellbausätze verwendet. Es gibt verschiedene Arten von Plastikklebern. Viele Modellbaufirmen bieten solche passend zu ihren Modellen und den verwendeten Kunststoffen an (z. B. Revell, Faller, Uhu etc.). Plastikkleber werden in kleinen Plastikflaschen mit spitzer Pipettennadel,

für punktgenaues Arbeiten oder in Flaschen mit Pinseleinsatz sowie Tuben angeboten. Jeder Modellbauer hat aus Erfahrung seinen eigenen Kleber – meist mehrere Produkte.

Plastik-Modellbau Ein Hobby, das sich in den 50er Jahren entwickelte. Damals erschienen fast gleichzeitig in Europa und Amerika die ersten Plastik-Kits. Ein Hersteller der ersten Stunde, der sich auch heute noch auf dem Weltmarkt des Plastikmodellbaus befindet, ist → Revell. Lange bevor Bausätze auf den Markt kamen, gab es Modellbauer, die ohne Vorlage nach eigenen Ideen Miniautos und andere Dinge zusammenbastelten. Gegen Ende des 2. Weltkriegs gab es Modellbausätze aus Holz. Damals war das Chassis lediglich ein Holzklotz und die Kotflügel aus einem Stück Pappe, das erst in Form gebracht werden mußte. Daraus entwickelte sich in vielen Jahren der heutige Plastik-Modellbau. Vermutlich begann die Herstellung von Plastik-Kits im Jahr 1943.
In Deutschland gibt es mittlerweile rund 500 000 Plastikmodellbauer jeden Alters. Gefördert wird dieses schöne Hobby u. a. von vielen Modellbau-Wettbewerben und Veranstaltungen, Ausstellungen und Börsen.

Plastik-Scharnier Das sind kleine stabile Scharniere aus weißem oder transparenten Nylon-Material oder Polystyrol, die für Luken, Türen, Fahrwerksklappen verwendet werden. Aufgrund ihrer Größe eignen sich diese Klappscharniere allerdings nur für Modelle ab Maßstab 1:10 und noch größer. Um bewegliche Teile bei kleineren Maßstäben zu befestigen nimmt man z. B. → Bandscharnier.

Plastik-Sheet Bezeichnung für Plastikplatten, die der Handel in verschiedenen Stärken und Formaten anbietet. Als Material wird → Polystyrol oder → ABS-Kunststoff verwendet. Üblich sind Plattenstärken von 0,25–4,0 mm Dicke, die fertig abgepackt sind. Verwendung findet Plastik-Sheet bei → Umbauten, und → Eigenbauten.

Plastik-Scheiben Aus glasklarem Polystyrol werden diese bei Bausätzen als Fensterscheiben verwendet. Beim Einkleben muß mit viel Vorsicht gearbeitet werden, da bei zuviel Kleber – die in der Regel lösungsmittelhaltig sind – die Scheiben blind werden. Dieser Schaden ist nicht mehr reparabel. Einzige Alternative: das Modell → verschmutzen.

Plastilin Ursprünglich eine knetbare Masse aus Wachs, Schwefel, Ton und Olivenöl, ist das heutzutage im Handel angebotene Plastilin überwiegend aus chemischen Bestandteilen zusammengesetzt; die Anwendung ist jedoch noch immer die gleiche. So dient Plastilin ähnlich wie → Knetmasse als Halter für bemalte Kleinteile, läßt sich aber auch als Füllmaterial für Sandsäcke, provisorische Gußform, Ballastgewicht oder Gesteinsbrocken benutzen.

Plasto Spachtelmasse (von Revell) zum Überarbeiten von Fugen, Ritzen und kleineren Umbauten. Für Kunststoff (Polystyrol) und Holz anwendbar. Kann verdünnt auch mit dem Pinsel aufgetragen werden. Erhältlich in handlichen Tuben.

Plastolit Ist eine Spachtelmasse, die in Modellbauzubehörshops angeboten wird. Sie eignet sich sehr gut für → Kotflügelverbreiterung und natürlich generelle Spachtelarbeiten am Modell.

Plastruct-Teile Das sind Profilleisten unterschiedlichster Art und Größe, besonders zum → Scratch-Building und umbauen von Modellen geeignet. Ideal für Chassis-Rahmen, Brücken, Treppen und Geländer. Hersteller dieser Profile ist die Firma EMA-Industriebau.

Platine Bezeichnung für die Montageplatte einer elektronischen Schaltung. Die Platine besteht aus Kupfer an der einen Seite und Pertinax auf der Rückseite. Aus dem Kupfer werden durch Ätzung die Leiterbahnen hergestellt, welche die Verbindungen zwischen den montierten elektronischen Bauteilen darstellen. Für eine Massenproduktion von Leiterplatten gibt es außer dem Ätzverfahren noch andere Herstellungsmöglichkeiten.

Plexiglas Allgemein übliche Bezeichnung für glasklare Kunststoffe aus Methacrylsäurevorprodukten. Plexiglas läßt sich bei der Herstellung einfärben und ist verhältnismäßig leicht zu verarbeiten. Bricht schnell bei Verformung.

Pocher Nobelmarke im Modellbau. Die Firma wurde schon in den frühen 50er Jahren gegründet und beschäftigte sich ursprünglich mit der Herstellung von Eisenbahnmodellen, genauer gesagt Eisenbahnwaggons und diversem Zubehör. Lediglich zwei Lokomotiven wurden in all den Jahren produziert. 1969 entschloß sich das Pocher-Team, zusammen mit der Firma Rivarossi aus Como/Italien, den ersten Oldtimer

im Maßstab 1:8 anzufertigen (fusioniert hatten die Firmen schon vorher) und Jahr für Jahr mit einem neuen Modell auf den Markt zu kommen. Knapp zehn Oldtimer gibt es zur Zeit, alles hochwertige Bausätze (2000 Einzelteile) mit zahlreichen Originalfunktionen. Bei Preisen von DM 700,- und mehr, gelten die Pocher-Bausätze als die Rolls-Royce unter den Modellen.

Pola Modellspielwarenfabrik, die im Oktober 1957 in Schweinfurt gegründet wurde. Anfangs wurden vornehmlich für den außereuropäischen Markt Gebäudemodelle produziert. Erst Mitte der sechziger Jahre

gelangten Pola-Produkte auch auf den deutschen Markt. Die Vielzahl außergewöhnlicher Gebäudemodelle – zum Teil nach skandinavischen und amerikanischen Vorbildern – in recht preiswerter Ausführung, ließen den Namen Pola rasch zu einem Begriff für den Modellbauer werden. Heute liegt der Schwerpunkt von Pola in der Herstellung von H0- und N-Gebäudemodellen. Bekannteste Modelle: »Serienmäßig verwitterte Stadthäuser der 50er Jahre, brennende und ausgebrannte Gebäudekomplexe«.

Polistil Bei uns weitgehend unbekannter italienischer Hersteller von Plastik-Kits. Angeboten wird z. Z. lediglich ein Modell: eine Kawasaki 900 Z1 im Maßstab 1:10 als Bausatz und eine Yamaha TX 750 als Fertigmodell im gleichen Maßstab.

Politur ist in der Regel eine schleifmittelhaltige Emulsion. Im Modellbau spielt diese eine untergeordnete Rolle, zum Beispiel bei einer nicht sonderlich gut gelungenen Lackierung, die nicht mehr erneuert werden soll. Hier kann ähnlich wie bei einer Autolackierung mit Politur nachgearbeiet werden. Einen etwaigen Erfolg kann man allerdings nur auf größeren Flächen erkennen.

Polyäthylen Ein weicher, glitschiger Kunststoff, aus dem Flaschen, Plastikgefäße und auch Tanks für motorbetriebene Modelle hergestellt werden. Das Material läßt sich schlecht schneiden, kleben oder polieren. Billigmodelle (Autos, Figuren etc.) werden häufig aus Polyäthylen gefertigt (Made in Hongkong), können aber von Liebhabern nachträglich bemalt oder nachgebaut werden.

Polycarbonat Ein sehr fester Kunsstoff, der sich besonders für Karosserieschalen von RC-Rennwagen oder Schiffsrümpfe eignet, wo es auf hohe Stoß- und Druckfestigkeit ankommt. Polycarbonat läßt sich nicht mit jeder Farbe lackieren (der Lack platzt beim Biegen ab), deshalb eignen sich nur Acryllacke für Anstriche.

Polyfill Eine Modelliermasse auf Gipsbasis, mit der sich ebenso optimale Resultate erzielen lassen, wie mit → Moltofill. Besonders geeignet ist Polyfill in grober oder feiner Konsistenz angemischt zum Bau von Geländeformen bei → Dioramen.

Polystyrol Der am häufigsten im Modellbau angewandte Werkstoff. Im Urzustand ist das Material spröde und hart, doch erhitzt läßt es sich wunderbar spritzen oder gießen. So sind die meisten Bausätze aus Polystyrolteilen gegossen bzw. gespritzt. Durch Zugabe von Farben läßt sich dieser Kunststoff enorm variieren.

Polyurethanlack Speziallacke, die ursprünglich für den Schiffs- und Flugmodellbau entwickelt wurden. Die Lacke zeichnen sich durch schnelle Trocknung, Kraftstoffbeständigkeit, hohen Glanz, Härte, Abriebfestigkeit, Elastizität und gute Deckfähigkeit aus. Polyurethanlacke eignen sich auch für → Polystyrol und → Lexan.

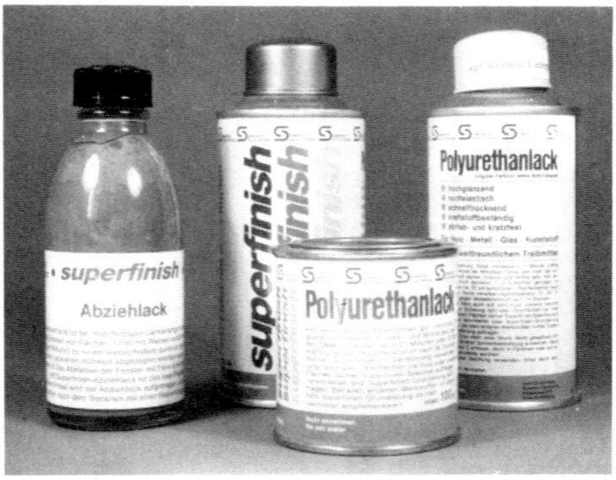

Polyvenylchlorid Bekannter unter der Bezeichnung PVC, ein elastisches Material, das sich für Kabel, Schläuche oder Treibstoffleitungen verwenden läßt. Es gibt Hart-PVC und Weich-PVC.

Porenfüller siehe → Grundierfüller, → Spachtel

Positionieren Das Anbringen von großen Abziehbildern oder Aufklebern stellt oft ein großes Problem dar. Besonders bei guthaftenden Aufklebern ist ein genaues Positionieren von Anfang an wichig, da diese meist nicht mehr verändert werden können. Seit einger zeit gibt es jedoch Hilfsmittel wie → Micro-Set oder → Micro-Sol, die weichmachende Substanzen enthalten und somt das Arbeiten mit → Decals vereinfachen.
Dabei kann man bei einer ungenauen Positionierung das Decal nochmals lösen und in seiner Lage verändern. Das → Abziehbild wird mit dem Mittel bepinselt, an einer Stelle leicht angehoben und dann vorsichtig mit dem getränkten Pinsel unter des Decal fahren. So läßt sich dieses leicht abheben und an der richtigen Stelle wieder anbringen.

Präzisionsschraubendreher Als besonders geeignet haben sich die Feinmechaniker- oder Uhrmacherschraubendreher erwiesen. Sie bestehen aus einem Metallhalter mit abnehmbarer Spitze, in die die Wechselklingen (Schlitz- und Kreuzschlitzeinsätze) aus gehärtetem Stahl eingeschoben werden. Mit diesen Schraubendrehern lassen sich selbst kleinste Schrauben problemlos verarbeiten.

Praline Markenname der von der Firma Model International (Duve GmbH) hergestellten Fertigmodell im Maßstab 1:87. Ursprünglich war das 1974 gegründete Unternehmen eine reine Versandhandelsfirma. Später beschloß man sich, auch eigene Modelle anzufertigen. Zuerst im Maßstab 1:43 und ab 1981 auch H0-Plastikmodelle. Nach erheblichen Startschwierigkeiten hat sich die Firma mittlerweile auf dem Markt durchgesetzt.

Precisia Französischer Modellautohersteller, der 1959 begann, Oldtimer-Modelle im Maßstab 1:32 herzustellen. → Les Teuf Teuf hieß die Serie und beinhaltete Bausätze von französichen Vehikeln, die Automobilgeschichte machten (Cugnot Fardier, Gobron Brillê u. a.). Obwohl die Bausätze von guter Qualität waren, verschwand die Firma sehr bald vom Markt.

Preiser Bis 1957 fertigte die Firma in Rothenburg/Tauber, die von Paul M. Preiser 1949 gegründet wurde, überwiegend handgeschnitzte Modellfiguren und Zubehörteile aus Lindenholz für die Baugrößen H0, TT und 0.

gie entstanden auch die ersten H0-Automobile aus Kunststoff (GTLF Faun/Magirus 1980). Die ausschließlich für Modellbauer gemachten Modelle und Zubehörteile sind mit das beste, was es zur Zeit auf dem Markt gibt, und beim Dioramenbau ist es beinahe unmöglich, keine Preiser-Produkte zu verwenden. Das aktuelle Programm umfaßt Figuren, Automodelle und Zubehör für die Maßstäbe 1:87, 1:72, 1:32, 1:22,5 und für die Modellbahngrößen Z und N.

Premier Schon seit 30 Jahren vom Markt verschwundene US-Firma, die 1954 einige Plastikbausätze im Maßstab 1:24 herausbrachte.

Als die Produktion 1957 auf die Herstellung von Plastikmodellen umgestellt wurde, begann der eigentliche Aufschwung der Firma. Die bis zur Jahreswende 1961/62 gefertigten Holzmodelle sind mittlerweile gefragte Sammlerstücke. Nach dem Tod des Firmengründers (Herbst 1970) übernahm dessen Sohn Horst Preiser die Leitung des Unternehmens. Unter seiner Re-

Prestolit Ist eine handelsübliche Spachtelmasse aus dem Autozubehör, die sich besonders gut zur → Kotflügelverbreiterung eignet.

Probleme Hat fast jeder, ob Anfänger oder Profi. Es fängt an mit der Wahl des richtigen Klebers, geht weiter mit der Anwendung von Farben und Lacken und endet mit dem Transport wertvoller Ausstellungsobjekte oder dem Problem »Wo gibt es noch alte Bausätze der Firma XY?«. In den meisten Fällen werden die Probleme durch eingehendes Studium der Fachzeitschriften, Anrufen in den Redaktionen von Modellbaumagazinen oder Diskussionen mit Mitgliedern der zahlreichen Modellbauclubs gelöst.

Protar Der Name dieser bekannten italienischen Modellbaufirma setzt sich aus den Anfangsbuchstaben des Firmengründers Provini Tarquinio zusammen, der unter anderem in den 50er und 60er Jahren mehrmaliger italienischer Meister und World Champion der 250er Klasse war. Als Provini 1966 beim Rennen um die Tourist Trophy auf der Isle of Man schwer stürzte, war die steile Karriere des »Stier von Bologna«

zu Ende. Noch im Krankenbett entstanden die ersten Rennmaschinen aus Holz und Plastik.
Heute produziert Protar ausschließlich Modelle, die mit dem Rennsport verwandt sind, wobei der Schwerpunkt des Programms eindeutig bei den Motorrädern im Sammlermaßstab 1:9 liegt. Starmodell ist hierbei die Moto Guzzi California, Maßstab 1:6 mit durch Batterie angetriebenen beweglichen Teilen.
Bei den Autos im Maßstab 1:12 dominieren die Ferraris und seit neuestem die Rennwagen der Fahrerlangstrecken-Weltmeisterschaft (Lancia, Porsche etc) im 1:24er Maßstab. Präzisionsmodelle sind auch die Rennräder in 1:9, die naturgetreu den Rennmaschinen der Tour-de-France-Fahrer nachgebildet sind.

PU-Material Sammelbegriff für alle Materialien, die auf Polyurethanbasis aufgebaut sind.

PVC Abkürzung für → Polyvinylchlorid.

Pyro Frühere amerikanische Firma, die Anfang der 60er Jahre ihre letzten Modelle herstellten. Während die ersten Bausätze im Maßstab 1:32 gehalten waren (Oldtimer wie der 1911 Mercer Tonneau), kamen später auch Modelle im Maßstab 1:23 und 1:25 dazu (Volkswagen Beach Buggy, Auburn Speedster u. a.).

Pyrograph Gleicht zwar einem Lötkolben, wird aber nicht so heiß. Die feine Metallspitze erwärmt sich nur sehr wenig, so daß sich mit dem Pyrograph sehr feine Gravuren an Plastikmaterial ausführen lassen. Selbst Haare oder Hautfalten an Figuren können angebracht werden.

Q

Quarz Häufig verwandtes, elektronisches Bauteil, das Schwingungen (Schwingquarz) erzeugt, welche u. a. zur Erzeugung von Radiowellen (elektromagnetischen Wellen) dienen. Sämtliche herkömmlichen → Fernsteuerungen sind mit austauschbaren Quarzen versehen, siehe → Steckquarz.

Querruder Beim Flugzeug sind die Tragflächen mit beweglichen Klappen versehen, mit denen die Fluglage verändert werden kann. Diese an den hinteren Flügelflächen angebrachten Querruder sind so gekoppelt, daß sie sich in entgegengesetzte Richtungen bewegen. Die meisten Flugzeuge im Maßstab 1:72 und 1:48 haben starre Tragflächen, an denen man aber mit einer → Laubsäge oder einem scharfen → Bastelmesser Querruder oder Landeklappen herausschneiden kann. Mit Klebeband oder → Folienscharnier lassen sich diese Teile beweglich anbringen.

Quick Color Stift Überall, wo man schnell Kleinteile (noch am Gußast wenn nötig) bemalen will, kann man diese Emaillackstifte einsetzen. Sie arbeiten im Prinzip

wie → Filzstifte. Die Farbe sitzt in einer Patrone und tritt nach ausgiebigem Schütteln über eine harte Filzspitze aus. Nach Gebrauch ist diese wieder gut zu verschließen. Quick Color Stifte gibt es in allen gängigen Volltonfarben, Holzbraun und → Metallicfarben in glänzend (Revell) oder matt (Tamiya).

Quickie Englisch, scherzhafte Bezeichnung für einen Schnellbau, ein Modell also, das innerhalb kürzester Zeit zusammengebaut wurde, ohne auf besondere Qualität und Gestaltungstricks zu achten.

Q-Models Japanischer Hersteller. Bei uns sind bislang nur zwei Modelle (Plastik/Metall) in 1:24 erhältlich: Ferrari Testa Rossa 1959 und Ferrari Testa Rossa Le Mans 1960.

Q-Tips Markenname für Wattestäbchen, die in jede Bastelkiste gehören sollten. Damit lassen sich überschüssige Farbreste entfernen oder Sprühgeräte reinigen. Zudem lassen sich die zurechtgeschnittenen Q-Tips-Röhrchen aus Kunststoff als Auspuffrohre oder Distanzscheiben für Räder bei Umbauten von Trucks und Autos im Maßstab 1:87 verwenden.

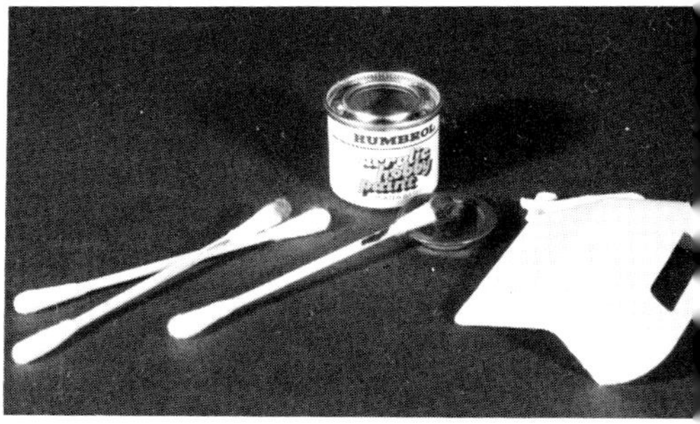

R

Räder Sie können an einem Modell fest oder beweglich sein. Gleiches gilt für Lenkräder. Bei kleinen Maßstäben bilden Felgen und Reifen meist eine Einheit, bei größeren Modellen bestehen die Felgen häufig aus mehreren Teilen, die zwischen die Reifen montiert werden. Wichtig: Bei Modellen mit beweglichen Rädern ist es wichtig, exakt zu arbeiten, da nur dann die Räder auch wirklich drehbar sind. Auch beim nachfolgenden Lackieren ist unbedingt darauf zu achten, daß keine Farbe zwischen Nabe und Achse gelangt, da Lackspuren zu Verklebungen führen.

RAL-Farben Als solche werden Farbtöne bezeichnet, die der internationalen → RAL-Norm entsprechen.

RAL-Norm In ihr sind Farben durch ein Nummernsystem festgelegt. Die RAL-Norm wurde geschaffen, um eine eindeutige Farberkennung weltweit zu ermöglichen.

Randall siehe Merit

Rasierklingen Die schärfsten und billigsten Messer für Schneidearbeiten. Mit einem Korken (aus der Weinflasche) als aufgesteckten Griff kann man selbst feinste Schnitte (z. B. an Decals) durchführen.

Rasterfolie Für Spezialeffekte an Autos oder Trucks greifen viele Bastler auf Rasterfolien (z. B. von → Letraset oder → Meccanorma) zurück, die entweder direkt auf die Karosserie aufgerieben (gerubbelt) oder als Streifen von Selbstklebefolien aufgezogen werden. Rasterfolien gibt es in fast allen Farben und Strukturen (Punkte, Linien, Verläufe, Ornamente, Holzmaserungen und Schraffuren). Als Volltonfilm lassen sie sich ebenso gut verarbeiten wie → Trimmfilm.

RC Englisch, Abkürzung für Radio Controlled, das heißt über Funkwellen gesteuert. Eine derartige Funkfernsteuerung besteht aus einem → Sender und einer → Antenne sowie einem → Empfänger und einer Antenne. Es wird mindestens ein Kanal benötigt, wobei Sender und Empfänger auf der gleichen Frequenz arbeiten. Mehrkanalige Fernsteuerungen bieten zusätzliche Möglichkeiten auf der Empfängerseite, mechanische Effekte (Lenkung, vor- und rückwärts u. a.) zu steuern.

RC-Modell Allgemein ein Modell, welches mit → RC, also einer Funkfernsteuerung, ausgestattet ist (Flugzeug, Schiff, Off-Road-Buggy etc).

Record Französische Firma mit Sitz in Paris, brachte Anfang der 60er Jahre Modelle von Renault, einen Dauphine und einen Floride heraus. Die Bausätze waren im Maßstab 1:25. 1961 stellte die Firma ihre Produktion ein.

Regenschirmspeichen Alte ausgediente Regenschirme eignen sich immer noch zum Ausschlachten. Aus den beweglichen Metallteilen (Speichen) lassen sich Mastarme für Hubsteiger, Gelenkbühnen und ähnliche Fahrzeuge machen, aus dem Stoffgewebe (in Kleister eingetaucht und über ein Drahtgeflecht gezogen) Unterlagen für Geländeteile im Dioramenbau.

Reichweite Sie wird bei einem → Sender bestimmt durch die Leistung des Senders, der → Antenne, der Frequenz sowie der örtlichen Umgebung und der Witterung. Über Wasser ist die Reichweite bei gleichen technischen Bedingungen erheblich größer als im Gebirge oder dicht bebauten Städten, da sich Radiowellen nur auf direktem Wege ausbreiten.

Reifen Sie werden je nach Maßstab unterschiedlich dargestellt. Hier gibt es von Hersteller zu Hersteller Unterschiede in Qualität und Detaillierung. Bei kleinen Modellen werden die Reifen zusammen mit den Rädern ausgeformt, das heißt sie bestehen aus dem gleichen → Kunststoff.

Modelle in größerem Maßstab – im allgemeinen ab Maßstab 1:32 – besitzen lose Reifen, die wiederum aus unterschiedlichen Materialien bestehen. Üblich sind: Gummi, Weich-PVC, Synthetik-Kautschuk, Phenyl etc. Je nach Modell bestehen die Reifen aus nur einem Teil, häufig jedoch aus zwei, die zusammengeklebt werden müssen. In solchen Fällen muß nach dem Verleimen die → Klebenaht behandelt werden. Damit die Reifen nicht unnatürlich neu aussehen, können diese nachbehandelt werden. → Abnützen, → Gebrauchsspuren.

Reifenkleber im eigentlichen Sinne gibt es nicht. Hier muß sich der Modellbauer nach dem verwendeten Material richten. Bei Reifen aus → Polystyrol (Plastik) wird normaler Plastikkleber (siehe auch → Plastikkleber) verwendet. Bei Gummi, Weich-PVC und ähnlichem kann Plastikkleber verwendet werden, allerdings ist bei zweiteiligen Reifen → Sekundenkleber besser geeignet.

Reinigen von Bastelwerkzeugen sowie Modellteilen gehört zu den obersten Geboten im Modellbau. Nur dann ist ein gutes Gelingen gewährleistet. Reste von Kleber müssen in jedem Fall von Messer, Feile,

Pinzette etc. sofort entfernt werden. Einmal angetrocknet, nimmt das Säubern sehr viel Zeit in Anspruch.
Die → Bauteile müssen vor dem Bemalen gründlich gereinigt werden, damit weder → Staub noch Fingerabdrücke auf der Oberfläche zurückbleiben, die den Erfolg der Lackierung beeinträchtigen würden (siehe Abwaschen).
Pinsel müssen nach jedem Gebrauch sofort in Lösungsmittel gewaschen werden (siehe auch Pinselpflege). Gleiches gilt natürlich für die → Spritzpistole. Einmal nicht gesäubert – schon kann die Spritzpistole ruiniert sein. Eingetrocknete Farbe in der Düse gehört zu den unerfreulichsten Dingen, da nur mit viel Zeit und Mühe die Spritzdüse wieder in einen funktionsfähigen Zustand gebracht werden kann. Nicht selten werden Düse und Nadel beschädigt.

Reißnadel Stahlstift mit scharfer Spitze, wird dazu verwendet, um Linien auf Metall oder Metallfolie (Aluminum) zu reißen oder diese zu punktieren. Eignet sich auch gut zum Durchbohren von Kunststoffteilen (vorher über einer Flamme erhitzen), um z. B. Schußschäden an Windschutzscheiben darzustellen oder ähnliches.

Renwal Die US-Firma Renwal Products Inc. aus Minelao/New York produzierte in den 60er Jahren eine Anzahl auffallender Plastik-Kits u. a. Mercer Raceabout (1911), Duesenberg Sport Phaeton (1932), Jordan Playboy (1930), Pierce Silver Arrow (1933) sowie interessante Sportwagen der frühen 60er Jahre.

Restekiste siehe Grabbelkiste

Revell Eine der ältesten und bedeutendsten Modellbauhersteller der Welt. Bereits Anfang der 50er Jahre produzierte die Firma in den USA ihre ersten Modelle, die → Highway Pioneers. Seit dieser Zeit entstanden bei Revell bis heute über 1500 Formen für über 800 verschiedene Bausätze. 1956 gründete die US-Firma in Bünde/Westfalen ein deutsches Tochterunternehmen, die Revell Plastics GmbH. Durch eine umfangreiche Umstrukturierung des Multikonzerns wurde die Bündener Niederlassung 1977 abgekoppelt und ist seit die-

ser Zeit völlig unabhängig mit eigenem Programm. Die gesamte Produktpalette ist enorm und reicht von Kinderspielzeug über Flugzeuge, Schiffe, Trucks, Autos, Modelleisenbahnen nebst Zubehör über Farben, Kleber, Spritzpistolen, Kleinwerkzeuge bis hin zu Industrieanlagen. Allein für 1986 wurden 68 Neuheiten ins laufende Programm genommen, darunter der Sieger-Unimog der Rallye Paris–Dakar.

Revival Italienischer Hersteller, fertigt exklusive Metallbausätze im Maßstab 1:20 für Liebhaber klassischer Sportwagen und Oldtimer, darunter Bugatti Typ 35B von 1925 und Mercedes-Benz W 163 V-12 Silberpfeil.

Rietze Nürnberger Firma, stellt Modelle im Maßstab 1:87 her, bislang überwiegend japanische Fahrzeuge, wie z. B. Mitsubishi L 300, Nissan Prairie, Honda und Mazda. Für Umbauer bietet Rietze Rammschutz, Dachgepäckträger, Surfboards oder Skikoffer als Zubehör an.

Rigg Seemännische Bezeichnung für das stehende und laufende Gut auf Schiffen. Riggs gab es aber auch bei den Flugzeug-Veteranen, bei denen die Tragflächen (Doppel- und Dreidecker) und Teile des Leitwerks mit dünnen Stahlseilen und Drähten verspannt sind.

Road Train Englisch (= Straßenzug), Bezeichnung für überlange Schwerlasttransporter. Während in Deutschland das zulässige Gewicht und die Fahrzeuglänge solcher Lkw limitiert ist, erreichen die Road Trains in Australien mitunter eine Gesamtlänge von über 50 Metern. Dabei werden an die Zugmaschien bis vier Anhänger oder Dolly-Auflieger gekoppelt – ganz klar, daß diese Super-Trucks nicht in den Städten fahren, sondern quer durch den Kontinent über schnurgerade Sandpisten rollen. Siehe → Aussie-Trucks.

Robbe Deutscher Hersteller von → RC-Modellen und Zubehör mit Niederlassungen in Frankreich, USA, Spanien, England und Österreich. Das Programm umfaßt Segelflugmodelle, Sportflugzeuge, Hubschrauber, Motor- und Segelschiffe, Rennwagen, Jeeps, Buggys, Fernsteuerungsanlagen, Ladegeräte, Elektronikbausätze, Elektro- und Verbrennungsmotoren, Werkzeuge und Farben.

Roco Seit Jahrzehnten bekanntes österreichisches Unternehmen, produziert Modelleisenbahnen und Zubehör für die Spuren 0, H0, H0e und N. Für den Modellbauer dürften in erster Linie die Fahrzeuge in

1:87 der Roco-Linie Miniaturmodelle sein, die es seit 1980 gibt. Es handelt sich um Lkw-Werbemodelle, Feuerwehrfahrzeuge, Geländewagen, Panzer und diverse andere Militärfahrzeuge mit umfangreichem Zubehörprogramm (Ersatzteile, Farben, Kleber etc.).

Rohbau Nennt man das Stadium, bei dem bereits mehrere → Baugruppen fertig zusammengeklebt sind, aber noch keine Lackierung erfolgte. Im Rohbau wird das Zusammenpassen der einzelnen Baugruppen überprüft, um eventuell noch notwendige Korrekturen vornehmen zu können.

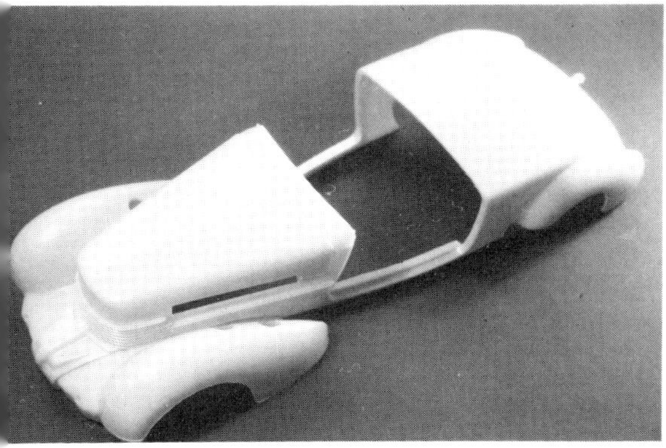

Roskopf Der Diplom-Politologe Marcel Roskopf gründete 1955 in West-Berlin die Firma Roskopf Miniaturmodelle. Zwar übersiedelte das Unternehmen 1958/59 nach Traunstein/Oberbayern und produzierte dort überwiegend Modelle von Nutzfahrzeugen der Bundeswehr, doch erfolgte der Einstig in den Maßstab 1:87 erst 1982 mit den Saurer-Lkw-Modellen. Durch starke persönliche Bindungen zur Schweiz stellte man bei Roskopf bis 1983 nur Nutzfahrzeuge (Kipper, Sattel- und Hängerzüge, Feuerwehren etc.) von Saurer her. Auf der Spielwarenmesse in Nürnberg (1984) wurde der erste Mercedes-Benz-Lkw vorgestellt.
Eines der spektakulärsten Werbemodelle von Roskopf war der Saurer Sattelzug »Albert liebt Anita, Anita liebt Albert«. Das Original dieses bunten Truck-Modells ist auf bundesdeutschen Straßen aufgrund der überaus auffälligen Lackierung nicht zugelassen.

Rost Täuschend echt wirkende Roststellen an Plastikmodellen erreicht man durch einen simplen Trick: Das Modell mit Plastikfarbe (Revell, Humbrol, Mo-Lak etc.) lakkieren. Dann die gewünschten Teile mit einer kleinen Flamme (Feuerzeug) erwärmen, bis der Lack aufbricht. Nun die Stelle rostbraun bemalen oder in der Grundfarbe streichen.

Rubbelbild siehe Trocken-Abziehbild

Rumpfhälften Bei Schiffen und vor allem bei Flugzeugen setzt sich der Rumpf meistens aus mehreren → Bauteilen zusammen. Bei den größten Maßstäben ist die Montage dieser Teile nicht ohne Schwierigkeiten, weil die Rumpfhälften sich leicht verziehen. Eventuell kann man die Bauteile durch Eintauchen in heißes Wasser oder Erhitzen mit dem → Fön wieder halbwegs zurecht biegen, ansonsten gelingt der Zusammenbau der Rumpfhälften nur mit starken Gummiringen, Schraubstock und Zwingen, welche die verklebten Teile während des Trockenvorgangs aneinanderpressen. Geklebt werden sollte grundsätzlich mit einem gut verschweißenden → Flüssigkleber, dem man eine Trockenzeit von mindestens 24 Stunden einräumt. Erst danach läßt sich der Rumpf weiterbearbeiten.

Rundpinsel werden beim Bemalen von Modellen den Flachpinseln vorgezogen. Lediglich bei größeren Flächen bietet eventuell ein guter abgeflachter Pinsel geringe Vorteile. Allerdings ist bei großflächigen Teilen ein Lackieren mittels → Spraydosen oder → Spritzpistole vorteilhafter.

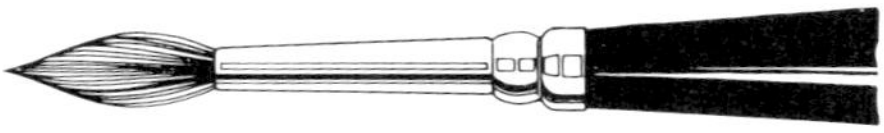

S

Sand Herkömmlicher Flußsand eignet sich zwar auch, doch besser ist im Dioramenbau die Anwendung von Vogel- oder Formensand. Er wird auf eine mit → Weißleim eingestrichene Fläche gestreut. Nicht angetrockneter Sand wird hinterher weggeblasen. Für besondere Geländeformen gibt es im Fachhandel fertig eingefärbten Sand.

Sandpapier Heute kaum noch verwendet, siehe → Schmirgelpapier.

Scale Models Englisch, Bezeichnung für Modelle oder Bausätze in einem bestimmten Maßstab (= scale).

Scamold Einer der europäischen Modellbau-Pioniere. Die britische Firma begann nach dem 2. Weltkrieg damit, Rennwagen der 30er Jahre als Bausätze und Fertigmodelle aus Plastik, in diversen Maßstäben herzustellen (Maserati, Bugatti, Alfa und ERA). Wegen Absatzschwierigkeiten und mangelnder Qualität verschwand die Firma bereits 1951 wieder von der Bildfläche.

Scratch-built Aus dem Englischen, scratch = Schramme, Kratzer, built = gebaut, heißt nichts anderes als aus »zusammengekratzten« Resten und Zubehörteilen angefertigtes Modell. Meistens benutzt der Modellbauer dazu ein Grundelement (Chassis, Rumpf) und fertigt sich die anderen Teile selbst aus den unterschiedlichsten Materialien an (Plastik-Sheet, Reste anderer Bausätze u. a.).

Scharniere Ursprünglich nur im Flug- und Schiffsmodellbau verwandt, haben sich die Hersteller von Modellen mittlerweile immer mehr auf die Bedürfnisse der Bastler eingestellt und bieten winzige Scharniere aus → Nylon oder Messing an, die selbst in Autos des Maßstabs 1:24 eingebaut werden können. Noch besser für die Montage beweglicher Kleinteile (Türen, Motorhauben, Rücklehnen bei Autos) eignet sich → Folienscharnier, eine selbstklebende Spezialfolie.

Schaschlikspieß Ein prima Hilfsmittel zum Spritzen und Bemalen von Karosserien. Einen Schaschlikspieß sauber durchschneiden und das stumpfe Teil mit ein paar Tropfen Sekundenkleber von unten an das Teil kleben. Nach dem Bemalen auf eine Styroporplatte zum Trocknen stecken. Nach dem Trocknen der Farbe genügt ein kleiner Ruck und der Spieß ist wieder entfernt. Eventuelle Klebespuren lassen sich mit einem Bastelmesser leicht entfernen. Sekundenkleber löst Plastikmaterial nämlich nicht an.
Siehe auch → Zahnstocher und → Dritte Hand

Schattieren Eine wichtige Maltechnik bei Figuren, bei dem dunkle Farben hellen beigemischt werden, um Hautpartien oder Kleiderfalten realistisch darzustellen. Wichtig dabei: Der Unterschied von Farbe zu Farbe sollte nicht allzu stark und ohne scharfe Trennung sein. Zum Bemalen verwendet man die feinsten Pinsel (000). Neben den im Modellbau üblichen → Emailfarben können auch → Plaka- und Temperafarben verwandt werden.

Schattierung Bedeutet nichts anderes als das Nachdunkeln aufgetragener Farben, um somit dem Modell ein authentisches Aussehen zu geben. Schattierungen erreicht man durch → Drybrushen oder dem Überspritzen mit stark verdünnter dunkler Farbe.

Schaukasten Dient in erster Linie zum Aufbewahren fertig gebauter Modelle. Einige Hersteller bieten bereits Bausätze für Schaukästen an (→ Yodell, → Italeri, → Protar u. a.). Diese sind aus Plexiglas und haben meistens eine Holzplatte als Boden. Selbst anfertigen lassen sich Schaukästen mit transparenten → Acrylplatten oder Plexiglas, das es im Fachhandel zu kaufen gibt.

Schaumstoff In zwei Versionen bekannt: als weiches flexibles Material, auch Schaumgummi genannt und als fester Polyurethanschaum oder → Styropor. Während Schaumgummi zum Auspolstern und stoßsicheren Lagern z. B. von Akkus, Motoren u. ä. benützt wird, nimmt man Styropor oder Polyurethanschaum zum Dioramen und Anlagenbau.

Scheiben, zerschossene Lassen sich selbst im Modellbau durchaus realistisch darstellen. Mit einer heißen Nadel durchbohrt man dabei die Windschutzscheibe z. B. eines Polizeifahrzeugs im Maßstab 1:25. Die Einschußsprünge werden dann mit der scharfen Spitze eines → Skalpells in den Kunststoff hineingeritzt. Anschließend färbt man das Ganze entweder mit → Graphitstaub oder mit einem dunklen silbergrauen → Filzstift.

Schere Zum Schneiden von Plastikmaterial, Papier, Pappe und dünnen Blechen ist eine scharfe und robuste Schere unentbehrlich. Für Feinschnitte z. B. an → Decals nimmt man eine → Scherenschnittschere, für Schnitte an dickeren Kunststoffplatten oder dünnen Blechen nimmt man eine Blechschere. Um eine ungewollte Verformung des Werkteils zu vermeiden, sollten beide Schneidbacken scharf geschliffen sein.

Scherenschnittschere Spezialschere für besonders feine Schnitte und Kurven, die Schnittflächen sind kurz und am Drehpunkt abgewinkelt, um einen optimalen Schneidewinkel zu erreichen, ideal zum Beschneiden von → Decals und Ausschnitten an Folien.

Schiffsaufbauten Darunter versteht man bei historischen Segelschiffen sämtliche Masten, Stage, Wanten, Segel und Kajüten. Bei den Schiffen moderner Prägung

wird alles zu den auf dem Rumpf montierten Teilen als Aufbauten angesehen. Bei der Bemalung sollte hier Wert auf originalgetreue Darstellung verschiedener Holzarten, Tarnanstrichen oder verwitterter Metallteile gelegt werden.

Schleifen Erfordert einiges an Erfahrung und Geduld. Zu schleifen sind Stellen an denen gespachtelt wurde, unsaubere Lackierung, Reste von Gußzapfen an Bauteilen, Gußtröpfchen, Grate etc. Verwendet wird feinkörniges Schleifpapier. Es ist allerdings empfehlenswert naß zu schleifen, siehe auch → Naßschleifen.

Schleifklotz Um ebene Flächen zu schleifen wickelt man → Schmirgelpapier um einen Korkklotz mit abgerundeten Kanten oder ein Stück Holzlatte, das verhindert, daß unnötige Vertiefungen eingeschliffen werden.

Schleifmittel siehe Schmirgelpapier

Schmirgelpapier Dient zum Schleifen und Glätten von Kunststoff, Holz und Metall. Ist entweder gelblich gefärbt (Glas- oder Granatpapier), für Trockenschleifen (vorwiegend von Holz) oder als dunkelgraues Schmirgelpapier mit einer Körnung

aus synthetischem Silikon-Karbid (zum Naßschleifen), im Handel. Letzteres eignet sich als Straßen für Dioramen (feinste Körnung verwenden).

Schmutz Gewollt durch Farbe, Staub oder Erde siehe ➝ verdrecken, ➝ verschmutzen. Ungewollter Schmutz entsteht durch nicht fachgerechte Lagerung von Modellen. Dies läßt sich nur durch eine ➝ Vitrine oder einem staubdichten ➝ Schaukasten vermeiden.

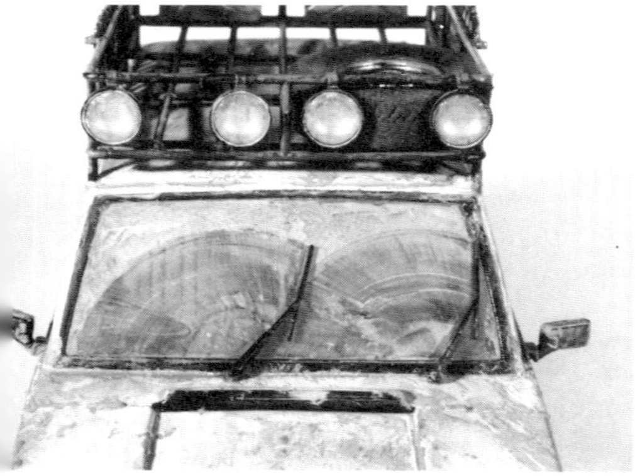

Schneiden Geschieht mit speziellen ➝ Bastelmessern, feinen Zangen und Zwikkern. So werden die ➝ Bauteile von den ➝ Gießästen getrennt. Niemals abdrehen oder gar reißen! Beim Schneiden kommt es in erster Linie darauf an, daß die ➝ Schneidewerkzeuge scharf geschliffen sind, nur so wird ein glatter Schnitt erzielt und das Bauteil am wenigsten beschädigt.

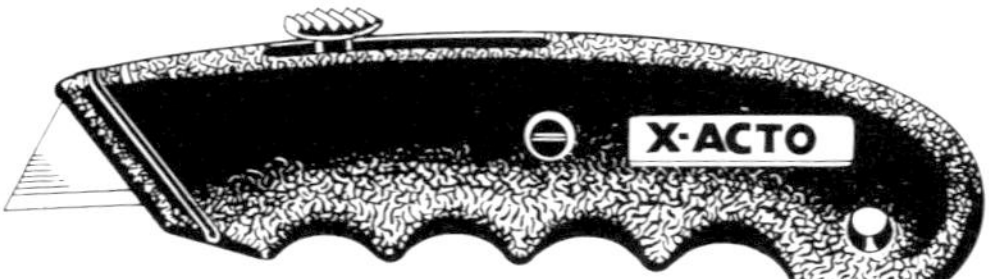

Schneidewerkzeug Praktisch sind scharfe, spitze ➝ Bastelmesser. Diese sind in diversen Ausführungen im Handel erhältlich. Jeder Bastler hat jedoch sein spezielles Werkzeug. Manche schwören auf kleine

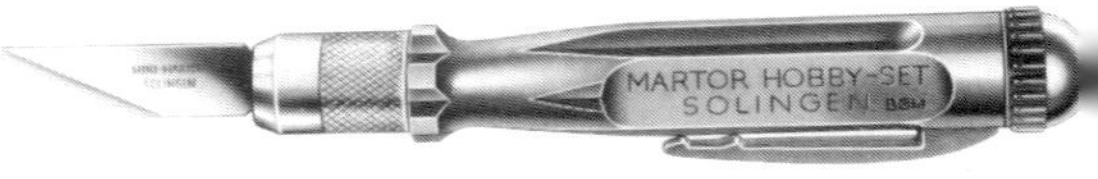

Zangen (ähnlich den Fußnagelzangen) oder Nagelzwicker. Wichtig ist in jedem Fall, daß das Schneidewerkzeug scharf geschliffen ist.

Schnellader Finden Verwendung bei ➝ RC-Modellen, meist werden sie bei RC-Wettbewerben eingesetzt, da es hier häufig vorkommt, daß ein Akku erneut aufgeladen werden muß. Zu diesem Zweck benötigt man einen dafür konstruierten Schnellader, der sich auch an eine Autobatterie anschließen läßt. Die meisten ➝ Akkus sind heute schnelladefähig, das heißt sie können mit hohem ➝ Ladestrom in kurzer Zeit wieder auf ihre volle Kapazität aufgeladen werden.

Schotterbelag Hier bietet der Fachhandel eine breite Angebotspalette von Fertigprodukten an, mit denen sich Gleise einschottern oder Dioramen stilgerechter anlegen lassen. Angeboten werden eingefärbte Granulate oder Korkraspel. Der Schotterbelag wird dabei in den aufgetragenen ➝ Weißleim gestreut, gegebenfalls angedrückt und nach dem Auftrocknen mit → Dispersionsfarbe bemalt.

Schraubendreher Mit zur Grundausstattung des Modellbauers sollte immer ein Schraubendreher mit isoliertem Kunststoffgriff gehören. Ideal sind Vario-Schraubendreher, bei denen man den Metallschaft umwechseln kann, so daß man auch Kreuzschlitzschrauben optimal befestigen oder lösen kann.

Schraubfix Neuentwickeltes Arbeitsgerät, das jegliches Arbeiten mit Schrauben im Bereich des Modellbaus und der Elektronik immens vereinfacht. Durch eine Führungsspitze werden die Schrauben sicher gehalten, so daß es weder zum Umkippen noch zum Verkanten kommen kann. Lieferbar ist der Schraubfix für verschiedene Schraubenlängen.

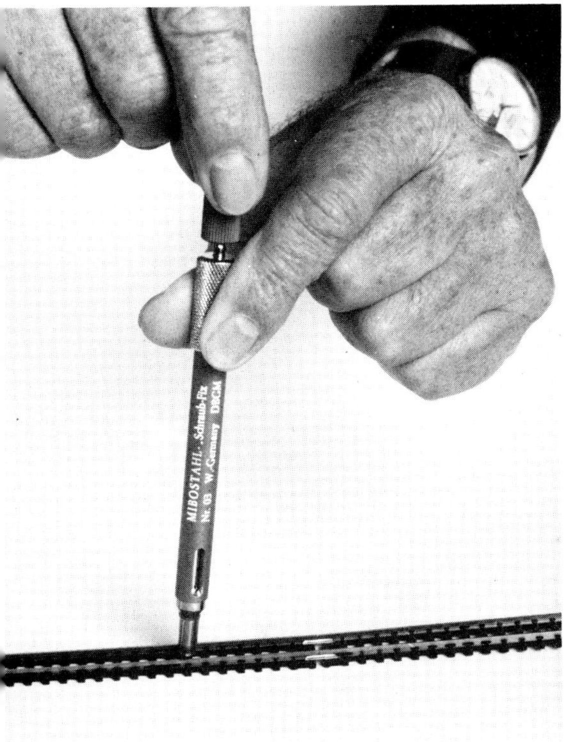

Schraubstock Man benutzt entwedet die praktischen → Vaku-Schraubstöcke, die sich mit einem Saugfuß auf glatten Flächen befestigen lassen oder die festmontierten Maschinenschraubstöcke (für Arbeiten an größeren Modellen). Für empfindliche Teile gibt es aufsteckbare Gummibacken.

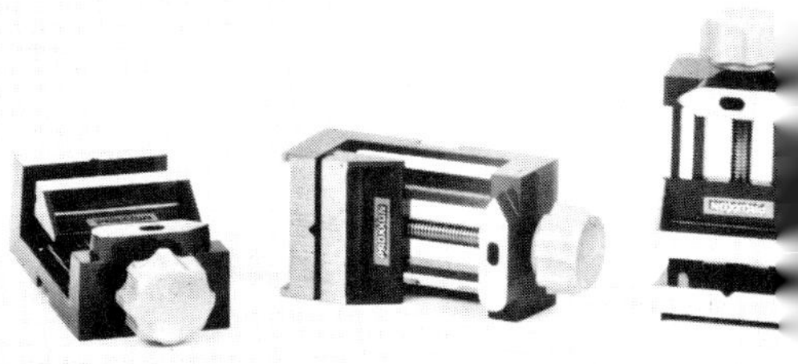

Schriftzeichen Gemeint sind Hoheitszeichen an Schiffen und Flugzeugen, sowie Markierungen und Schriftzüge an Trucks oder Rennfahrzeugen. Hierfür bieten einige Firmen → Abziehbilder an, die zum Teil nach eigenen Entwürfen angefertigt werden (→ Bemo, → Fröwis). Ansonsten lassen sich Schriftzeichen zum Aufreiben von → Letraset oder → Meccanorma verwenden.

Schrotkugeln Damit sich Tiegel-Farben besser und schneller mischen, legt man einige Schrotkugeln hinein und verschließt die Dose. Kräftig durchschütteln, dann vermischen sich die Farbpigmente viel besser. Anstelle von Schrotkugeln kann man auch kleine Bleikugeln aus dem Gardinenband benutzen.

Schrumpfschlauch Diese weichen Schläuche aus Silikon-Gummi dienen dazu Kabelverbindungen bei RC-Modellen z. B. zwischen → Akku und → Fahrtregler zu sichern und zu isolieren. Ein Stück Schlauch wird über die Verbindungsstelle gezogen und mit einem → Fön oder einer Kerzenflamme erhitzt. Das Material schrumpft und legt sich fest um die Kabel.

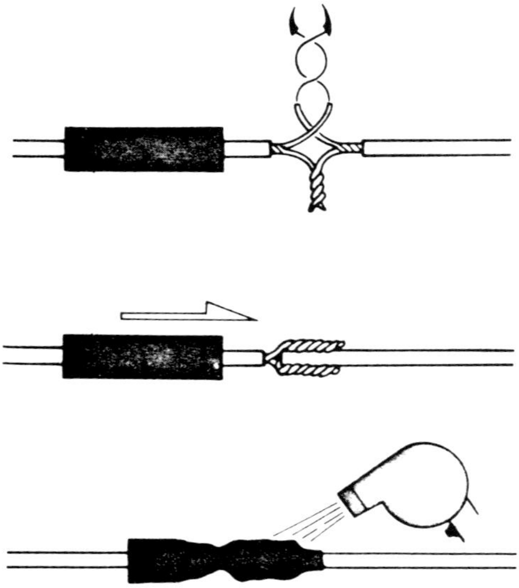

Schrumpfschläuche gibt es in diversen Größen.

Schubstange Das Steuergestänge zwischen → Servo und Steuerfläche nennt man Schubstange. Zwei Arten werden unterschieden: feste Schubstangen und Bowdenzüge. Für RC-Cars und Flugzeuge nimmt man meistens Schubstangen aus starkem Stahldraht, während Bowdenzüge vorwiegend bei Segelschiffen benutzt werden. Bei den RC-Fahrzeugen des japanischen Herstellers Tamiya z. B. sind die Schubstangen bereits fertig geschnitten und paßgerecht geformt, so daß sie sich problemlos am → Servohorn befestigen lassen.

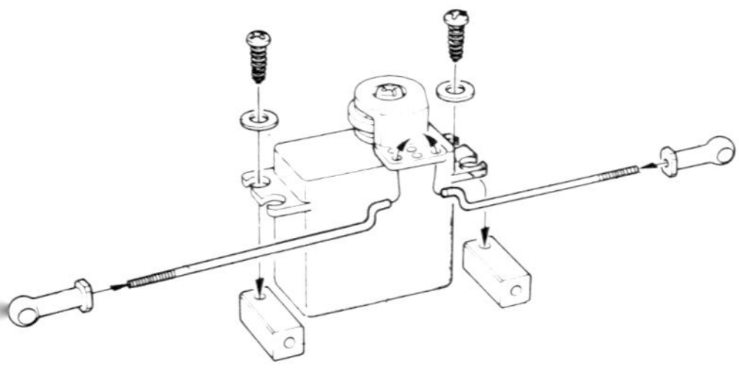

Schuco Unter Modellautosammlern bedeutet der Name Spielzeugauto-Raritäten und Blechgegenstände unterschiedlichster Art. 1912 wurde die Firma von Heinrich Müller in Nürnberg gegründet und entwickelte sich im Laufe der Jahrzehnte zu einem der weltbekanntesten Blechspielzeug-Hersteller. Am 30. Juni 1978 machte die Firma Pleite. Heute werden Schuco-Modelle bei Auktionen und Tauschbörsen hochgehandelt.

Schweineborsten Werden häufig für Rasierpinsel und Malerpinsel verarbeitet, mit ihnen lassen sich im Dioramen-Bau Wüstengras, Schilf und Binsen darstellen. Die Borsten werden büschelweise an einem Ende verklebt und an die im Dioramen vorgesehene Stelle gesteckt. Eventuell zusätzlich lackieren.

Seefolie Genoppte Transparentfolie z. B. von Faller (Format 53 × 26 cm) die sich gut für die Gewässergestaltung bei Modelleisenbahnanlagen oder Dioramen eignet. Mit einem blauen Farbbogen unterlegt, erhält man rasch eine realistische Gewässerdarstellung. Raffinierter ist es jedoch, eine dünne Styroporplatte als Untergrund zu verwenden, die tropfenweise mit Lösungsmittel (Nitro-Verdünnung) angelöst wird. Dadurch entsteht ein zerklüfteter unregelmäßiger Untergrund, der sich mit Plakatfarbe (blau und grün) am besten colorieren läßt. Legt man jetzt die Seefolie darüber, entsteht eine gewisse Tiefenwirkung.

Seide In leichter und schwerer Webart wird Seide auch heute noch zum Bespannen von größeren Flugmodellen verwendet, ist allerdings lange nicht so widerstandsfähig wie → Nylon.

Seidenmatt-Effekt → Seidenmattlack

Seidenmattlack Bei den Modellvorbildern herrschen in der Regel nicht die hochglänzenden Farbgebungen vor, denn der fabrikneue Glanz währt meist nur kurze Zeit. Achtet man einmal bewußt auf die Oberflächen-Beschaffenehit von Fahrzeugen, Schiffen, Flugzeugen etc., so stellt man fest, daß dort eher matte und seidenmatte Farben anzutreffen sind. Das bedeutet für den fortgeschrittenen Modellbauer, er muß ebenso diese Farben anwenden. Bisher werden aber nur in begrenztem Umfang seidenmatte Farbtöne hergestellt. Wenn also andere Töne gewünscht sind, so muß man → Mischen, wobei allerdings nicht nur seidenmatte Farben gemischt werden können, sondern auch matte, jeweils mit glänzenden Farben. Je nach Mischungsverhältnis ergeben sich dann mattere oder glänzendere Oberflächen. Darüberhinaus ist auch die Verwendung einer Mischung von Klarlacken möglich (matt + glänzend), womit man auf jedem beliebigen Lack den gewünschten Seidenmatteffekt erzielen kann.

Seidenpapier Wurde früher häufig benutzt um Innenteile (Motoren, Armaturenbretter, Sitze u. a.) beim Lackieren abzudecken. Das Seidenpapier wurde dabei angefeuchtet und mit einem Falzbein oder → Modellierholz auf die abzudeckenden Stellen gedrückt. Eine andere Art der Anwendung von Seidenpapier ist das Verkleiden von Flugzeugrümpfen. Mittlerweile greift man aber auf andere widerstandsfähigere Materialien (→ Econokote, → Monokote u. a.).

Seitenschneider Basiswerkzeug, das bei keinem Modellbauer fehlen sollte. Mit Seitenschneidern (aus dem Elektro-Fachhandel) lassen sich starke Gußäste ebenso leicht trennen wie Stahlstifte von Fahrzeugachsen und Drahtantennen.

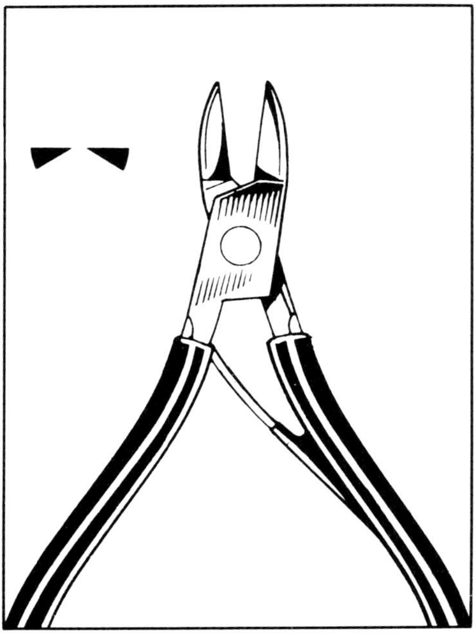

Sekundenkleber → Cyanacrylatkleber

Selbstklebefolien Bedruckt verwendet man sie für Dekorstreifen an Modellen, unbedruckt als transparenter Film mit niedriger Klebekraft zum → Abdecken und → Abkleben, wenn Modelle gespritzt oder gesondert bemalt werden sollen. Im Fachhandel erhält man diese Selbstklebefolien in zugeschnittenen Bogenformaten oder als Meterware von der Rolle.

Semi Gloss Englische Bezeichnung für halbglänzende bzw. seidenmatte Farben und Lacke.

Semi-Scale-Modelle Englisch, neu-deutsche Bezeichnung für jede Art von Modellen, die zwar einem Original nachgebaut sind, ohne allerdings genaue, maßstabsgetreue Kopien zu sein, im Gegensatz zu → Full-Scale-Modellen.

Sender Anlage zur Erzeugung elektromagnetischer Wellen, welche über eine → Antenne abgestrahlt werden. Je nach Anwendung müssen Sender einen bestimmten Frequenzbereich und eine bestimmte Sendeleistung haben. Der Frequenzbereich wird in Hertz (Hz), Kilohertz (kHz) oder Megahertz (MHz) angegeben, die Sendeleistung in Watt (W) oder Kilowatt (kW).

Sendersysteme Hier ist die Elektronik mittlerweile soweit fortgeschritten, daß es Dutzende von unterschiedlichen Systemen für → Fernsteuerungen gibt. Es beginnt mit der einfachen Zweikanal-Anlage für vorwärts/rückwärts und rechts/links, führt über Vierkanal-Sender mit zwei Steuerknüppeln und vier Funktionsstufen und hört auf bei Modul-Systemen, mit denen sich über dreißig Funktionen steuern lassen.

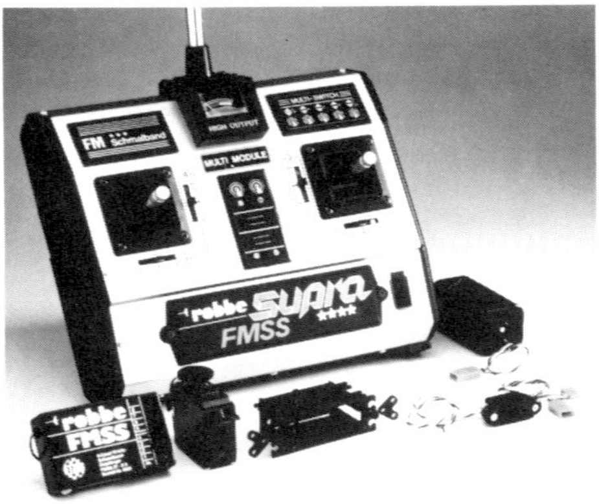

Serpent Firma aus Wiesbaden, produziert hauptsächlich ferngesteuerte Rennautomodelle, Modellmotoren, Buggys und diverse Zubehörteile für → RC-Modelle.

Servomotor Eine elektromechanische Vorrichtung bei RC-Modellen, welche die Steuersignale des Empfängers in entsprechende Bewegungen umsetzt. Jeder Servomotor verfügt über eine sich drehende Steuerscheibe oder über ein Schiebersystem (Linearservo). Mittlerweile bieten die Hersteller Servos und Servoelektronik in zahlreichen Variationen an: vom 19-g-Winzling bis zum 250-g-Power-Servo für Großmodelle.

Servohorn Aufsatz des → Servos, an dem die → Schubstange befestigt wird. Andere Bezeichnung für Servohorn ist → Steuerscheibe. Es gibt diese als perforierte Kreuzform (die überflüssigen Servohörner werden je nach Hersteller abgetrennt) oder als Scheibe.

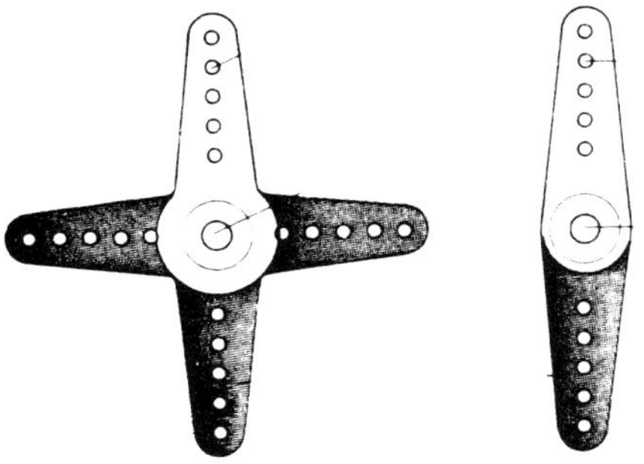

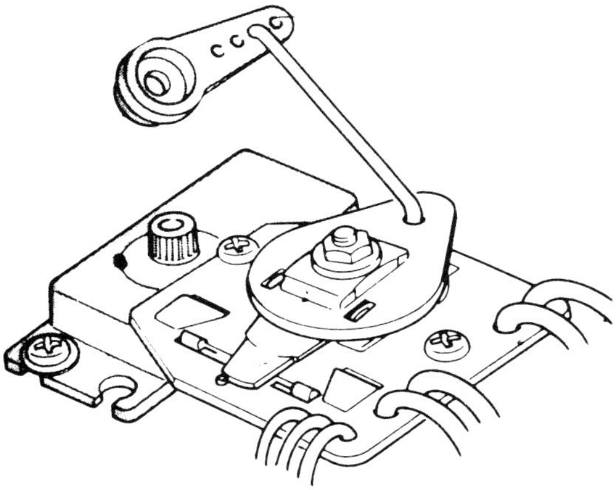

Show Case Siehe Schaukasten, → Vitrine

Siebdruck Ein Druckverfahren, bei dem die Farbe durch ein vorher hergestelltes Sieb gedrückt wird. Dies geschieht durch das Überziehen des mit Farbe gefüllten Siebes durch eine sogenannte Rakel. An den Stellen, an denen das Sieb geöffnet ist, quetscht sich die Farbe und haftet auf dem zu bedruckenden Material (Kunststoff, Glas, Papier usw.). Wegen der hervorragenden Farb- und Durckqualität des Siebdruckverfahrens wird es im Modellbau dazu angewandt, um → Abziehbilder (→ Decals) und → Aufkleber herzustellen.

Silikone Sind silizium-organische Verbindungen, das heißt Kunststoffe, bei denen die Verbindung der einzelnen Bauteile nicht durch Kohlenstoffe, sondern durch Silizium und Sauerstoff geschieht. Man kann aus ihnen sowohl feste als auch flüssige und elastische Silikone herstellen. Sie werden als feuerfester Gummi, Kunstharz, Schmier- und Imprägnierungsmittel und dergleichen verwendet.

Silikongummi Ein verbreiteter Werkstoff bei der Anfertigung von flexiblen Leitungen (für Treibstoff an RC-Modellen z. B.), Röhren und Schläuchen. Silikongummi ist verhältnismäßig hitzebeständig und unempfindlich gegen Chemikalien, außerdem wird es nicht brüchig. Das im Handel erhältliche kaltklebende Silikongummi wird häufig zum Herstellen von Gußformen für Gips, Gießharz und Metallen mit sehr niedrigem Schmelzpunkt verwendet.

Silikon-Kautschuk Organische Verbindung von → Silikon und Kautschuk, mit der sich z. B. → RC-Modelle gegen Feuchtigkeit und Spritzwasser abdichten lassen. Silikon-Kautschuk wird im Fachhandel in gebrauchsfertigen Tuben angeboten und ist eine grauweiße elastische Masse, die nie aushärtet und stets knetbar bleibt.

Simprop Eine der bekanntesten deutschen Firmen, die vorwiegend Produkte für den RC-Modellbau fertigt. Ein über 300seitiger Katalog zeigt, wie vielfältig das Programm ist: Modellbauzubehör, vom Aufkleber bis hin zu Motoren und Farben, Flugzeuge, Schiffsmodellbausätze aus Plastik

oder Holz, RC-Cars mit Elektro- und Verbrennungsmotoren, Fernsteuerungsanlagen usw.

Sitap Französische Firma, produzierte in den 50er Jahren unter dem Namen Sitaplex unter Lizenz einige Rennwagenmodelle der britischen Firma Merit, u. a. Maserati, Aston Martin, Gordini, Cooper, Lotus und Ferrari-Lancia im Maßstab 1:32.

Sitaplex Siehe Sitap

Skalpell Ursprünglich nur als kleines ärztliches Messer verwendet, wird es inzwischen immer häufiger beim Basteln eingesetzt. In den Metallhalter lassen sich alle möglichen Klingen einsetzen (für Kurven und gerade Schnitte).

Slicks Profillose Reifen, die vor allem im Rennsport bekannt sind. Zuerst wurden Slicks bei Go-cart-Rennen angewendet, später benutzte auch die Formel-I diese weichen, besonders bei trockener Fahrbahn aufgezogenen Reifen, die für eine optimale Bodenhaftung sorgen. Slicks im Modellbau sind entweder aus Moosgummi (RC-Fahrzeuge) oder weichem Phenyl.

Slot-Racer Mini-Rennwagen, die mit einem Führungsstift unter dem Fahrgestellt über eine Bahn mit Führungsrille (= slot) rasen. Während die Slot-Racer früherer Jahre Sammelobjekte sind, eignen sich die neueren Ausführungen (Carrera, Speedtrax) lediglich als Kinderspielzeug.

SMEC Scale Model Equipment Company, britische Modellbaufirma, die Anfang der 50er Jahre eine Reihe von Rennwagen im Maßstab 1:32 (Gemischtbauweise, Plastik/Metall/Holz) produzierte. Die wichtigsten waren: GP Mercedes 1939, 3,3-Liter-Bugatti 1933, 1,5-Liter-Alfa 1935, Alfa Romeo 159, Maserati A 6 CGS 2-Liter und ein Jaguar XK 120. Wegen des schlechten Verkaufs ihrer Modelle machte die Firma nach zwei Jahren Pleite.

Snap-Kit Einfacher Bausatz, bei dem die Teile nicht geklebt, sondern nur ineinandergesteckt (eingesnapt!) sind. Snap-Kits eignen sich besonders für Kinder und Modellbau-Anfänger, um die Materie kennenzulernen.

Sondermüll Leere Sprühdosen und ähnlicher Sondermüll aus der Bastelwerkstatt gehören nicht in die Mülltonne. Diese Abfälle bitte gesondert sammeln und bei geeigneten Stellen abgeben. Die Gemeindeverwaltung oder das Landratsamt geben Auskunft. Vielfach nehmen auch Tankstellen kleine Mengen Sondermüll entgegen. Wer skeptisch ist, hier ein Beispiel:
Ein Teelöffel Pinselreiniger in ein Aquarium geschüttet vernichtet binnen weniger Minuten jegliches Leben.
Siehe auch Einmachglas

Spachtel Wird zum Verspachteln von Paßungenauigkeiten und Fugen benötigt. Dafür kommen nur kleine, schmale Spachtelausführungen in Frage, und meistens behilft sich der Modellbauer gar mit einem spitzen → Bastelmesser oder einem Schraubenzieher. Vielen → Zweikomponentenklebern liegen kleine Plastikspachteln bei, die sich für Modellbauzwecke hervorragend eignen. In jedem Fall soll das Werkzeug nach dem Gebrauch wieder sorgfältig gereinigt werden.

Spachtelmasse Damit werden Fugen und Ritzen sowie Kratzer ausgefüllt. Achtung: Die Oberfläche der gespachtelten Stelle sinkt bei zuviel aufgetragener Spachtelmasse nach dem Trocknen ein. In die-

sem Fall muß nach dem Durchtrocknen nochmals eine Schicht aufgetragen werden. Spachtelmasse wird von einigen Modellbaufirmen als Plastikspachtel in Tuben angeboten. Es kann allerdings genauso der handelsübliche Lackspachtel aus dem Autozubehör verwendet werden. Die NC-Spachtelmassen sind besonders gut geeignet, da diese durch das enthaltene Lösungsmittel eine gute Verbindung mit dem Plastikmaterial eingehen.
Wichtig ist, daß auf jeden Fall nach dem vollständigen Durchtrocknen der aufgetragenen Spachtelmasse die Oberfläche naßgeschliffen wird, um die überschüssigen Teile der Masse zu beseitigen. Danach ist problemloses Lackieren möglich. Bei dunkler Spachtelmasse und anschließend heller Lackierung empfiehlt sich eine Zwischenlackierung, um ein Durchschimmern der Spachtelstellen zu vermeiden.

Spachteln Wird das Ausfüllen von Fugen, Ritzen, Kratzern und Paßungenauigkeiten etc. bei Modellen genannt. Verwendet wird hierfür Spachtelmasse (→ Spachtelmasse). Gespachtelt wird grundsätzlich nach dem Kleben, aber vor dem Lackieren der Teile. Aufgetragen wird die Masse mit einem Spachtel.

Spannlack Ein auf fast allen Werkstoffen gut haftender, kraftstoffbeständiger und füllkräftiger Lack, der vorwiegend bei stoffverspannten Rümpfen und Tragflächen im Flugzeugmodellbau verwendet wird. Spannlack bewirkt beim Auftrocknen eine leichte Schrumpfung des Gewebes. Er wird im Fachhandel farblos, seidenmatt, glänzend und in einigen Volltonfarben angeboten.

Spanten Sind die Rippen von Schiffskörpern und Flugzeugen, auf denen die → Planken befestigt werden, bzw. die Außenhaut (Segeltuch, Aluminium oder Kunststoff bei Flugzeugen) angebracht wird. Im Schiffsbau unterscheidet man einige Arten von Spanten, z. B. Knick- und Rundspanten.

Sparmodell Scherzhafte Bezeichnung für ein Modell, das aus der Schachtel zusammengebaut wurde und nicht lackiert oder farblich verändert wurde. Es wurde eben an allem „gespart".

Sperrholz Ist ein aus mehreren Schichten bestehendes verleimtes Holz. Die Maserung der einen Schicht läuft rechtwinklig zur Maserung der aufgeleimten Schicht und so weiter. Im Modellbau wird Sperrholz aus Birke oder Mahagoni am häufigsten verwendet, entweder für den Bootsbau oder als Grundplatte für Dioramen.

Spiritus Ein gewerbsmäßig hergestellter → Alkohol, der entweder als → Treibstoff oder als Reinigungsmittel für verschmutzte Modelle oder Bauteile verwandt wird. Spiritus, der durch Zusätze von Kollodiumwolle oder Seife in fester Form angeboten wird, nennt man Brennspiritus.

Spitzzange Spezialzange mit spitz zulaufenenden Backen, mit denen kleine Gegenstände festgehalten werden. Zum Teil haben diese Backen noch eine feine geriffelte Oberfläche, damit die Teile nicht abrutschen, → Zangen.

Sprays Eignen sich zum Lackieren von Modellen hervorragend. Wer nur wenige Modelle bauen möchte, für den lohnt sich die Anschaffung einer Spritzanlage nicht. In solchen Fällen sind Farbsprays aus der Sprühdose gut geeignet. Grundsätzlich gilt jedoch, daß auch der Umgang mit Farben aus der Spraydose geübt sein will. Deshalb ist immer eine Versuchslackierung ratsam. Nach getaner Arbeit die Spraydose stets mit der Düse nach unten halten, den Knopf so lange festdrücken, bis nur noch Treibmittel aus der Düse tritt. So wird ein Verkleben der Düse vermieden, welches schlußendlich die Düse unbrauchbar machen würde.

Spritzabstand Beim Spritzen mit der Sprühdose sollte der Abstand zum Modell zwischen 25 und 30 cm liegen. Verringert sich der Abstand, trifft die Farbe wesentlich konzentrierter auf die Modelloberfläche. Es treten dann Farbnasen und ungewollte Verläufe auf.

Wird mit der → Spritzpistole gearbeitet, so liegt der ideale Spritzabstand zum Modell zwischen 15 und 25 cm, je nach Farbe und Luftdruck.

Spritzbild Bei fast allen → Spritzpistolen und → Spritzgriffeln läßt sich die Größe des Sprühkegels mit Hilfe eines kleinen Hebels regulieren. Bei dem richtigen → Spritzabstand sollte die Pistole immer ein sauberes, gleichmäßig verlaufendes Spritzbild abgeben, frei von Klecksen, Spritzern und Sprenklern. Allerdings gehört dazu ein konstanter Druck von 1,5 bis 2,5 atü.

Spritzgriffel Ist ein Bestandteil der Spritzanlage. Gut geeignet sind besonders die von den Graphiker-Spritzpistolen abgeleiteten Spritzgriffel. Diese sind besonders handlich und erinnern an einen Füller oder dicken Bleistift, welche an einem kleinen offenen Farbbehälter angebaut sind.

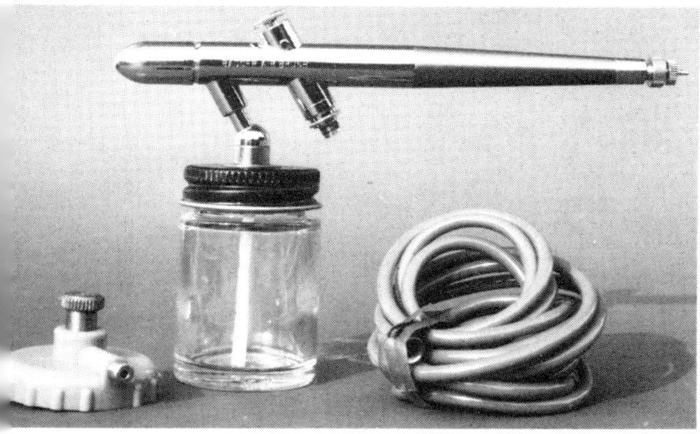

Spritzling Nennt man den Rahmen mit Gießästen, an denen die einzelnen Bauteile angebracht sind. Sie gehören somit zu jedem Plastikmodellbausatz. Es solten allerdings nicht alle Spritzlinge weggeworfen, sondern einige für die → Grabbelkiste verwahrt werden, da man aus diesen noch das eine oder andere gestalten kann.

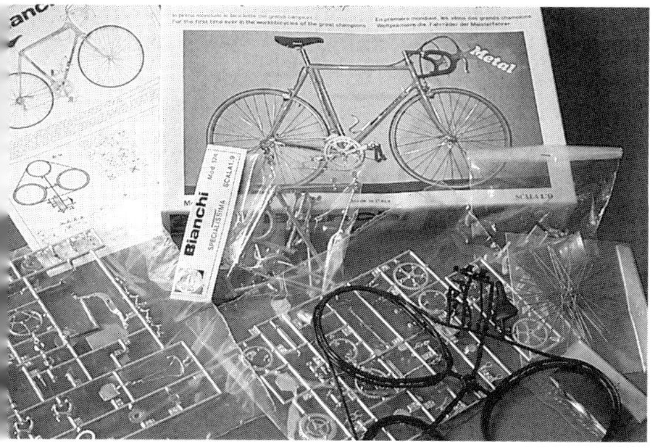

Spritzpistole Das eigentliche Gerät besteht im wesentlichen aus einem Handgriff mit einer Düse und einem Kopf für die Feineinstellung, einem angeschlossenen Luftschlauch, einem unterhalb der Düse angebrachten Farbbehälter aus Glas oder Metall und einem → Kompressor bzw. einer → Druckluftflasche. Die Farbe wird durch die komprimierte Luft (Druck zwischen 1,8 und 3 atü) aus dem Farbbehälter gesaugt und durch die Düse zu einem feinen Sprühnebel gepreßt. Mit einem Abzugshebel läßt sich die Düse dabei öffnen und schließen. Zum Spritzen größerer Modelle in einem Farbton sind Spritzpistolen ideal, aber für besondere Lackierungen, z. B. feine Kurven und Linien oder bestimmte Muster, weniger geeignet. Hier verwendet man besser → Spritzgriffel.

Spritzsauger Praktisches Kleingerät, das man in Apotheken und Drogerien erhält. Spritzsauger sehen aus wie Einwegspritzen, haben aber statt einer Metallkanüle eine kurze Plastikspitze, durch die man z. B. Farbe aus einem Tiegel aufsaugen kann, um sie in einer Schale zu mischen. Neben dem Umfüllen von Farbe kann man solche Spritzsauger auch zum Auftragen verdünnter Lacke, Spachtelmasse oder Klebstoff verwenden.

Spritztechnik Die Anwendung von → Spritzpistolen oder → Spritzgriffeln ist verhältnismäßig einfach und leicht zu erlernen. Optimale und gezielte Techniken schaffen erst dann die gewünschten Effekte, wenn man diese beherrscht. Das wichtigste, neben der richtigen Handhabung der Spritzpistole, ist die → Abdecktechnik und das Abdecken (z. B. mit → Tesafilm oder → Maskol). Eine besondere Technik, um Spezialeffekte wie Schlamm, Staub oder einen Schmutzschleier zu erzielen, ist das Spritzen mit stark verdünnten Farben. Will man z. B. einen verstaubten → Aussie-Truck darstellen, spritze man flach von vorne und von den Seiten eine starkverdünnte Mischung aus roter und brauner Farbe wohldosiert auf Motorhaube, Radkasten, Reifen und Chassis. Realistischen Staub auf der Windschutzscheibe erreicht man dadurch, daß diese kurz mit fahlgrauer Farbe angesprüht wird, wobei die Flächen, die der Scheibenwischer normalerweise bestreicht, mit → Maskol oder → Strip abdeckt.

Sprühfarben Werden von vielen Herstellern in unendlich diversen Farbtönen angeboten. Besonders interessant sind die → Metallic-Farben, da man diese nicht mit dem Pinsel auftragen kann, denn die Verteilung der Metall-Partikelchen wäre ungleichmäßig und würde zur Streifenbildung führen.

Spucke Kleber, der mit einer sehr feinen Injektionsnadel (z. B. Space Shuttle von Schreiber) aufgebracht wird, verschließt man rasch mit einem Tropfen Spucke am Finger, allerdings nur für kurze Zeit.

Spülmittel Wird (wenige Tropfen) dem Wasser beigefügt, um Bauteile zu reinigen, bevor diese lackiert werden. Dies ist wichtig, denn nur staub- und fettfreie Teile garantieren eine gute Lackierung. Verwendet wird lauwarmes Wasser, eine sehr weiche Bürste (Babybürste) oder ein Spültuch. Anschließend die Teile sorgfältig abtrocknen und das Teil vor dem Lackieren nur noch an der Stelle berühren, die nicht mit Farbe versehen werden soll.

Spurstange Bei Automodellen im großen Maßstab ist diese meistens recht realistisch dargestellt. Die Spurstange dient, wie auch beim großen Vorbild, bei den lenkbaren Vorderrädern, der Einhaltung der Spur. Übertragen auf das Modell sorgt sie dafür, daß der Lenkeinschlag der beiden Räder aufeinander abgestimmt ist.

Stabantenne Eine → Antenne, die in Form eines Stabes auf die Frequenz von → Sender oder → Empfänger abgestimmt ist. Stabantennen, welche ineinander geschoben werden können, sind auch unter der Bezeichnung »Teleskopantenne« bekannt. Fast alle im Modellbau verwandten Fernsteuerungsanlagen verfügen über diese Art von Antenne.

Stahllinael notwendig beim Schneiden von Platik-Sheet oder Zierstreifen aus Abziehbildern. Bei Kunststoff- oder Holzlinealen besteht die Gefahr, daß mit der scharfen Klinge des Bastelmessers die Kante beschädigt wird und somit keine geraden Linien erzielt werden. Aus diesem Grund eignen sich hierfür Stahllineale besonders gut. Fein versäuberte Blechstreifen eignen sich ebenso.

Stahlwolle Eignet sich für die Herstellung von Bäumen, Büschen und Hecken (Dioramenbau). Die Stahlwolle wird z. B. um einen jungen Baum oder Busch herzustellen erst in eine Richtung gezupft. Das untere Ende wird zusammengebunden, das andere weiter ausgefranst. Anschließend in Klarlack tauchen und in Graspulver rollen. Mit Fantasie lassen sich aus Stahlwolle die schönsten Bäume und Sträucher anfertigen.

Standardmodell Bezeichnung für fertig montierte Modelle, die nach Bauanleitung gebaut werden, ohne daß irgend etwas geändert oder verschönert wird.

Staniol siehe Alu-Methode

Stanzer Einfaches Werkzeug mit dem größere oder kleinere Löcher in Kunststoff-Teile, Holz oder Metall gestanzt werden. Stanzer sind im Fachhandel in verschiedenen Ausführungen aus gehärtetem Stahl erhältlich. Für Arbeiten an Plastik-Platten genügt schon ein unten angeschliffenes Stück Kupfer- oder Messingrohr.

Staub Ungewollt bei wertvollen Ausstellungsmodellen, die deshalb in staubsicheren → Vitrinen plaziert werden. Gute Dioramen allerdings brauchen Staub. Dazu nimmt man entweder → Batikpulver, →

Pulver oder abgeschabte Pastellkreide. Dieser Staubersatz wird aufgetupft oder aufgerieben, wo er sich dann in den erhabenen Stellen festsetzt.

Stecknadeln Lassen sich als Antennen oder Flaggenmasten gut einsetzen, eignen sich aber auch zum Aufpieken von Kleinteilen, um diese am Modell zu fixieren. Viele Modellbauer benutzen Stecknadeln als Halter für das Bemalen von kleinen Bauteilen.

Steckquarz Eine besondere Bauform des Schwingquarzes (→ Quarz), welche den Austausch dieses elektronischen Bauelements durch eine Stecksockel-Montage erlaubt. Hierdurch können z. B. bei einkanaligen RC-Steuerungen die Frequenzen geändert werden, ohne Eingriffe in die feste Verdrahtung der Elektronik machen zu müssen.

Steuerscheibe siehe Servohorn

Stichsäge Dieses Werkzeug wird bei der Bearbeitung von Kunststoffteilen nur in seltenen Fällen angewendet. Hier werden → Fein- und Laubsägen bevorzugt. Bei groben Arbeiten an → Dioramengrundplatten aus Holz läßt sich allerdings eine Stichsäge gut einsetzen, wenn enge Kurven- und Kreisausschnitte angefertigt werden sollen. Hierfür bietet der Handel Stichsägen mit auswechselbaren Sägeblättern an.

Sticker ist gleich Aufkleber, kommt aus dem Englischen, to stick = kleben.

Stielbohrer Kleines Bohrgerät, dient zum Bohren kleinster Löcher in Kunststoffplatten und Bauteilen. Er wird zwischen den Fingern einer Hand gedreht. Eignet sich für Bohrungen von 0,4 bis 1,2 mm Durchmesser.

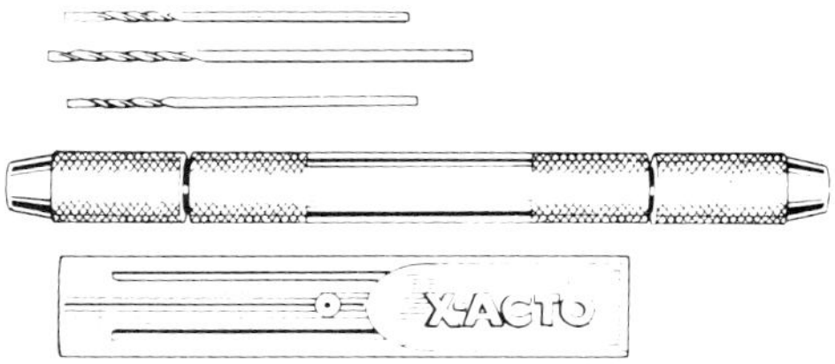

Stock Car Aufgemotzte Serienwagen mit denen in den USA Rennen gefahren werden. Die hochfrisierten Rennwagen sind meistens über und über mit Sponsorensignets beklebt und erfreuen sich in der Publikums-Gunst hoher Beliebtheit. Eines der bekanntesten pro Stock Car-Rennen findet alljährlich in Daytona/Florida statt, das Daytona 500. Zur Zeit bietet Monogram das größte Angebot von Stock Cars im Maßstab 1:24.

Stoffränder Gemeint sind Rockschöße, Jacken, Mäntel und andere Teile von Bekleidungsstücken an Modellfiguren. Um z. B. Stoffränder oder -ecken realistischer darzustellen, weicht man die Figur kurz in heißes Wasser ein und schneidet mit einem scharfen Messer (Skalpell) vorsichtig hinter dem Stoffrand entlang und hebt diesen leicht an. Mit einem etwas dunkleren Farbton versehen, wirkt jetzt die Figur viel plastischer.

Stoßdämpfer Sie sind nur bei Modellen größerer Maßstäbe voll ausgebildet und funktionsfähig. Bei kleineren Modellen, die als reine Standmodelle gelten, wäre es zudem übertrieben derart detaillierte Stoßdämpfer herzustellen. Wichtig sind gute Stoßdämpfer bei → RC-Modellen. Vor allem bei geländegängigen Fahrzeugen und Fahrwerken von Flugzeugen werden Stoßdämpfer – meist von guter Qualität – mit Erfolg eingesetzt. Modell-Stoßdämpfer arbeiten nach dem gleichen Prinzip wie solche in normalen Pkw., nämlich mit Öl, welches durch Membranventile gepreßt wird.

Streufasern Gibt es für die unterschiedlichsten Bereiche: als feines gefärbtes Granulat für die Beschotterung von Gleiskörpern, als Korksplitter für Stein- und Geröllimitationen oder als Streufasern für Wiesen, Äcker und Wüsten. Recht umfangreich ist das Angebot z. B. von Faller, kibri oder Preiser.

Strip Markenname eines Abdecklacks, der auf sonst schwierig abzudeckenden Stellen aufgepinselt wird. Nach dem Trocknen läßt sich Strip sauber wie eine elastische Gummihaut abziehen.

Stucco Markenname einer Spachtelmasse mit der sich Fugen und Risse füllen lassen. Geeignet für Hartplastik, Holz und Metall. Nach dem Trocknen läßt sich die Spachtelmasse bearbeiten und bemalen.

Styrene Plastic Englische Bezeichnung für → Polystyrol.

Styroporplatte Styroporplatten sind ein prima Hilfsmittel beim Bemalen von Bauteilen und Figuren. Sie dienen als Halterung für aufgespießte Teile, die zum Trocknen beiseite gestellt werden.
Siehe auch Dritte Hand, Zahnstocher und Krokodilklemme.
Außerdem findet Styropor Verwendung beim Dioramenbau, zum Beispiel bei der Darstellung von Eisbergen usw. Styropor kann als Abfallprodukt vieler Geschäfte kostenlos erworben werden.

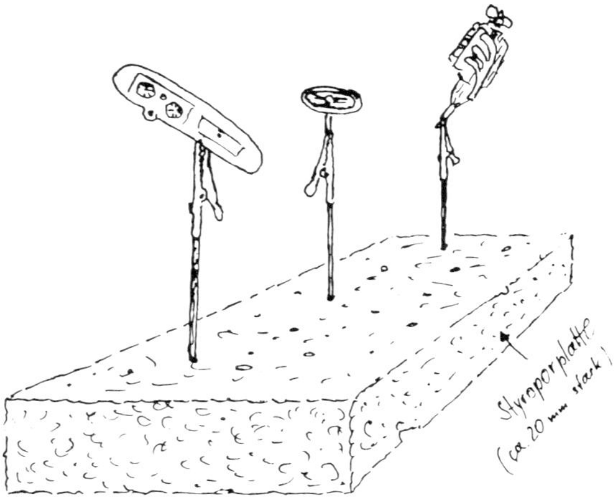

Sunny Wenig bekannter japanischer Hersteller von Plastikmodellen. Herausragendstes Modell: ein AC Cobra 427 im Maßstab 1:25.

Szenorama Eine Weiterentwicklung des → Dioramas ist der Aufbau mit beweglichen, austauschbaren Teilen (Figuren, Gebäude, Fahrzeuge u. a.), genannt Szenorama. Die Teile werden nicht auf eine Grundplatte geklebt, sondern nur hingestellt wie es der gedachten Szene am besten entspricht. Das Ganze wird fotografiert, dann wird der Aufbau geändert, um die nächste Einstellung vorzunehmen. Es werden Einzelmotive (Details) mit Nahvorsätzen, Gesamtansichten (Totale) mit dem Normalobjektiv der Kamera wirkungsvoll fotografiert. Man erhält so eine richtige Bild-Geschichte, besser als sie ein festmontiertes Diorama jemals zeigen kann.

Super-Finish die Super-Lackierung, erreicht man durch → Autosprays oder Lakkerungen mit der → Spritzpistole. Beim Arbeiten mit Autolacken sollte das Plastikmodell immer vorher grundiert werden, siehe → Grundierung, die ganz dünn aus 25–30 cm Entfernung aufgesprüht wird. Einen Tag trocknen lassen, gegebenenfalls Unebenheiten mit 600er → Schleifpapier entfernen. Autolack gleichmäßig und dünn auftragen – stets nur einen ganz leichten Farbfilm pro Farbgang. 20–30 Minuten warten, bevor die nächste Lackschicht aufgesprüht wird. Das Ganze hinterher mindestens 48 Stunden trocknen lassen und dabei staubfrei aufbewahren. Um richtigen Hochglanz zu erreichen alles noch einmal mit Klarlack überziehen. Vorsicht: Nicht jeder Klarlack verträgt sich mit der Grundfarbe. Es empfiehlt sich vorher Tests an einem Restmodell durchzuführen.

Supern Ist in etwa mit super, hervorragend auffallend etc. zu erklären und bedeutet, daß ein Fahrzeug optisch → aufgemotzt wird. Supern findet hauptsächlich bei Fahrzeugen Verwendung. Ein weiterer Ausdruck dafür ist → Customizing. Gesupert werden Serien-Pkw, Sportwagen und Trucks. Dazu gehören Dinge wie Extra-Chromteile, auffällige und aufwendige Lakkierungen und nicht serienmäßige Zubehörteile z. B. Lampen, hochgezogene Auspuffrohre etc.

T

Tabletop-Fotografie Bei diesem Aufnahmeverfahren werden Modelle oder andere Gegenstände auf dem Tisch (= table) fotografiert. Dabei bedient man sich verschiedener Techniken, siehe Anhang.

Takelage Setzt sich zusammen aus dem stehenden Gut (alle Taue, Wanten, Stage, die die Masten abstützen) und dem laufenden Gut (alle Fallen, Brassen, Geitaue, Halsen und Gordings, die für das Bedienen der einzelnen Segel notwendig sind) zusammen. Im Grunde ist das fachgerechte Takeln von Segelschiffen eine Wissen-

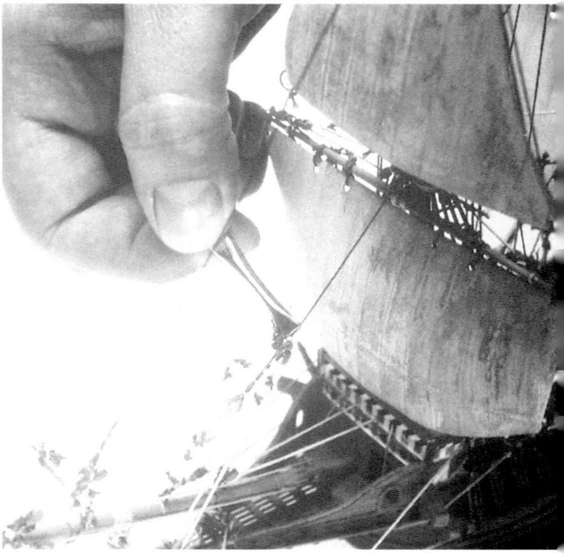

schaft für sich und gehört zu den schwierigsten Arbeiten im Modellbau.

Takelgarn Starker, vierfach gedrehter Zwirn, mit dem Reparaturarbeiten an Segeln und Tauen durchgeführt werden. Im Modellbau verwendet man Takelgarn zum Darstellen von Trossen, Tauen und Stagen bei Segelschiffen aller Maßstäbe.

Talkumpuder Dieses Puder eignet sich vortrefflich, um Schnee zu imitieren. Es ist geruchsneutral und überall leicht erhältlich (Drogerien). Entweder trägt man den Puder nur lose auf, um ihn später wieder zu entfernen, oder aber der Puder wird gleich nach dem Anstrich, solange die Farbe noch feucht ist, aufgestreut (Teesieb).
Der »Schnee« ist in diesem Fall nicht mehr zu entfernen. Andere Methoden, um Schneelandschaften im Dioramenbau darzustellen, siehe → Colofix und Glasdiamanten.

Tamiya Yoshio Tamiya wurde am 15. Mai in Ohika/Japan geboren. Bis zum Ausbruch des 2. Weltkrieges baute Y. Tamiya ein Fuhrunternehmen auf. 1948 erster Versuch mit der Produktion von Holzmodellen. Als die Unternehmen gut anlief, vernichtete ein

Brand Fabrik und Lager. 1953 erneuter Versuch mit Holzmodellen. Eine revolutionierende Wende beginnt mit dem Eintritt von Shunsaku Tamiya ins väterliche Unternehmen. Tamiya stellt um auf den Plastik-Modellbau und leistet auf diesem Gebiet Pionierarbeit in Japan. 1967 ist die Firma zum ersten Mal auf der Spielwarenmesse in Nürnberg. Der Durchbruch auf dem Weltmarkt ist geschafft. Heute ist Tamiya

der »Porsche unter den Bausatzherstellern« und fertigt seit ein paar Jahren auch RC-Modelle.
Das Tamiya-Programm umfaßt beinahe alles, was auf dem Modellbausektor gefragt ist: Motorräder der Skala 1:6 und 1:12, Renn- und Sportwagen 1:12, 1:24, 1:32, Militaria 1:35 und 1:16, prähistorische Urtiere, Flugzeuge im Maßstab 1:32 und 1:48, Schiffe in 1:72, und 1:350. Die RC-Fahrzeuge sind ausschließlich im Maßstab 1:10.

Taschentücher Verwendet man zum Reinigen von Pinseln und zum Abstreifen überschüssiger Farbe. Aus Taschentüchern lassen sich aber auch Zelte, Tarnnetze und Persenningen herstellen, wobei sie zum Bemalen aufgespannt werden sollten. Eingeweicht in Wasser wird dann das zurechtgeschittene Taschentuch über ein entsprechend gebogenes Gestell aus Draht oder Gußästen gelegt. Solange es naß ist, können Tarnmuster aufgemalt werden.

Technicoll Markenname einer Vielzahl von Spezialklebern der Firma Beiersdorf AG, Hamburg. Es gibt diese Kleber für alle Materialien als Spray, Flüssigkleber, Klebestift oder Bastelleim.

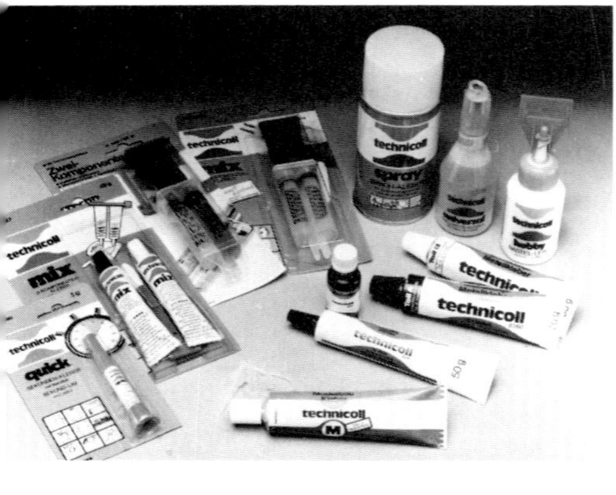

Teerpappe Siehe Asphaltpappe

Tekno Dänische Firma, die Metallmodelle im Maßstab 1:50 herstellte. 1972 meldete sie Konkurs an. 1974 übernahm der holländische Unternehmer John van Min die Firma, und seit der Zeit produziert er unter dem Namen Tekno Truck-Modelle (Volvo und Scania) mit wachsendem Erfolg. Bei Sammlern gefragt sind die → Werbemodelle, die in geringen Restauflagen in den Handel kommen.

Tempera Wasserlösliche Kaseinfarbe von hoher Leucht- und Deckkraft. Eignen tun sich Tempera-Farben für das Bemalen von Figuren, zum→ Drybrushen und zum → Verschmutzen. Kaufen kann man sie in fast allen Hobbygeschäften.

Teppichklebeband Teppichklebeband ist ein universal einsetzbares Hilfsmittel, beispielsweise beim Bemalen von Rädern und Felgen. Man klebt ein Stück Teppichklebeband auf ein Holzbrettchen oder einen Streifen Pappe, Schutzstreifen von der zweiten Klebefläche abziehen. Nun die versäuberten Teile (Felgen oder Räder etc.) mit der Unterseite festdrücken. Jetzt kann mit dem Bemalen angefangen werden. Nach dem Trocknen die Teile leicht andrehen und abziehen. Eventuelle Klebebandreste mit einem Wattestäbchen, welches mit etwas Pinselreiniger oder Benzin beträufelt wurde, vorsichtig säubern.

Tesaband Gemeint sind die farbigen, selbstklebenden Gewebebänder aus der Tesa-Produktpalette. Aus ihnen lassen sich z. B. Sicherheitsgurte in Sport- und Rennwagen, Uniformteile an Figuren oder Planen für Trucks und Militärfahrzeuge (Maßstab 1:35 und 1:72) anfertigen. Zieht man Tesaband einige Male über eine Glasplatte ab, vermindert sich zu einem Großteil die Klebekraft.

Tesafilm Ein weltbekanntes Produkt der Beiersdorf AG, universell einsetzbar. Wird zum → Abkleben genauso verwendet wie zum Befestigen von Kleinteilen (Türen, Motorhauben) beim Trocknen.

Testors Markenname der italienischen Firma Italeri für ihre Produkte auf dem US-amerikanischen Markt.

Texcover Ein preisgünstiges Polyestergewebe zum Aufbügeln auf Tragflächen und Rumpf. Wird besonders bei Großmodellen zur Erhöhung der Festigkeit empfohlen. Verarbeiten läßt sich das Material recht unproblematisch mit dem Bügeleisen oder → Folienfön. Texcover gibt es entweder in Volltonfarbe oder farblos zum Selbstlackieren als Meterware von der Rolle. Umbauer von Trucks verwenden es häufig als Planen.

Thermo-Stabil Ein Zweikomponentenkleber auf Silikonbasis, der bis 350°C beständig ist, dank der winzigen Aluminiumspäne aus Füllstoff, und somit ist er der ideale Kleber für Metallverbindungen. Nach dem Aushärten läßt sich der Kleber genauso wie Metall bearbeiten. Es ist sogar möglich, in dieses Material zu bohren oder Gewinde zu schneiden. Die Aushärtezeit beträgt durchschnittlich 12 Stunden.

Tinte Lösungen von Anilinfarben, mit denen man schreiben, malen und zeichnen kann. Tinte wird gelegentlich beim Bemalen von Figuren benutzt, sonst recht unbedeutend für den Modellbau.

Tomica Japanische Firma, stellt ausnahmslos Bausätze im Maßstab 1:32 her. Bei uns erhältliche Modelle: Porsche 356 A, Jaguar SS 100 und Triumph TR 3.

Transistor Elektronisches Bauteil zur Herstellung von Schaltungen. Transistoren werden für verschiedene Zwecke eingesetzt, z. B. für Signalverstärkung. Seit ihrer Entwicklung in den 40er Jahren haben Transistoren in den meisten Bereichen die Funktionen der bis dahin verwendeten Röhren ersetzt. Bedingt verwenden, wegen ihrer thermischen Anfälligkeit, lassen sich Transistoren überall dort, wo hohe elektrische Leistungen benötigt werden.

Transistor-Steuerung Die verschiedenen Einsatzmöglichkeiten des → Transistors werden in Steuerungen (z. B. bei → RC-Modellen) für zahlreiche Bereiche genutzt. Aufgrund der kleinen Bauform sowie des geringen Eigenenergieverbrauchs eignet sich eine Transistor-Steuerung für eine Miniaturisierung von Steuerungen auf kleinstem Raum.

Treibgas Ohne Druck, der auf unterschiedliche Art und Weise erzeugt werden kann, ist ein Verspritzen von Farbe nicht möglich. In den weitverbreiteten → Spraydosen wird zur Druckerzeugung ein Treibgas verwendet. Heute werden zunehmend umweltfreundliche Arten von T. benützt, was in jedem Fall auf der Dose vermerkt ist. Umweltschonend ist auf alle Fälle die Verwendung eines → Kompressors und zudem auf Dauer auch billiger. Treibgas wird aber auch allein in Dosen angeboten und dient für den Betrieb von → Spritzgriffeln.

Treibstoffspuren Lassen sich an Plastikmodellen effektvoll darstellen, indem man dicke, schwarze Wasserfarbe anrührt und damit das Modell um den Tankverschluß mit dem Pinsel betupft, daß eine dünne Verlaufspur nach unten führt. Die Spur sollte nicht zu breit sein und sich nach unten verjüngen. Fehlversuche lassen sich mit Wasser entfernen. Noch echter wirkt das ganze mit schwarzer Lackfarbe, die aufgetragen, mit Nitroverdünnung angelöst, wieder verwischt und verschmiert wird.

Aufgrund seiner effektvollen Decals eine Besonderheit für alle Truck-Fans: Renault R 370 Turboleader, Maßstab 1:24, Italeri

High-Tech-Kampfjet EF-111 »Electronic Fox«, ein sehr schön detaillierter Bausatz (1:72) von Monogram

Schaufelradbagger der Superlative: Revell-Modell (1:200)

Hat im Original eine Förderleistung von 240 000 m³ in 19,2 Std.

Eine ästhetische Rennmaschine: A.J.S. Racer Boy, Protar, Maßstab 1:9

Nicht gerade für Modellbauanfänger geeignet ist diese Protar-Rennmaschine der 60er Jahre

Gewasserte »Albatross« der Bundesmarine in selbstangelegtem Diorama. Modell: Monogram Heritage Edition, Maßstab 1:72

Das Monogram-Modell wurde in Moltofill gesetzt, der anschließend mit Emailfarbe bemalt wurde

Pro-Stock-Car (1:24) von Monogram, Ausführung Rickie Smith's Thunderbird

Frank Iaconios Camaro, Monogram, Maßstab 1:24

Eine Rarität: Revell-Bausatz aus den 50er Jahren. Für solche Bausätze zahlen Sammler bis zu DM 150.-

Formel-I-Bolide, Jahrgang 1977: der Renault Turbo, ein Modell (1:12) von Heller

Ferrari 126 C2 Turbo, erhältlich als Metall- oder Plastik-Kit, Maßstab 1:24, Protar

Kernstück des Giganten: die sich horizontal drehende Plattform – im Original 87 m hoch

Eine Revolution im Karosseriebau der 30er Jahre: Cord-Modell (1:12) von amt

Transport-Airbus-Teile, die Super Guppy 201 – hier als Modell (1:144) von Otaki

Nostalgie-Modell: Cadillac Town Car (1:16) von Revell

Achtung: nicht bei jedem Kunststoff anwendbar.

Trikes So nennt man in den USA jene dreirädrigen Super-Motorräder mit überbreiten Stollenreifen, z. B. Honda ATC 250 R und 200 E (das ATC steht dabei für All Terrain Cicle). Mit Trikes veranstaltet man in den südkalifornischen Wüsten und entlang der mexikanischen Küste (Baja California) spektakuläre Geländerennen. Für RC-Freunde bietet die Fa. robbe z. B. ein Trike im Maßstab 1:6 an.

Trimmfilm Ein Produkt der US-Firma → Microscale. Diese hauchdünnen, selbstklebenden Filme gibt es in allen Farbtönen und Schattierungen im Fachhandel. Sauber aufgezogen und mit dem Skalpell beschnitten ersetzt Trimmfilm vielfach eine Mehrfarbenlackierung an Fahrzeugen (Rennwagen, Dragster usw.)

Trocken-Abziehbild Bei diesem Abziehbildtyp sind die Farben auf einen durchsichtigen Trägerfilm gedruckt und von einer zusätzlichen Papierschicht geschützt. Durch aufreiben (rubbeln) mit einem stumpfen Gegenstand (Falzbein, Reiblöffel) wird das Abziehbild vom Trägerfilm auf das Modell übertragen. Der Vorteil: sehr dünn, es wird kein Film (wie beim Naß-Abziehbild) hinterlassen.

Trockenzeit Die Zeitspanne zwischen dem ersten Farb- oder Kleberauftrag und der völligen Auftrocknung bezeichnet man als Trockenzeit. Durch Wärmezufuhr und Luftbewegung kann sie bei Farben und Klebern erheblich reduziert werden.

Tsukuda Ziemlich unbekanntes japanische Unternehmen. In Deutschland kennen nur Insider oder Sammler die Metallmodelle, z. B. den Neoplan-Bus, Maßstab

1:100, oder den Bausatz einer Yamaha RZ 250 in 1:12.

Tupfmechanismus Arbeitsprinzip einiger im Handel befindlichen → Sekundenkleber (z. B. UHU). Ähnlich wie bei einem Kugelschreiber wird durch Druck auf den Klebestift eine geringe Menge Kleber aus der Pipettenspitze gedrückt. Ideal für genaues Punkt- und Strichkleben unterschiedlicher Materialien wie Chrom, Gummi, Textilien (Takelgarn) oder lackierte Flächen.

Tusche Französisch, feine Körperfarben (z. B. Ruß), die mit Bindemitteln zu einer schreib- und zeichenfähigen tiefschwarzen Flüssigkeit angerieben werden. Mit Wasser verdünnt eignen sich Tuschen zum → Verschmutzen. Folientuschen sind wischfest und haften auch auf Kunststoff. Mit ihnen kann man Türfiguren und Nähte ausziehen.

Twin-Epoxy-Kleber Ein Zweikomponentenkleber für besonders feine Klebungen, trocknet glasklar auf und ist hinterher fast unsichtbar. Twin-Epoxy-Kleber eignet sich auch zur Herstellung von Glasteilen und → Verglasungen.

U

Üben Modellbau ist ein aufregendes, interessantes Hobby, das jedermann ausüben kann. Klar, daß der erste Bausatz nicht hundertprozentig gelingt, doch durch Übung und Geduld schafft man es, selbst einem »schlechten« Modell gutes Design und Charakter zu geben.

Übersetzung Um ein RC Modellfahrzeug oder auch -Schiff optimal an den gewählten Verwendungszweck anzupassen (Gelände, Größe des Modells), ist es erforderlich, für den Antrieb durch den Motor, die geeignete Ü. zu wählen. In vielen Fällen, besonders bei Wettbewerben, wird man nicht darum herum kommen, vor dem endgültigen Einsatz mit verschiedenen Ü. zu experimentieren. Nur so erreicht man fallweise optimale Voraussetzungen. Den meisten RC-Bausätzen, die ein Getriebe beinhalten sind auch unterschiedliche Zahnradsätze beigelegt.

Übungsmodell Wer als ungeübter Modellbauer zum ersten Mal einen teueren → Bausatz in Angriff nimmt, bei dem auch ungewohnte Techniken angewandt werden sollen, der tut gut daran sich zum Üben ein billiges Modell der gleichen Sparte zu besorgen. Hier kann ohne Zögern und ohne späteres »Weh und Ach«, beliebig viel daneben gehen. Erst wenn die schwierige Technik geübt ist, wird das Prachtexemplar in Angriff genommen.

UHU Der älteste Kleber auf Kunstharzbasis, wurde 1932 von August Fischer in Bühl/Baden entwickelt. Heute ist UHU ein Markenname für die Klebstoff-Produkte des Konzerns Lingner + Fischer.

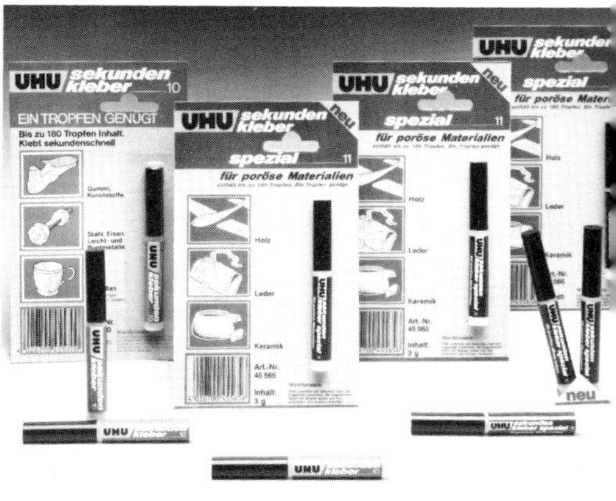

Umbau Früher oder später kommt jeder Modellbauer an den Punkt, wo er beschließt, daß ein einzigartiges Modell seine Vitrine schmücken soll. Am einfachsten ist dies mit einer ungewöhnlichen Lackierung zu erreichen. Entsprechend rarer ist natürlich ein umgebautes Modell. Umbau bedeutet, daß irgendwelche Teile nicht mehr so aussehen wie sie im serienmäßigen → Bausatz enthalten sind. Umbauten können sein → Kotflügelverbreiterungen an Autos, andere Aufbauten bei Lkws und Militärfahrzeugen, verlängerte Rümpfe bei Flugzeugen, Zusatzeinrichtungen auf Schiffen und vieles mehr, da die Vorbilder genügend Material liefern. Umbauten erfordern jedoch eine gewisse Erfahrung im Umgang mit → Spachtelmasse, Säge, Messer und Schleifpapier. Außerdem ist viel Geduld vonnöten, da solch ein Umbau oft das mehrfache an Zeit des Normalbausatzes kostet.

Unimat Markenname für einen Maschinenbaukasten, ein Modellbaukasten für den Zusammenbau funktionsfähiger, miteinander verwendbarer Einzelmaschinen. Mit dem Unimat läßt sich bohren, drehen, drechseln, sägen, fräsen und schleifen. Der Antrieb erfolgt über einen 12 V Elektromotor, entweder über einen Akku oder ein Netzteil.

Union Die in Tokio/Japan ansässige Firma Union Model Co., stellt sehr detaillierte Plastik-Kits von Autos und Motorrädern her. Besonderheiten sind die Bausätze der Memorial Collection: aufwendig produzierte und verpackte im Maßstab 1:25, z. B. der Ford 1948 mit beweglichen Sitzen, Türen und Motorhaube. Top-Modelle sind auch die Oldtimer im Maßstab 1:16 (Wolseley 1904 oder Ford 1912 Modell T), die Sportwagen (Porsche) in 1:20 und die Motorräder in 1:15 (Honda, Harley Davidson, Kawasaki).

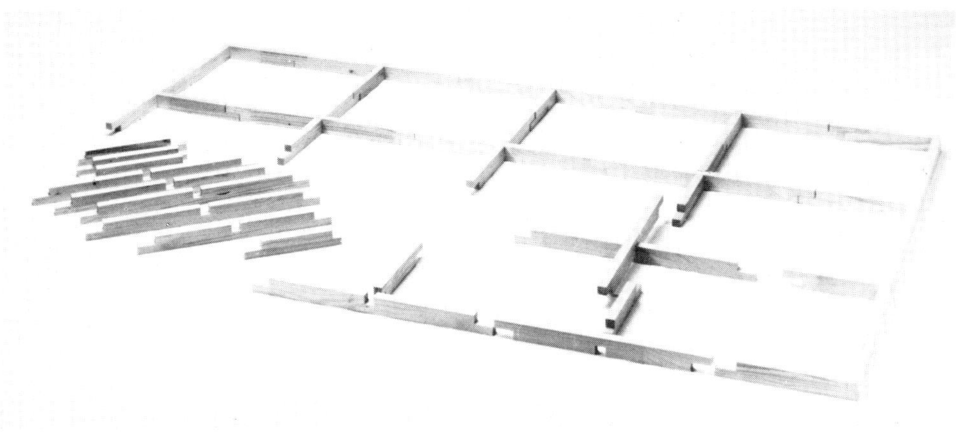

Unterbau Allgemeine Bezeichnung für die Anlagenbasis von Modelleisenbahnen oder eines größeren Dioramas. Man unterscheidet zwischen zwei Arten von Unterbau: die tischähnliche Grundplatte und den offenen Rahmen. Während die erste Version solide und stabil ist, läßt sich die Rahmenkonstruktion leichter variieren und erweitern (hierfür bietet die Industrie z. B. Faller, schon fertige Rahmenbausätze an).

V

Vaku-Schraubstock Kleiner handlicher Schraubstock mit drehbarem Kugelgelenk und starkem Hebelsaugfuß, der sich unverrückbar auf jede glatte Fläche festsaugt. Die Backen haben einen Schutzüberzug für empfindliche Werkstücke. Der Schraubstock läßt sich als Halter von Flugmodellen bei Fotoaufnahmen universell einsetzen.

Velo Französisches Unternehmen, das in der Bundesrepublik nur Insidern bekant ist. Auf dem Markt sind einige Rennräder (Fertigmodelle aus Plastik) im Maßstab 1:5.

Verbeulen Eine Technik, die eine gewisse Erfahrung voraussetzt. Beulen lassen sich herstellen, indem das Plastikteil in heißes Wasser gelegt wird und anschließend mit den Fingern verbogen und eingedrückt wird. Man kann die Teile aber auch über eine brennende Kerze halten (nicht zu nah, sonst schmilzt das Plastikmaterial!). Nachträglich am Modell, z. B. Panzer oder Trucks zu verbeulen, ist schon schwieriger. Man kann mit einer feinen Minisäge vorsichtig einige Teile (Kotflügel, Türen etc.) ansägen und dann mit dem Fön oder einer Kerzenflamme erwärmen, bis sich das Material mit den Fingern biegen läßt. Am besten man übt vorher an einem Stück aus der → Grabbelkiste.

Verbindungen Bei den meisten Bauteilen eines → Bausatzes wird die Verbindungsposition durch kleine Zapfen bzw. Löcher sichergestellt. Damit wird erreicht, daß Teile nicht falsch oder schief zusammengebaut werden können. Bei den Steck- und

Schnappbausätzen (Snapkits) werden auch größere Laschen zum Verbinden von zwei oder mehreren Teilen verwendet, in welche das oder die Gegenstücke einrasten.

Verbindungslaschen → Verbindungen

Verbreitern von Kotflügel siehe → Kotflügelverbreiterung

Verdrecken Hier gibt es einige Methoden, wie sich Modelle stilecht und authentisch verdrecken lassen. Man vermischt normale Erde mit Wasser zu einem Brei, den man mit dem Pinsel auf Räder, Karosserie, Aufbauten usw. streicht und auftrocknen läßt. Anschließend mit Mattlack übersprühen. Stark verdünnte erdfarbene Plaka-Farbe eignet sich prima. Die Farbe läuft in Vertiefungen und Rillen und setzt sich dort ab, wie richtiger Dreck. Mit einer alten Zahnbürste und einem Teesieb läßt sich Farbe recht unregelmäßig auf das Modell spritzen, so daß es hinterher ebenfalls verschmutzt ausschaut.

Verdünnung Zur Erreichung einer besseren Streichfähigkeit sowie der richtigen Spritzviskosität bei dickflüssigen Farben verwendet man V. Auch zum Reinigen von → Pinseln und → Spritzpistolen ist diese bestens geeignet. Beim Verdünnen von Modellbaufarben sollte auf die Verträglichkeit mit dem Typ der verwendeten Farbe geachtet werden. Für Reinigungszwecke ist jede Universalverdünnung geeignet. Für Spritzzwecke verwendet der Fachmann zwar einen Viskositätsmeßbecher und mißt die Durchflußzeit, bei den geringen Mengen des Modellbauer würde damit aber zuviel Farbe verloren gehen. Deshalb ein Anhaltspunkt: Wenn die verdünnte Farbe wie Milch fließt, sind einwandfreie Ergebnisse zu erwarten.

Verformen Durch die unterschiedliche Anwendung von Wärme, Hitze läßt sich Plastikmaterial erweichen und somit verformen. Um z. B. Antennen oder Verstagungen bei Schiffen und Flugzeugveteranen selbst herzustellen, braucht man lediglich

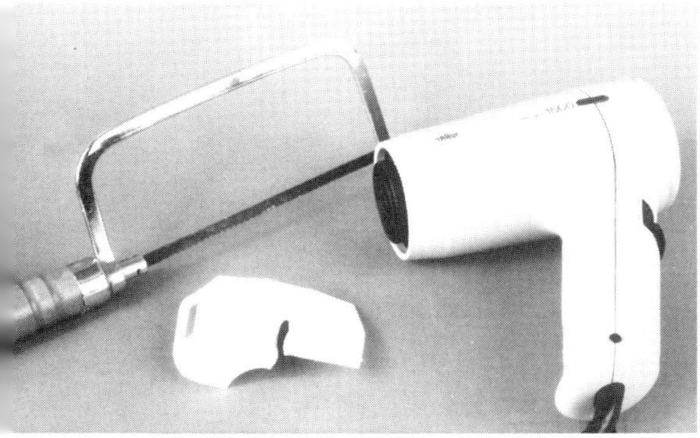

einen Gußast über einer Kerzenflamme erhitzen und dabei vorsichtig auseinanderzuziehen; solange, bis er die gewünschte Stärke erreicht hat. Größere Teile (Plastik-Sheet) verformt man in kochendem Wasser oder mit Hilfe von Haarfön, Heißluftherd, Lötkolben oder Glühlampen.

Verglasungen Reichen die handelsüblichen Bausatzteile aus Plexiglas nicht aus, lassen sich kleinere Verglasungen auch selbst anfertigen. Eine Möglichkeit ist die Verwendung von → Kristallkleber, die andere mit → Grießharz. Letztere eignet sich gut bei Bullaugen von Schiffen. Die ausgebohrten Öffnungen werden mit Klebeband überklebt und von hinten mit Gießharz ausgegossen. Nach dem Auftrocknen wird das Klebeband vorsichtig entfernt.

Verkleidung Sie wird aus unterschiedlichen Gründen angebracht.
a) unansehnliche Dinge, vor allem wenn viele verschiedene Ausrüstungsteile sich an einer Stelle häufen, die man gut sieht, werden unter einer V. versteckt
b) aus aerodynamischen Gründen, d. h. wenn es auf geringen Luftwiderstand ankommt (Motorräder, Sport- und Rennwagen, schnelle Boote und Flugzeuge), werden sperrige Teile verkleidet.
c) aus Sicherheitsgründen müssen sich bewegende, vor allem drehende Teile, durch Verkleidungen gegen Berührung geschützt werden.

Verlinden, François Belgischer Modellbauprofi und Fachbuchautor. Schwerpunkt seiner Arbeiten ist der Dioramenbau (Militaria). François Verlinden hat u. a. die → DCS-Serie und → MDA-Kits entwickelt.

Verrußen Das sich Verrußungen mit Farbe in den seltensten Fällen realistisch darstellen lassen, verwenden Experten hierfür eine brennende Kerze, die behutsam unter den zu verrußenden Gegenstand gehalten wird, bis der gewünschte Effekt erreicht ist. Hinterher wird das Ganze mit Klarlack überspritzt, damit nichts verwischt.

Verschleifen Abgesehen von gespachtelten Oberflächen sollte man auch nicht zum Vorbild gehörende Stufen und Absätze, die durch ungenau schließende Formen entstanden sind, verschleifen.
Siehe auch → Schleifen.

Verschmutzen siehe Verdrecken

Verspachteln → Spachteln

Verstagung Stage sind ein Teil der Schiffstakelage und versteifen die Masten. Bei Flugzeugen findet man Stage bei Doppel- und Dreideckern. Das Verstagen an Modellen ist eine Arbeit, die viel Geduld und Fachkenntnis voraussetzt. Verwendet werden dazu Zwirnsfäden mit Gummizug, Baumwoll- und Nylonfäden oder dünner Draht. Auskunft über die richtige Verstagung geben Fachbücher der maritimen Verlage (Delius-Klasing u. a.).

Verwittern siehe Verwitterungseffekt

Verwitterungseffekte An Häusern und Gebäuden lassen sich diese mit → Wasserfarben oder wasserlöslichen Farben (Tempera, Plaka) recht realistisch darstellen. Auf das fertig lackierte Teil wird schwarze Farbe (stark verdünnt) aufgepinselt, und noch bevor sie angetrocknet ist mit einem → Papiertaschentuch abgerieben. Die Farbe bleibt dabei in den Vertiefungen in unterschiedlicher Stärke haften. So ähnlich lassen sich auch alte Fahrzeuge verwittern.

Verzogene Teile Hin und wieder ist ein Modellbauer »schockiert«, dann nämlich, wenn er nach dem Öffnen des neu erstandenen → Bausatzes ein verzogenes Bauteil in der Schachtel entdeckt. Wenn es ein Teil ist, das man später nicht mehr sieht oder welches beim Zusammenkleben wieder gerade bzw. in Form gebracht werden kann, ist das kein Problem. Sind es aber Fahrgestelle, Karosserien, Aufbauten oder Rumpfteile, so wird die Sache kritisch.
Eine Möglichkeit, falls es sich um ein → fabrikneues Modell handelt, besteht im Versuch, den Bausatz beim Händler umzutauschen. Bei alten Modellen bleibt nur der Versuch der Selbsthilfe.
a) Man befestigt das verzogene Teil in seiner vorgeschriebenen Lage und versucht durch vorsichtige und lange Erwärmung den Kunststoff zu erweichen, damit er seine erwünschte Form zurückerhält.
b) Bei Fahrgestellen kann man versuchen, die Querstreben zu durchtrennen und dann in der richtigen Lage wieder zusammen zu kleben. In jedem Fall wird es ein Geduldsspiel bleiben und der Erfolg ist ungewiß.

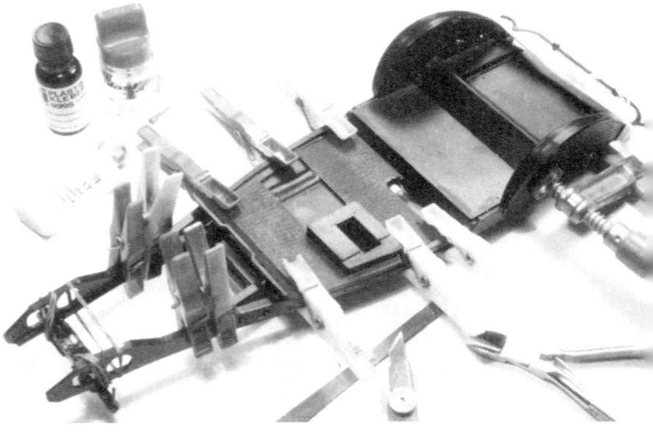

Vitrinen schützen die Modelle vor Staub und unsachgemäßer Berührung bei Ausstellungen. Außerdem lassen sie die Modelle wertvoller erscheinen. Angeboten werden Vitrinen zum Selbstbau von Italeri, Protar, Yodel u. a. Meistens bestehen sie aus flexiblem Plexiglas und einem Holzsokkel, auf dem das Modell befestigt werden kann.

Vollmer Die Firma aus Stuttgart stellt schwerpunktmäßig Häuser und Gebäude für Modelleisenbahnen und Dioramenbauer her. Die Bausätze sind sehr detailliert und von authentischem Aussehen. Bekannt sind die Stadthäuser aus den 50er und 60er Jahren und die Gebäudekomplexe mit Gründerzeit-Fassaden.

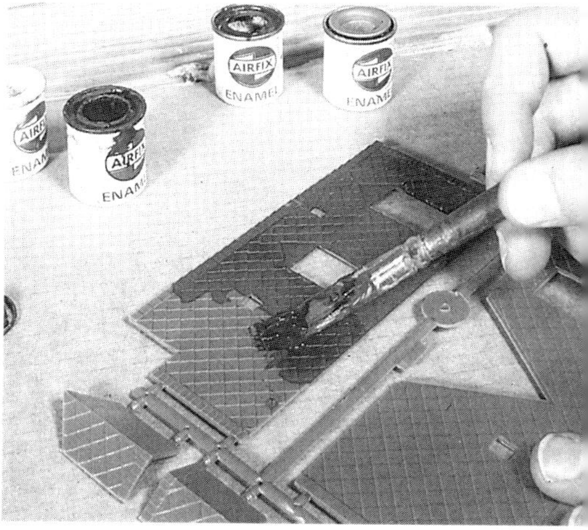

Voranstrich Falls ein Modell nicht mit einem plastikverträglichem Lack, sondern z. B. einen handelsüblichen → Autolack versehen werden soll, dann muß unbedingt ein V. vorgesehen werden. Dieser ist in der Regel eine → Grundierung, die als neutrale Zwischenschicht sozusagen isolierend wirkt. Ein Voranstrich kann auch erforderlich werden, wenn ganz helle Farben auf dunklen Untergrund und umgekehrt aufgebracht werden sollen. Es werden dann der endgültigen Farbgebung entsprechende Töne verwendet.

Vorbehandeln siehe auch → Voranstrich Vor dem Lackieren eines Modells müssen alle Staub- und evtl. Fettspuren (Fingerabdrücke) von der Oberfläche entfernt werden. Zu diesem Zweck wäscht man das ganze Teil mit Seifen- oder Spülmittellauge (warm) ab und trocknet es dann mit einem möglichst fusselfreien Papier- oder Stofftuch ab.

Vorbildfoto Für Modelle, z. B. Autos, die nach Originalen der 80er Jahre gebaut wurden, ist es meistens kein Problem, Vorbildfotos zu bekommen. Man findet sie in den Prospekten der Automobilhersteller, in Fachmagazinen und Bildbänden (Motorbuch-Verlag, BLV, Falken Verlag). Ansonsten kann jeder, der eine eigene Kamera hat, sich die Fotovorlagen, die er benötigt, selbst machen.

W

Wachs dient entweder dazu, um polierte Automodelle zu konservieren (Auto-Wachs mit einem weichen sauberen Tuch gemäß der Anleitung aufgetragen) oder Taue von alten Segelschiffen wirklichkeitsnaher zu gestalten (die gefärbten Zwirnsfäden werden vor dem Takeln durch Bienen- oder Kerzenwachs gezogen).

Wäscheklammern Eines der praktischsten und billigsten Hilfsmittel überhaupt. Unentbehrlich beim Zusammenpressen von verklebten Bauteilen (Motorhälften, Tragflächen, Figuren etc.) Ideal sind Wäscheklammern aus Holz. Sie lassen sich an den Spitzen zuschneiden und rutschen nicht so schnell ab wie Plastikklammern.

Ebenfalls gut geeignet zum Halten von Kleinteilen, die lackiert werden sollen.

Wasser wird beim Plastikmodellbau in der Hauptsache für drei Dinge benötigt:
a) zum Abwaschen der Bauteile vor dem Lackieren, damit die Farbe an allen Stellen einwandfrei haftet
b) zum Aufweichen des Trägerpapiers bei → Abziehbildern
c) zum → Verdünnen von wasseremulgierten Farben wie Acrylfarbe
d) nicht zu vergessen zum Händewaschen vor dem Modellbau.

Wasserbad, warmes Außer zum Verdünnen von verdünnbaren Farben wird man beim Modellbau immer laues bis warmes Wasser verwenden, da sich dann in jedem Fall die gewünschte Wirkung schneller einstellt bzw. gründlicher ist → Wasser.

Wasserdichte Servos Da in Servos winzige Elektromotoren eingebaut sind und diese dementsprechend empfindlich sind, muß man sie vor Wasser schützen. Einen gewissen Schutz haben sie natürlich schon durch das Gehäuse, welches meist gut verschraubt ist, doch wasserdicht sind Servos normalerweise nicht. Bei Schiffen bringt man die Servos im Rumpf unter und macht die Decksöffnungen so gut wie möglich dicht. Bei RC-Automodellen sind manchmal vom Hersteller schon spritzwassergeschütze Elektronikboxen vorgesehen, oft liegen aber die Servos im wassergefährdeten Bereich unter der Karosserie. Eine einfache Methode, die Servos vor den Wassereinwirkungen, besonders bei Geländeeinsätzen, zu schützen, ist die Verwendung von → Luftballons, die man über das Gehäuse stülpt.

Wasserfarben Zwar zum Bemalen von Plastikmodellen nicht besonders gut, eignen sie sich doch für spezielle Effekte ausgezeichnet, z. B. um Gesichter von Figuren zu schattieren, Schmutzspuren darzustellen oder zum Bemalen von Gips, Moltofill oder ähnlichem.

Waterline-Schiffe Bezeichnung für Modellschiffe des Maßstabs 1:700 und noch kleiner. Bei diesen Modellen ist die Detaillierung natürlich nicht mehr so exakt wie bei größeren Maßstäben. Ein anderes Merkmal der Waterline-Schiffe: der Kiel (untere Teil des Rumpfes) ist abgeplattet, so daß die Schiffe ohne Ständer hingestellt werden können und sich somit für → Dioramen ausgezeichnet verwenden lassen.

Wattestäbchen Wattestäbchen (Q-Tips) gehören in jede Bastelkiste. Man kann damit überschüssige Farbreste ebenso entfernen wie auch Sprühgeräte reinigen.
Das Plastikröhrchen der Wattestäbchen eignet sich (zurechtgeschnitten) hervorragend als Auspuffrohr oder Distanzscheibe für Räder.

Wedico Deutscher Hersteller von Auto- und Schiffsmodellen aus Aluminium-Druckguß und Kunststoff. Die exquisiten Bausätze (Trucks, Rennwagen in 1:16, Schiffe 1:18,5 und mehr) werden ausschließlich aus Metall gefertigt und sind für alle RC-Anlagen geeignet. Selbstverständlich können Trucks und Rennwagen auch als Fertigmodelle gekauft werden.

Wegwerffeuerzeuge In ovaler und runder Ausführung eignen sich bei H0-Umbauten als Tanks für Mini-Trucks, für größere Maßstäbe als Zusatztanks oder Ladegut.

Weißleim Wird überwiegend verwendet, um Holzteile zu verkleben. Der Leim wird nach dem Trocken glasklar. Da wasserlöslich, lassen sich Arbeitsgeräte von Weißleimresten leicht reinigen. Klebestellen sollten nicht feucht werden, sie könnten sich lösen. Weißleim wird meistens im Dioramen- und Anlagenbau eingesetzt.

Wellpappe Gibt es in einfacher, doppelter und mehrlagiger Ausführung. Während sich die einfachen Lagen leicht falzen und rollen lassen, eignen sich die verstärkten Sorten auch zum Versteifen von Bauteilen im Dioramenbau oder als Schneideunterlage.

Werbemodell Meistens handelt es sich hierbei um limitierte Auflagen von Plastikmodellen (Trucks) im Maßstab 1:87 oder 1:43/50, die von Speditionen, Nutzfahrzeugherstellern oder großen Industriebetrieben (Siemens, Nixdorf, Buderus etc.) in Auftrag gegeben werden, bei Firmen wie → herpa, → Albedo, → Tekno und anderen. Während die eine Hälfte als Werbegeschenk verteilt wird, gelangt der Rest in den Fachhandel. Werbemodelle (besonders die mit geringer Auflage) sind in Sammlerkreisen sehr begehrt.

Werkzeug → Hilfsmittel

Western Models Britischer Hersteller von exquisiten Metallautos im Maßstab 1:43 und 1:24. Die Firma wurde im Januar 1974 in Mike Stephens gegründet. Erstes Modell waren ein Mercedes 540 K (1938) Roadster und ein 4,5-Liter Lagonda Rapide. Mittlerweile hat sich Western Models auf dem internationalen Modellbaumarkt ausreichend etabliert und produziert vier verschiedene Sammlerserien.

Wiking Die 1932 von Peltzer und Peltzer gegründete Berliner Modellbaufirma stellte ursprünglich Schiffsmodelle (Maßstab 1:250) und später auch Flugzeugmodelle (Maßstab 1:200) her. Im gleichen Maßstab gab es auch eine Serie von Wehrmachtsmodellen und Autos aus Metall. Bedingt durch den Rohstoffmangel nach dem Zweiten Weltkrieg produzierte man bei Wiking für kurze Zeit Kämme und Knöpfe. Die ersten »neuen« Auto-Miniaturmodelle entstanden dann 1948 – aus den zermahlenen Restbeständen der Flugzeugmodelle. Die damals unter dem Namen »Drahtachser« (wegen der eingeschweißten dünnen Drahtachse) hergestellten Autos sind heute begehrte Sammelobjekte.
Heute zählt Wiking zu den größten Automobilherstellern (angenäherter H0-Maßstab) der Welt. Das traditionsreiche Familienunternehmen wurde am 1. 6. 84 von

der Sieper GmbH & Co. KG übernommen, die mit neuem Management versucht, die führende Position des Wiking-Modellbaus auf dem nationalen und internationalen Markt zu behaupten.

Williams US-Firma, die darauf spezialisiert ist, Flugmodellbausätze und Zubehör (Motoren, Waffen, Figuren und Räder) von Zivilflugzeugen (Boeing 247, Curtiss C-46, Sparrow Hawk u. a.) und Militärmaschinen der Vor- und Nachkriegszeit herzustellen. Während die Flugzeuge im Maßstab 1:72 und 1:32 gehalten sind, gibt es die Motorenbausätze im dubiosen Maßstab $1^{1}/_{2}$" (rund 115 mm Durchmesser). Aufgrund der guten Paßgenauigkeit und Detaillierung erfreuen sich diese Kits auf dem deutschen Markt einer wachsenden Beliebtheit.

World Model Car Book Ein Katalog, in dem sämtliche in Deutschland gehandelten Modellautos und Motorräder per Computer erfaßt und alphabetisch, nach Maßstäben geordnet, aufgelistet sind. Das Nachschlagewerk erscheint seit über zehn Jahren bei → Danhausen in Aachen und ist über 100 Seiten stark. Für Bastler und Sammler ist es eine unentbehrliche Hilfe.

Y

Yamada Japanischer Hersteller. In Deutschland sind bisher nur die Bausätze einiger schwimm- und tauchfähiger U-Boote aus dem 2. Weltkrieg bekannt.

Yesteryear Models Markenname einer Sammlerserie von Modellautos der vergangenen Jahrzehnte im Maßstab 1:43, Herausgeber ist die Firma Matchbox. Die Serie

ist recht populär. Erstausgaben einzelner Yesteryear-Modelle werden inzwischen sogar in den Auktionshäusern Sotheby's und Christie's gehandelt (für das 100fache ihres Kaufwertes am Erscheinungstag). Einige der gefragtesten Modelle sind: Opel 4/8 PS Coupé (1909), Packard Modell 30 Landaulet (1910) und Ford Modell T (1911).

Yodel Japanischer Hersteller, bietet auf dem deutschen Markt seit einiger Zeit Automodellbausätze in 1:24 (Polizeifahrzeuge aus den USA, Sportwagen, z. B. Lamborghini Jota) und Motorräder in 1:8 (Hondas) sowie eine Reihe von Motorrollern in 1:24 an. Dazu kommen noch einige Ausführungen von Plexiglasvitrinen zum Selbstbau.

Yonezawa Japanischer Hersteller von Metall-Fertigmodellen im Sammlermaßstab 1:40/55. Ausnahmen sind einige Sondermodelle in 1:75, 1:35 und 1:23. Bei den Yonezawa-Produkten handelt es sich überwiegend um japanische Fahrzeuge (Mitsubishi, Honda, Toyota u. a.).

Z

Zahnpasta Eignet sich mitunter recht gut zum Polieren von Chromteilen und lackierten Modellen. Mit einem weichen, fusselfreien Baumwolltuch aufgerieben lassen sich ordentliche Resultate erzielen.

Zahnstocher Zahnstocher sind ein recht nützliches Utensil im Plastikmodellbau und sollten eigentlich in keiner Bastlerwerkstatt fehlen. Sie finden Verwendung zum Anrühren und Durchmischen von Farben in Dosen. Außerdem kann man mit Zahnstochern auch Leim an schwer zugängliche Stellen bringen. Des weiteren sind sie eine große Hilfe beim Bemalen von Kleinteilen und Figuren, siehe auch → Krokodilklemmen.

Zangen Werkzeuge, die zum Halten, Trennen oder Biegen von Werkstücken dienen. Ideal sind Kombizangen, → Seitenschneider, Spitz- und Rundzangen. Andere Zangen finden gewöhnlich im Modellbau kaum Anwendung.

Zinn Chemischer Grundstoff, silberglänzendes Metall mit niedrigem Schmelzpunkt (232°C). Zinn läßt sich auswalzen zu → Stanniol und findet als Legierung z. B. Anwendung als → Lötzinn oder als Mittel zur Herstellung von → Zinnfiguren.

Zinnfiguren Mit einer Mischung aus → Zinn und Blei lassen sich Metallfiguren gießen, die hinterher bemalt, wahre Kunstwerke darstellen. Zahlreiche Firmen, vorwiegend aus England, dem Mutterland des Figuren-Modellbaus, bieten fertiggegossene Zinnfiguren in diversen Maßstäben an (→ Chota Sahib, → Phoenix u. a.). Eine große Zahl der Zinnfigurensammler ist in der Deutschen Zinnfigurengesellschaft organisiert.

Zirkel Sollen Kurven und Kreise lediglich auf Papier oder Pappe übertragen werden, reicht schon ein einfacher Zeichenzirkel. Wichtiger und besser sind aber die Zirkel mit einer Vorrichtung für Tuschezeichner (für Folientusche), mit denen sich auch Kreise auf Kunststoffmaterial zeichnen lassen. Zum Übertragen von Maßen oder zum Anreißen auf Metall oder -folie nimmt man am besten Stechzirkel mit einer justierbaren Feineinstellung.

Z-Spur Der kleinste aller bekannten Maßstäbe im Eisenbahnmodellbau ist die Spur Z = 1:220. Doch auch hier gibt es Bausätze und Fertigmodelle in zahlreichen Ausführungen.

Zubehör Alles, was benötigt wird, um aus einem Plastikkit ein entsprechendes Modell zu machen, fällt unter Zubehör. Es fängt an mit Farben, Pinseln, verschiedenen Klebern, Sprays, geht weiter mit Spritzpistolen, Spezialwerkzeugen, Farbkarten bis hin zur Elektronik.

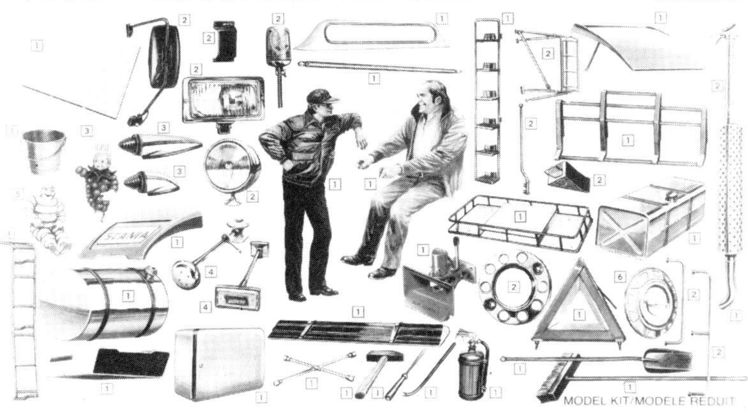

Zubehör-Set Ein Modell hebt sich aus dem Einerlei seiner vielen Mitbewerber auf einer Ausstellung vor allem durch das Zubehör heraus. Zum Glück gibt es seit einiger Zeit für fast alle Maßstäbe (nicht für große) Zubehör, welches meist in Sets angeboten wird. Solche Sets bekommt man für Schiffe, Flugzeuge, Pkw, Lkw und vor allem für die vielen Militarias in den gängigsten Maßstäben.

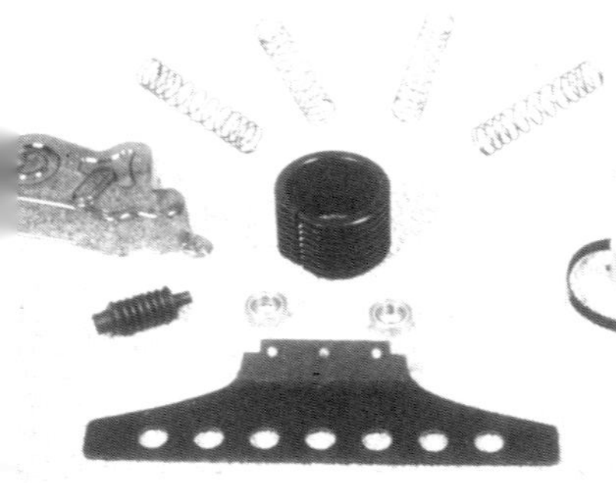

Zusammenbau Die längste Zeit nimmt beim Plastikmodellbau das Zusammenbauen der einzelnen Teile des → Bausatzes in Anspruch. Der Z. wird ermöglicht durch die → Bauanleitung, da aus den vielen Teilen ohne entsprechende Hinweise wohl die wenigsten Modellbauer ein vollständiges Modell zustande brächten. Erleichtert wird der Z. häufig durch kleine Zapfen auf dem einen Teil und durch entsprechend vorhandene Löcher auf dem anderen, wobei durch unterschiedliche Größen die Richtung zwangsweise vorgegeben wird.

Zweikomponentenkleber Das Hauptanwendungsgebiet für diese Art von Kleber sind nicht poröse, feste Materialien, wie z. B. Hartkunststoff, Metalle, Glas und Keramik. Diese Werkstoffe lassen Lösungsmittel nicht durch und können mit einem Lösungsmittelkleber schlecht verbunden werden. Deshalb muß ein durch chemische Reaktion härtender Kleber eingesetzt werden – ein sogenannter Zweikomponentenkleber (UHU endfest 300, technicoll Z). Dieser besteht aus Binder und Härter, die nach Zusammenmischen beider Komponenten verarbeitet werden und extrem hohen Belastungen (bis zu mehreren 100 kg/cm^2) standhalten.

Zwingen Diese Werkzeuge werden benötigt, um verklebte Bauteile zusammenzupressen. Mittlerweile gibt es spezielle Zwingen mit verstellbaren Klemmen, die mit einer Kunststoffkappe geschützt sind. Einige Zwingen verfügen sogar über einen Magnetfuß und lassen sich als → Dritte Hand verwenden.

Zwirn Bei größeren Schiffsmodellen kann man für die Takelage kaum auf Zwirn oder Baumwollfaden verzichten. Es empfiehlt sich, den zurechgeschnittenen Faden vor der Verarbeitung über ein Stück Bienen- oder Kerzenwachs zu ziehen. Dadurch bleiben die dünnen Seile straffer. Ein anderer wirkungsvoller Trick: Zwirn oder Baumwollfaden durch verdünnten Leim ziehen und glätten, dann erst am Modell montieren.

Modelle richtig fotografieren

Tips und Tricks von A–Z

Die langjährige Praxis als Fachredakteur und Modellbauer hat gezeigt, daß es Tüftler und Bastler gibt, die Modelle anfertigen, die sich von ihren Originalen kaum unterscheiden. Da stimmen sämtliche Details und Funktionen. So ein Modell verdient es präsentiert und fotografiert zu werden, für Ausstellungen und Messen, für Zeitschriften und Fachmagazine.
Doch sind die wenigsten Modellbauer in der Lage, ihre wertvollen, in mühsamer Kleinarbeit gebauten Miniaturen so ins »richtige Licht« zu rücken, daß selbst der unerfahrenste Betrachter das Außergewöhnliche eines solchen Modells auf Anhieb erkennt.
Der Sonderteil »Modelle richtig fotografieren« vermittelt Tips und Tricks von Profis, wie man Oldtimer, Schiffe, Flugzeuge, Dioramen oder Figuren aller erdenklichen Maßstäbe besser fotografieren kann. Es kommt dabei noch nicht einmal auf die Qualität und Ausführung der Kamera an – viel wichtiger ist das »gewußt wie«.

A

Abblenden Schließen der → Blende zur Regulierung der einfallenden Lichtmenge und Erweiterung des → Tiefenschärfebereichs. Besonders beim Fotografieren kleiner Modelle ist es unbedingt notwendig, das → Objektiv der → Kamera so weit wie möglich abzublenden, d. h. den Blendenring von 2,8 oder 5,6 auf 22 oder 32 zu drehen. Dadurch verlängert sich zwar die → Belichtungszeit (sie wird erheblich länger!), doch dafür wird das Modell von vorne bis hinten gleichermaßen scharf abgebildet.

Abstraktion Verfremdung durch → Tricklinsen, → Farbfilter, gewollte → Bewegungsunschärfe und Verzerrungen, Wahl der besonderen → Perspektive. All diese Gestaltungselemente lassen sich einsetzen, um dem Modell eine gewisse individuelle Note zu geben. Allerdings bedarf es schon Erfahrung, damit das Modell hinterher so erscheint wie man es sich vorgestellt hat. Eine recht einfache Abstraktion wird erreicht, indem man durch einen Glaskörper (Flasche, Kugel u. ä.) Figuren oder Automodelle fotografiert. Das Endprodukt ist verzerrt und wirkt mitunter surreal.

Adapter Zwischenrahmen an fotografischen Apparaten, z. B. ein vor das Objektiv geschraubter Zwischenring, an dem sich ein Filter oder → Prismenvorsatz mit größerem bzw. kleinerem Durchmesser befestigen läßt. Der Vorteil: Man braucht nicht gleich für jedes Objektv passende Filter zu kaufen, sondern kann ein und denselben für die Aufnahmen verwenden. Nachteil: Besonders bei → Weitwinkelobjektiven treten Randunschärfen oder Vignettierungen (Randabdunkelungen) auf.

Aufheller Nicht immer reichen die Lichtquellen (Tages- oder Kunstlicht) aus, um das zu fotografierende Motiv (Truck, Auto, Figuren etc.) ideal abzulichten. Aufhellen kann man entweder mit direkten Lichtquellen, also Lampen aller Art oder durch Reflektionen des schon vorhandenen Lichts. Hierzu kann man Styroporplatten, weißen Karton oder Stoff verwenden. Das auftreffende Licht wird dadurch zurückgeworfen und hellt die dunklen Bildpartien des Modells auf.

Beim Blitzen wird der Aufheller so gehalten, daß das Licht aufs Modell reflektiert wird

Aufhellflächen Zum Aufhellen bildwichtiger Modellpartien eignen sich bereits einfache Hilfsmittel wie weißer Karton, Styroporplatten, Spiegel oder heller Stoff. Soll das Motiv geblitzt werden, so lassen sich weiße Decken, Wände oder → Paraflash-Schirme als Aufhellflächen benutzen.

Aufnahmeabstand Ein Kardinalfehler aller Fotoamateure: Sie gehen nicht nah genug an ihr Motiv heran. Das Ergebnis – auf dem Foto erscheint hinterher ein winziger Truck verloren im Umfeld des heimischen Wohn- oder Bastelzimmers. Zugegeben: H0-Modelle lassen sich mit einem Normalobjektiv (Brennweite 50–55 mm) ohne → Nahlinse oder Zwischenringe kaum formatfüllend ablichten. Doch bei Fahrzeugen ab Maßstab 1:24 und mehr kann man selbst mit dem Normalobjektiv bis auf 40–50 cm ans Modell herangehen, so daß sich selbst Details ausreichend darstellen lassen.

Ausleuchten Großer Aufwand ist nicht nötig, um selbst als Anfänger ein Modell ausreichend auszuleuchten. Eine Fotolampe mit Klemmvorrichtung oder an einem Studiostativ montiert, sowie eine → Aufhellfläche reichen schon. Natürlich geht es mit einer zweiten Fotolampe wesentlich besser. Man verwendet die eine Lampe als Hauptlicht und die andere als Aufhell- oder Effektlicht, wobei letztere entweder weiter vom Modell entfernt aufgestellt wird oder in ihrer Lichtstärke schwächer sein sollte. Anderenfalls geht der Aufnahme viel von ihrer Plastizität verloren.
Wichtig beim Ausleuchten ist die Lichtführung. Seitenlicht wird am häufigsten angewandt, denn es arbeitet die Formen des aufzunehmenden Modells plastischer heraus. Mit direktem Licht von vorn hingegen wirkt das Motiv flach, überstrahlt und unnatürlich. Ein recht dramatischer Effekt kann erzielt werden, wenn das Licht schräg von unten auf das Modell gerichtet wird. In dem Fall sollte auch der Aufnahmestandpunkt möglichst tief liegen.

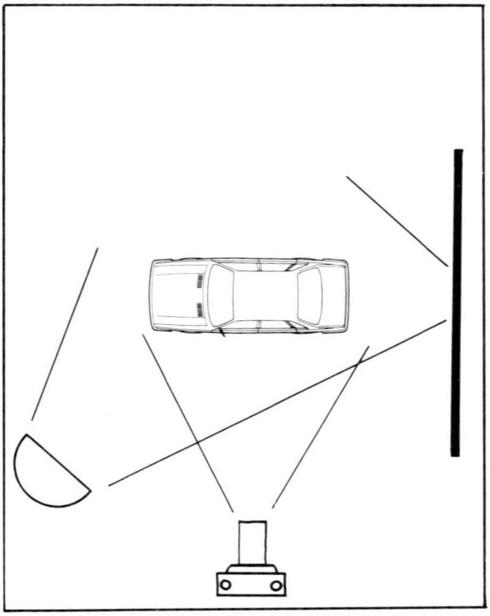

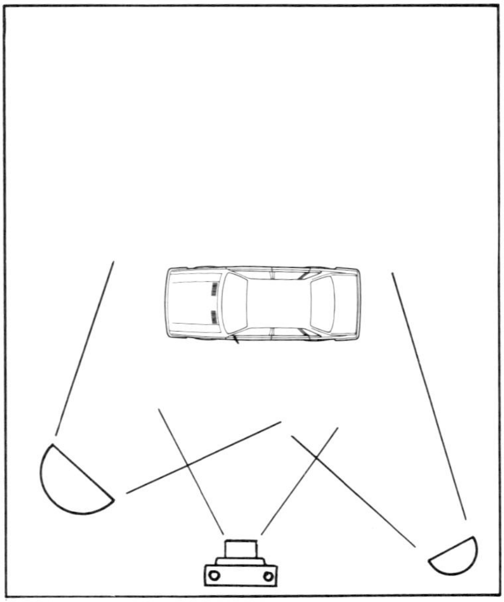

Available light Englisch (= verfügbares Licht). Es bedeutet nichts anderes als mit der normal vorhandenen Helligkeit zu fotografieren. Am Tage ist das gar kein Problem, wohl aber bei Nachtaufnahmen und in sehr spärlich beleuchteten Räumen. Natürlich liegt hier ein gewisser Reiz z. B. Figuren in einem Diorama bei brennendem Kerzenlicht zu fotografieren, so daß der Eindruck von Fackelschein oder Lagerfeuerstimmung entsteht. Fotografieren Sie dabei mit höchstempfindlichen Farbdiafilmen (400–1000 ASA). Wegen der langen → Belichtungszeit (1/30 Sekunde und mehr) ist es ratsam, ein → Stativ zu verwenden.

B

Belichtung Zwar verfügen heute die meisten Kameras über integrierte → Belichtungsmesser, die exakt die richtige Belichtung des jeweiligen Motivs anzeigen. Entweder durch Leuchtdioden oder einen dünnen Zeiger am rechten bzw. linken Sucherrand. Es empfiehlt sich, nicht nur bei schwierigen oder kontrastreichen Lichtverhältnissen immer mehrere Belichtungen zu machen. Mißt die Kamera z. B. 1/60 Sekunde bei Blende 8, so macht man zusätzlich noch je eine Aufnahme mit gleicher Zeit bei Blende 5,6 und 11 (also etwas über- bzw. unterbelichten). So hat man stets die Gewähr, das mindestens eine der Aufnahmen die ideale Belichtung aufweist.

Belichtungsmesser Die festeingebauten CdS-(Cadmium-Schwefel-)Belichtungsmesser, mit denen fast alle modernen Spiegelreflexkameras ausgestattet sind, lassen sich durchschnittlich → Belichtungszeiten von 1/2000 bis 4 Sekunden einstellen. Vom Kamerastandpunkt aus mißt der Belichtungsmesser dabei das von dem Aufnahmeobjekt (Truck, Diorama etc.) zurückgeworfene Licht. Er berücksichtigt die Farben und die Helligkeit bei der gerade vorhandenen → Beleuchtung. Angezeigt wird stets ein Mittelwert aus den verschiedenen Detailhelligkeiten. Das Problem: Die Belichtungsmesser »denken« nicht logisch. Ist z. B. das Modell zu kon-

Belichtungs-messer

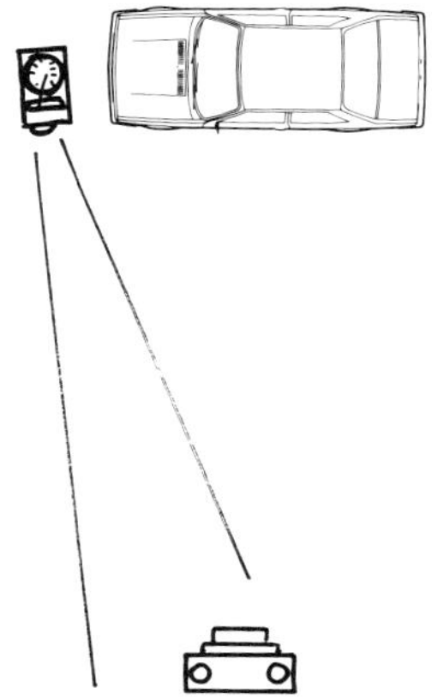

strastreich (blaues Auto auf weißem Untergrund) wird lediglich ein Mittelwert angezeigt. Auf dem Foto ist meistens hinterher das Motiv zu dunkel bzw. zu hell. Man muß also mehrere Belichtungen machen, d. h. bewußt über- und unterbelichten.

Detail- oder Lichtmessung Hierfür verwendet man einen Handbelichtungsmesser

(Gossen Lunasix 3 u. a.), der das Licht, von dem das Modell angestrahlt oder beleuchtet wird, anzeigt. Diese Meßmethode ist besonders wirksam bei kontrastreichen oder in der Helligkeit unausgeglichenen Motiven. Dabei wird ein → Diffusor (Kappe aus milchigweißem Kunststoff) vor den Belichtungsmesser geschoben und direkt zur Kamera gemessen.

Belichtungszeiten Diese reichen bei fast allen modernen Spiegelreflexkameras von 1/2000 bis 4 Sekunden. Ideal sind Belichtungszeiten von 1/125 und kürzer. Je ungünstiger die Lichtverhältnisse, desto länger werden auch die Belichtungszeiten. Ab 1/30 Sekunde und länger empfiehlt es sich nicht mehr aus der Hand zu fotografieren, sondern ein → Stativ zu benutzen. Bei Belichtungszeiten von mehr als 1 Sekunde kann der sogenannte Schwarzschildeffekt auftreten, d. h. der Film weist einen Farbstich auf oder ist trotz korrekter Belichtung zu dunkel. Abhilfe schafft man durch noch längere Belichtung (bei gleicher Blende).

Bewegungsabläufe Plastikmodelle müssen nicht immer »leblos« sein, auch sie können sich bewegen. Soll z. B. eine Propellermaschine so dargestellt werden, als ob sie fliegen würde, gibt es einen einfachen Trick: Spannen Sie das Leitwerk in einen Tischschraubstock mit gummierten Backen und befestigen Sie die Propeller mit Stecknadeln lose am Motor. Mit dem Luftstrom eines Föns beginnen die Propeller zu rotieren. Bei einer → Belichtungszeit von weniger als 1/30 Sekunde sehen die kreisenden Propeller hinterher auf dem Film täuschend echt aus. Nach Möglichkeit sollte das Modell draußen gegen den vorhandenen Himmel fotografiert werden. Der Aufnahmestandpunkt sollte dabei ziemlich niedrig gewählt sein. Nah ran gehen und den Ausschnitt so bestimmen, daß im Sucher nur das Flugzeug zu sehen ist, ohne das eingespannte Leitwerk.

Bei RC-Modellen (Dune-Buggies oder Rennwagen) ist es recht schwierig, die Bewegungsabläufe optimal einzufangen. Auch hier hilft ein Trick. Stellen Sie das Mo-

dell an einen Steilhang (Geröllhalde, Erdhaufen), kontern sie beim Fotografieren die Kamera so, daß der Horizont waagerecht erscheint und lassen Sie Gas geben. Bei dem Modell werden jetzt die Reifen durchdrehen und Dreck aufschleudern – aber von der Stelle rührt es sich nicht. Belichten Sie mit 1/60 Sekunde. Auf dem Film wird es aussehen, als ob der Buggy mindestens 80 km/h fahren würde.

Bewegungsunschärfe Gilt normalerweise als Fehler. Bewußt angewendet kann ein Motiv allerdings durch eine gewisse Unschärfe belebt werden. Bei fahrenden RC-Modellen versucht man entweder die Kamera mitzuziehen, d. h. bei 1/125 Sekunde und Verwendung eines leichten → Teleobjektivs das Modell immer im Sucher zu behalten und dabei auszulösen. Der Effekt ist verblüffend: Das sich bewegende Motiv ist nahezu völlig scharf, der Hintergrund verwischt.
Eine andere Variante: Man fotografiert mit 1/60 Sekunde oder mit einer noch längeren Belichtungszeit. Fazit: Das Modell erscheint auf dem Film unscharf und dynamisch. Ein besonderer Trick ist die Verwendung von Super-Speed-Filtern der Firma Cokin. Dieser Filter ist mit → Teleobjektiven bis zu 250 mm Brennweite verwendbar, bei → Weitwinkelobjektiven möglichst mit offener → Blende, aber bei längeren Brennweiten mit kleineren Blenden arbeiten. Die Wirkung des Filters erfaßt absichtlich nur einen Teil des Motivs, so daß eine Bildpartie stets scharf bleibt, während die andere als Verwischung erscheint.

Bildausschnitt Jeder Modellbauer sollte sich, bevor er sein Modell fotografiert, darüber klar sein, was er eigentlich darstellen möchte. Soll nur das Modell abgebildet werden, ist der Bildausschnitt möglichst klein zu halten, d. h. entwender möglichst nah ran ans Motiv oder ein → Teleobjektiv verwenden, bei dem der → Bildwinkel ohnehin wesentlich kleiner ist.
Bei Pocket- oder einfachen Sucherkameras empfiehlt es sich, das Modell mit einem niedrigempfindlichen Diafilm (25–64 ASA) zu fotografieren und im Fotofachgeschäft eine Ausschnittsvergrößerung anfertigen zu lassen, die ausschließlich das Modell zeigt.

Bildkomposition Spiegelreflexkameras zeigen im Sucher die genaue Wiedergabe des zu fotografierenden Modells, d. h. ist der 1:24-Truck genau in der Bildmitte, erscheint er auch auf dem Film exakt in der Mitte. Allerdings sind solche Zentralkompositionen meistens recht uninteressant und spannungslos. Viel attraktiver sind z. B. asymmetrische Bildkompositionen, bei denen sich das Hauptmotiv (Auto, Flugzeug, Schiff etc.) am linken unteren Bildrand befindet. Oder man versucht Gegenpole und Motivkontraste zu schaffen (groß-klein, gerade und diagonale Bildreihen u. a.). Ein Truck einfach von der Seite gesehen, wirkt kaum lebendig. Den gleichen Truck aber so fotografieren, daß er schräg durchs Bild rollt und auf den Betrachter zu kommt, wirkt viel besser.

Bildwinkel Er sollte möglichst klein sein und sich auf das Wesentliche beschränken. Je mehr störendes Umfeld zu sehen ist, desto weniger kommt das eigentliche Modell zur Geltung. Deshalb ist es ratsam, Modelle der Maßstäbe 1:32 und 1:24/25 mit einem Normalobjektiv (so nah wie möglich ran gehen!) zu fotografieren. Bei größeren Maßstäben (1:16 oder 1:8) lassen sich auch leichte → Teleobjektive einsetzen, die den Bildwinkel ohnehin stark reduzieren. Modelle mit dem → Weitwinkelobjektiv zu fotografieren hat gar keinen Sinn, weil der Bildwinkel viel zu groß ist. Außerdem würde das Modell nicht unerheblich verzerrt dargestellt werden.

Blaufilter Sie dienen dazu, um Farbdiafilme, die auf Tageslicht abgestimmt sind, auch für → Kunstlicht einzusetzen. Im Fachhandel tragen sie die Bezeichnung KB 12.

Blende Für die Modellbaufotografie gibt es eine wichtige Regel: Je kleiner die fotografisch wirksame Öffnung eines → Objektivs ist (Blende), desto größer und brillanter wird die → Schärfentiefe des abgelichteten Motivs. Die meisten Objektive verfügen heutzutage über Iris-Blenden, welche wie die Iris des menschlichen Auges vergrößert bzw. verkleinert werden können. Diese Metall-Lamellen aus hauchdünnem Stahlblech werden durch einen Drehring am Objektiv verstellt. Ist der Drehring ganz aufgestellt, spricht man von einer »offenen« Blende, d. h. relativ viel Licht fällt auf den Film. Bei einer »kleinen« Blende (z. B. 22) dringt dementsprechend wenig Licht in die Kamera – der Film muß also länger belichtet werden.

Blendenwahl Je kleiner das Modell, desto größer sollte die Blendenzahl sein, d. h. ein H0-Werbemodell ist nur von vorne bis hinten scharf abgebildet, wenn die Blende bei 22 oder 32 liegt. Größere Modelle (1:16 und mehr), die mit einem leichten → Teleobjektiv fotografiert werden, lassen sich auch mit einer gewählten Blende von 16 oder 11 noch relativ scharf ablichten.

Blitzlicht Vorbei sind die Zeiten, wo das Fotografieren mit Blitzlicht noch ein wenig kompliziert war. Die neuen Elektronikblitzgeräte bieten selbst Laien größtmöglichen Bedienungskomfort. Fast alle Blitzgeräte verfügen über einen eingebauten Telecomputer, der durch einen hochempfindlichen Sensor gesteuert wird. Er mißt im Augenblick des Blitzes das vom Objekt reflektierte Licht und gibt diesen Wert an den Telecomputer weiter. Dieser bestimmt, wie kurz der Blitz sein muß und schaltet ihn automatisch ab – wenn richtig belichtet ist. Bei der Dosierung des Blitzlichts werden Entfernung und Helligkeit des Motivs mit berücksichtigt.
Verwendet werden im allgemeinen Blitzgeräte, die entweder auf die Kamera aufgesteckt oder als Stab- und Kompaktblitz seitlich an der Kamera befestigt werden.

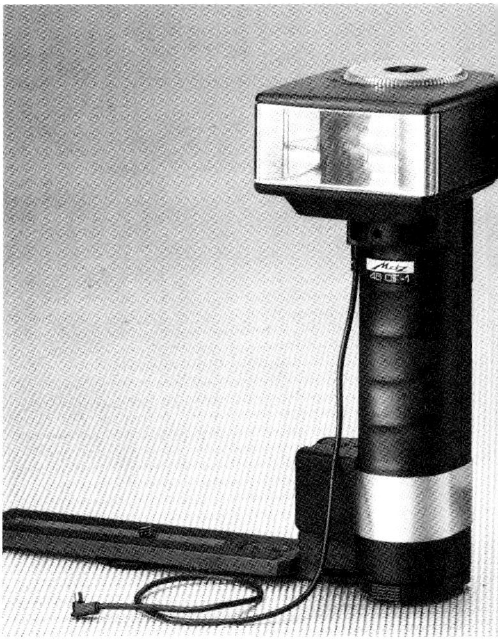

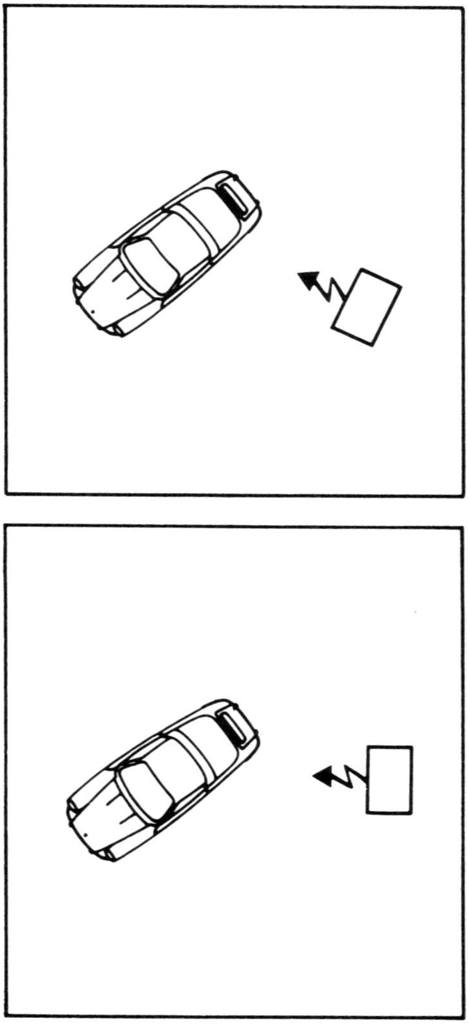

Blitzen, direkt Ein Fehler, der häufig begangen wird. Die Modelle werden dabei direkt angeblitzt, d. h. das abgestrahlte Licht des Blitzgeräts fällt ohne Umwege auf das Modell. Ergebnis: Die Fotos wirken konturlos und unnatürlich. Außerdem sind fast immer irgendwelche Bildpartien überstrahlt bzw. überbelichtet. Ebenfalls recht negativ: die starken Schlagschatten, welche beim direkten Blitzen entstehen. Das passiert vor allem, wenn die Modelle seitlich angeblitzt werden.

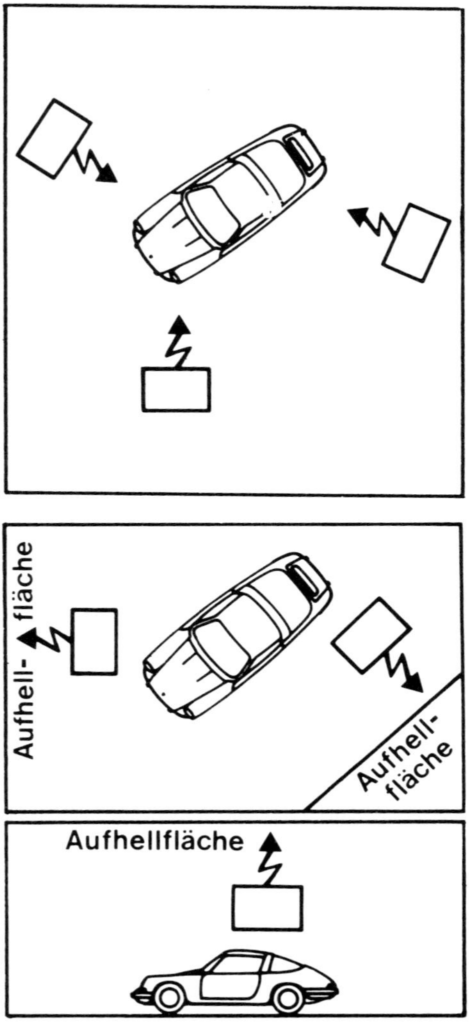

Blitzen, indirekt Zweifellos der bessere Weg, um gut ausgeleuchtete Fotos zu bekommen. Geblitzt wird in diesem Fall mit Aufhellflächen (weißer Karton, Styroporplatte oder ähnlichem). Der Blitz wird gegen diese Flächen ausgerichtet, das reflektierte Licht leuchtet dann die Modelle viel weicher und natürlicher aus. Mittlerweile verfügen viele Stabblitzgeräte über einen aufsteckbaren Reflexschirm, der weiche Ausleuchtung fast 100prozentig gewährleistet. Für das indirekte Blitzen ist einige Erfahrung nötig.

Blitzsysteme Große Blitzgeräte mit Netzanschluß sind zwar interessant in der Profi- und Studiofotografie, der Modellbauer, der seine Autos, Trucks oder Flugzeuge ablichten will, kommt mit wesentlich unkomplizierteren Systemen aus. Für den Anfang ausreichend sind die handlichen Kompaktblitze (z. B. Cullmann SCA 300 oder Metz mecablitz 18 B 3), die auf den Mittenkontakt einer Spiegelreflexkamera aufgesteckt werden. Besser und vielfältiger im Einsatz sind natürlich Stabblitze, die mit einer Befestigungsschiene mit der Kamera verbunden werden. Ein Synchronkabel stellt die Verbindung zum Auslösemechanismus der Kamera her. Das Kabel erlaubt auch den Einsatz von Hand, d. h. der Blitz kann auch unabhängig von der Kamera verwendet werden → Offenblitz-Methode.

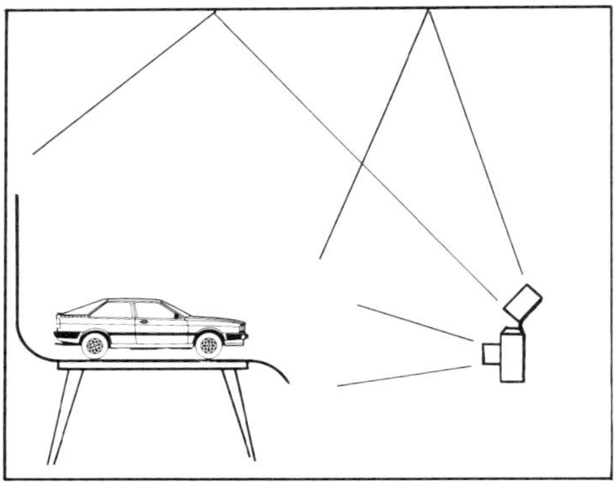

Bounce Begriff aus dem Englischen (bounce = zurückprallen). Es handelt sich dabei um eine Technik der indirekten Beleuchtung. Das Licht »prallt« gegen die Decke, Wand oder andere Reflektionsflächen und von dort zurück auf das Objekt. Diese Beleuchtung ist sehr weich und vermeidet weitgehend Schatten. Neben Lampen eignen sich auch Blitzgeräte gut für die Bouncetechnik.

D

Diafilme Davon gibt es viele. Sollen Modelle im Freilicht, d. h. draußen in der Natur fotografiert werden, empfiehlt es sich auf Tageslichtumkehrfilme zurückzugreifen. Ideal sind Kodak Ektachrome 100, Agfachrome Professional 50 S und Fujichrome. Diese Filme schließen meistens die Entwicklung beim Hersteller nicht mit ein und können vom Fotofachhändler in fast jeder Stadt im Labor entwickelt werden. Fachlabore arbeiten ziemlich schnell, so daß der Film bereits nach zwei Stunden fertig gerahmt angeschaut werden kann. Abzüge im Format 9×13, 13×18 oder 18×24 cm gibt es schon für ein paar Mark. Wem es egal ist, wie lange der Film zur Entwicklung braucht, dem sind die Kodachrome Diafilme ans Herz gelegt. Sie sind brillant und feinkörnig (25 oder 64 ASA), werden allerdings nur bei Kodak in Stuttgart entwickelt. Für Aufnahmen bei Kunstlicht gibt es dementsprechende Kunstlichtdiafilme (für Halogen- und Fotoleuchten).

Diaprojektor Für die richtige Ausleuchtung eines Modells läßt sich ein fehlender Scheinwerfer auch durch einen umfunktionierten Diaprojektor ersetzen. Sollen Spotlight-Effekte erreicht werden, schiebt man einfach ein Schwarzdia mit einem feinen, hineingestochenem Loch in den Projektor. In der → Tabletop-Fotografie setzt man Diaprojektoren für die Ausleuchtung des Hintergrunds ein.

Diffusor Bei Handbelichtungsmessern vorhandene milchigweiße Kunststoffkapsel, welche bei kontrastreichen oder in ihrer Helligkeit unausgeglichenen Motiven vor die Lichteintrittsöffnung des Geräts geschoben wird.

Doppelbelichtung Ein einfacher Trick, ungewöhnliche Modellfotos zu machen, ist eine Mehrfachbelichtung, vorausgesetzt die Kamera (Spiegelreflex) verfügt über eine Vorrichtung für Doppelbelichtungen. Vor das Objektiv wird mit Hilfe eines Halters eine Maske geschoben (z. B. Cokin Double Exposure). Die Kamera muß dabei auf einem festen Stativ montiert sein. Unterhalb des Kamerabodens ist ein Stift, der nach der Erstbelichtung eingedrückt wird und den Filmtransport aufhebt. Wird jetzt der Filmtransporthebel gespannt, schiebt sich der Film nicht weiter und kann ein zweites Mal belichtet werden, dabei wird die Maske so umgedreht, daß der Halter nicht verstellt wird. Wichtig: Die Lichtverhältnisse müssen bei beiden Aufnahmen gleich sein. Ideale Blenden: 4–8 (Normal- und Weitwinkelobjektive, 8–22 bei Teleobjektiven).

Doppelmasken siehe Doppelbelichtung (Cokin-Filter).

Drahtauslöser Erforderlich, wenn bei Stativaufnahmen die Kamera erschütterungsfrei ausgelöst werden soll, da bei Belichtungen von mehr als 1/8 Sekunde die Gefahr von verwackelten Fotos recht groß ist. Drahtauslöser gibt es in jedem Fotogeschäft. Ihre Längen reichen von handbreit bis meterlang.

E

Effektlicht Darunter versteht man alle Lichtquellen, die nicht in erster Linie zu der für das Foto erforderlichen Motivbeleuchtung notwendig sind, z. B. ein → Spotlight, das nur auf einige chromblitzende Teile eines US-Trucks gerichtet wird. Möglichkeiten gibt es viele. Interessante Effekte erzielt man auch durch farbige Sonderausleuchtung (Filtervorsätze). Besonders dramatische Fotos erhält man, wenn das Effektlicht steil von unten oder oben kommt. Dem Experiment sind dabei keinerlei Grenzen gesetzt.

Entfernungseinstellung Diese sollte bei der Modellfotografie zentimetergenau sein. Ideal sind natürlich alle SLR-(Spiegelreflex-)Kameras mit hellen Fresnel-Mattscheiben. Bei einfachen Sucherkameras mißt man am besten mit dem Lineal oder einem Zentimetermaß den Abstand zwischen Modell und Kamera und stellt die Entfernungswerte am Objektivring dementsprechend ein.

Entwicklung Bei den meisten der handelsüblichen Farbdiafilme ist die Filmentwicklung schon im Preis eingeschlossen. Der belichtete Film wird entweder direkt in einem Versandbeutel an den Hersteller (Kodak, Agfa) geschickt oder beim Fachhändler/Drogisten abgegeben, der den Film in einem Fachlabor dann entwickeln läßt.
Farbnegativfilme landen nach dem Belichten gewöhnlich in einer Bearbeitungstüte, auf der gleich die Anzahl der Papierabzüge sowie deren Format angegeben wird. Die Entwicklung von Farbdiafilmen sollte vorgezogen werden, da sie am unproblematischsten ist.

F

Farbe des Lichts Normales Licht ist (für das menschliche Auge) weiß. Licht von Glünlampen und von Leuchtstoffröhren ist entweder rot, gelb oder blau. Deshalb gilt: Zum Fotografieren braucht man Fotolicht, das entweder auf Tages- oder Kunstlichtfilme abgestimmt oder mit handelsüblichen → Farbkonversationsfiltern unter Kontrolle gebracht werden kann.

Farbfilter Mit solchen dem Objektiv vorgeschraubten Glasfiltern lassen sich teilweise unglaubliche Effekte und Farbverfälschungen erzielen, z. B. purpurfarbene

Sportwagen oder giftgrüne Motorroller. Einen Hauch von Nostalgie erzielt man mit Sepia-Filtern, die vor allem Oldtimer-Aufnahmen einen klassischen Touch geben. Wichtig bei der Verwendung von Farbfiltern: die Belichtungszeiten verlängern sich. Dies ist bei Kameras mit automatischen Innenbelichtungsmessern kein Problem, die messen durch den Filter hindurch. Bei Sucherkameras wird der auf dem Filter angegebene Verlängerungsfaktor entsprechend eingestellt, z. B. Faktor 2, d. h. die Belichtung ist doppelt so lang.

Farbiges Licht Das ist was besonderes. Beleuchten Sie das Modell einmal knallgelb und den Hintergrund violett. Das gibt mitunter völlig groteske Fotos. Vermeiden sollte man allerdings zu grelle oder zu dunkle Farben, sonst gehen am Modell wichtige Details verloren. Farbiges Licht läßt sich schon mit Hilfe von farbigen Azetonfolien oder einfachen mit Glasmalfarbe bestrichenen Scheiben erzeugen, indem man diese vor dem → Diaprojektor oder den → Spotlights befestigt.

Fog-Filter Das sind sogenannte Nebel- und Dunstfilter. Im Fachhandel werden diese Filter in zwei verschiedenen Dichten und teilweise mattiert (Cokin) angeboten. Der Dunst- oder Nebeleffekt wird zum Hintergrund hin stärker, während der Vordergrund scharf und konstrastreich bleibt. In Verbindung mit Farb- oder Verlaufsfiltern lassen sich auf diese Weise recht malerische Effekte erreichen.

Formatfüllend fotografieren Nichts ist uninteressanter als die Abbildung eines attraktiven Modells als winzigen Farbtupfer in der Fotomitte und einem riesigen bedeutungslosen Umfeld. Gehen Sie deshalb so nah wie möglich an das Modell heran, um es formatfüllend in den Sucher zu bekommen. Notfalls ein Teleobjektiv nehmen oder den Abbildungsmaßstab mit einer → Nahlinse vergrößern. Nur so lassen sich auch die wichtigen Details des Modells sichtbar machen.

Frontprojektion Mit Hilfe eines → Diaprojektors, der neben oder unter der Kamera angebracht ist, wird z. B. eine Landschaft auf einen weißen Hintergrund (Papier, Leinwand, Resopal u. ä.) projiziert. Das Modell wird vor dem Hintergrund plaziert und mit zwei Lampen aufgehellt. Dieses Vordergrundlicht sollte mit Abschirmblenden aus schwarzem Karton seitlich gegen das projizierte Hintergrunddia abgeschirmt werden. Gleichzeitig hebt es das unscharfe Projektionsbild auf dem Modell fast vollständig auf.
Eine etwas teuere Methode ist die Anwendung eines Frontprojektors, der direkt unterhalb der Kamera auf einem Stativ befestigt wird. Das Projektionsbild trifft dabei auf einen teildurchlässigen Spiegel und wird nach vorn umgelenkt, während die Kamera durch den Spiegel hindurchfotografiert. Der Spiegel kombiniert die beiden

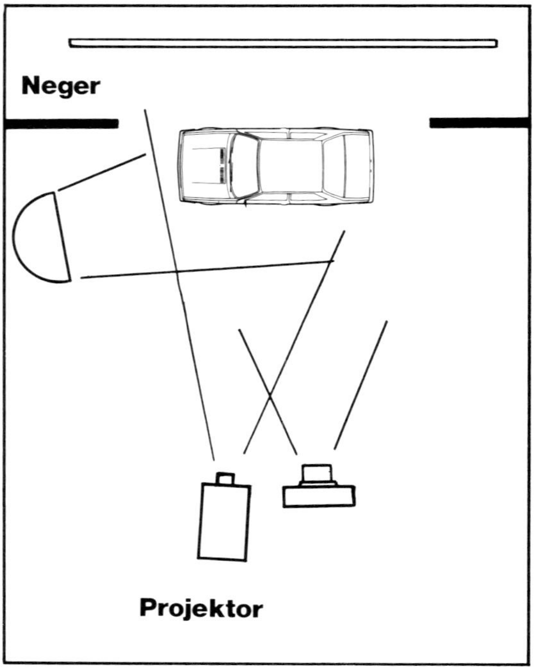

Bildwinkel, so daß die Projektion scheinbar von der Kamera ausgeht. Mit diesem Projektionsbild kann nun jedes beliebige Modell kombiniert werden.

Froschperspektive Das Modell wird bei diesem Aufnahmeverfahren von schräg unten nach oben fotografiert. Dadurch werden die Fotos z. B. von Trucks wesentlich realistischer als bei Aufnahmen in Augenhöhe. Der Bildwinkel entspricht in diesem Fall auch der Wirklichkeit, denn wenn man vor einem Truck steht, schaut das Auge unweigerlich leicht nach oben, um die Dimensionen voll zu erfassen.

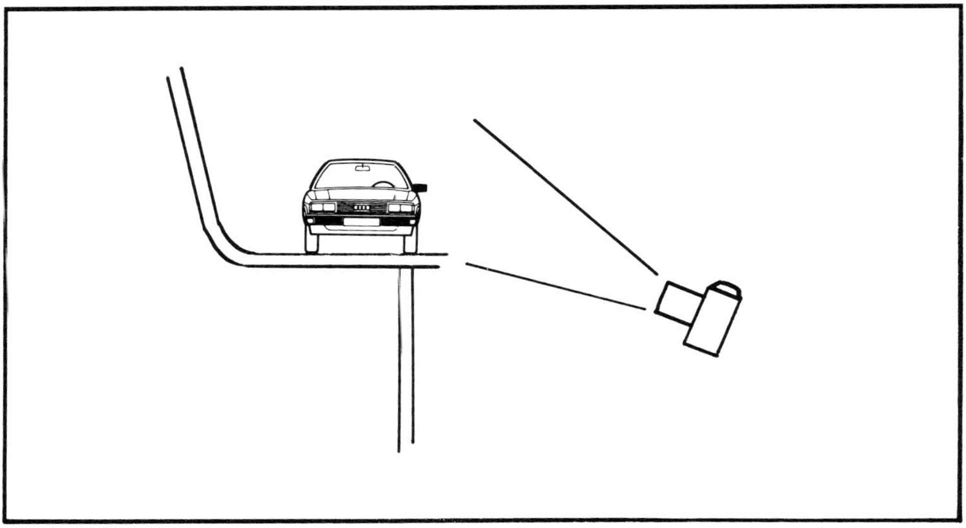

G

Gegenlicht Schafft reizvolle kontrastreiche Aufnahmen, besonders draußen, wenn z. B. die Sonne untergeht. Ein altes Segelschiff mit Masten und gerafften Lateinsegeln im gleißenden Schein der Sonne fotografiert, schafft zum Teil bizarre Effekte. Man sollte ein wenig unterbelichten. Das Resultat: Schiff und Aufbauten (im Vordergrund) wirken schwarz wie ein Scherenschnitt, dahinter in rot-gelb leuchtet die Sonne. Wichtig bei Gegenlichtaufnahmen: Nicht direkt in die Sonne fotografieren, sonst wird alles überbelichtet.

Gegenlichtblende Dies sind meist sich konisch nach außen erweiternde Metall-, Gummi- oder Kunststoffzylinder, die entweder auf das Objektiv geschraubt oder gesteckt werden. Sie können starr, beweglich und ausziehbar sein und bewirken, daß kein unerwünschtes Streulicht die Farbintensivität und Brillanz der Aufnahmen beeinträchtigt. → Teleobjektive verfügen meistens schon über eine ausziehbare Sonnenblende. Bei → Weitwinkel unbedingt darauf achten, daß der Bildwinkel durch die Sonnenblende nicht begrenzt wird, sonst gibt es Randunschärfen.

H

Halogenleuchten Zum Fotografieren mit → Kunstlicht bestens geeignet. Mit Halogenlampen von 1000–2000 Watt, gegen die weiße Zimmerdecke gerichtet, erreicht man nahezu Tageslichtbedingungen. Fast alle z. Z. angebotenen Lampen verfügen über ein Gebläse zur Kühlung oder schalten bei Erreichen einer bestimmten Gradzahl automatisch ab. Die Lichtleistung einer 1000-Watt-Lampe beträgt in der Regel 6200 Lux (bei zwei Meter Abstand vom Modell). Die Farbtemperatur beträgt 3200–3400 K.

High-Key Bei dieser Aufnahmetechnik sollten Modell und Hintergrund möglichst in einem hellen Farbton gehalten sein. Für die Ausleuchtung benötigt man vier Fotolampen: Zwei Hauptscheinwerfer für die Vordergrundausleuchtung und zwei → Effektlichter, die auf den Hintergrund gerichtet werden und das Licht zurückwerfen. Beim Fotografieren sollte man mehrere Aufnahmen mit unterschiedlichen → Belichtungen machen.

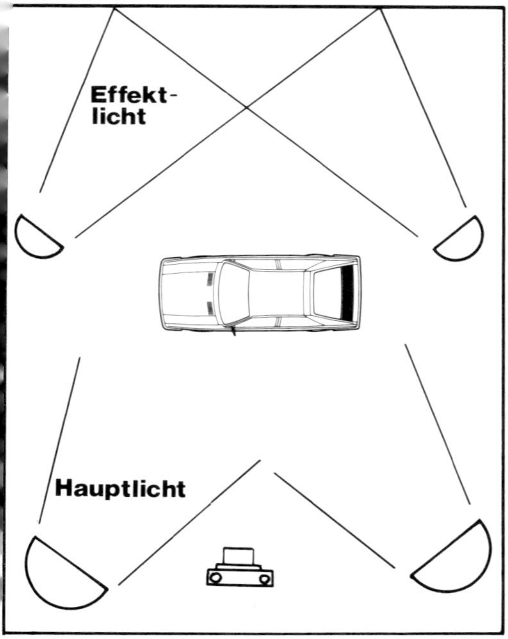

Hintergrundauflösung Als Fotohintergrund kann in diesem Fall fast alles genommen werden: verschmierte Wände, Gartenlandschaften, normale Wohnungseinrichtungen etc. Das Modell wird im Vordergrund plaziert und (am besten) mit einem Teleobjektiv (100–135 mm Brennweite) fotografiert. Die Schärfe wird auf das Modell gelegt und am Objektiv wird eine möglichst große Blende (4 oder 5,6) eingestellt. Stellen Sie das Modell (Auto, Eisenbahn, Schiff) quer zur Kamera, damit nicht allzuviel → Schärfentiefe verloren geht. Der Hintergrund tritt bei dieser Aufnahmetechnik fast völlig zurück, wird unscharf und löst sich auf in Farbverwischungen.

Hintergrundkarton Soll das Modell vor neutralem Hintergrund aufgenommen werden, verwendet man entweder farbigen oder weißen Farbkarton, den man in fast jedem Schreibwarengeschäft für ein paar Mark kaufen kann, oder den im Fotofachhandel erhältlichen Hintergrundkarton von der Rolle. Der Karton wird an den hinteren Enden hochgezogen und so befestigt (Wand, Tür, beschwerte Pappschachtel etc.), daß er gleichmäßig durchgebogen von der Vertikalen zur Horizontalen verläuft. So erhält man einen idealen Hintergrund ohne störende Linien, Kanten und Falze.

Hintergrundprojektion Wer sein Modell in natürlicher Umgebung fotografieren möchte (z. B. eine Reiterfigur vor einer Waldlandschaft), projiziert ein dementsprechendes Dia auf eine Projektionsfläche. Für diese Methode gibt es zwei Techniken. Siehe → Frontprojektion, → Rückprojektion.

Hochempfindliche Filme Lichtmangel ist heutzutage kein Problem mehr. Er wird mit hoch- und höchstempfindlichen Filmen ausgeglichen. Bei s/w- und Farbnegativen gibt es einige Filme, die mit 400–1000 ASA belichtet werden können, d. h. selbst bei schummrigem Kerzenlicht lassen sich noch Aufnahmen aus der Hand machen. Diafilme lassen sich bis zu 1600 ASA (33 DIN) hochpuschen (z. B. Kodak Ektachrome), müssen aber speziell entwickelt werden. Die Qualität ist gut. Auftretende Blaustiche lassen sich beim Tageslichtfilm mit einem Skylight-Filter ausgleichen. Nachteil: Die Filme sind grobkörnig, was sich bei Vergrößerungen (Papierabzüge 18×24 cm und größer) sehr negativ erweist.

K

Kamera Gewiß, mit Einfachkameras (Pocket oder anderen Sucherkameras) lassen sich gelegentlich recht brauchbare Resultate erzielen, aber wer seine Modelle ernsthaft fotografieren möchte, braucht in jedem Fall eine Spiegelreflexkamera. Durch das Aufnahmeobjektiv betrachtet, zeigen diese Kameras exakt die Motiveinstellung, den Aufbau und Veränderungen. Mit dem eingebauten Belichtungsmesser wird fotografieren fast schon zum Kinderspiel. Anfänger sollten es vielleicht für die ersten Modellaufnahmen mit einer gebrauchten Spiegelreflex versuchen, die im Fotofachhandel ziemlich günstig angeboten werden.

Kalenderblätter Der ideale Hintergrund für Modellaufnahmen sind farbige Kalenderblätter (Landschaften, Häuser etc.) oder Poster. Allerdings sollten diese nicht allzu sehr vom eigentlich zu fotografierenden Modell ablenken und neutral sein (Himmel mit Wolken u. ä.).

Trick mit Kalenderblatt: Bereits ein weißes Blatt und aufgezupfte Watte reicht aus, um den Vordergrund als Winterlandschaft erscheinen zu lassen

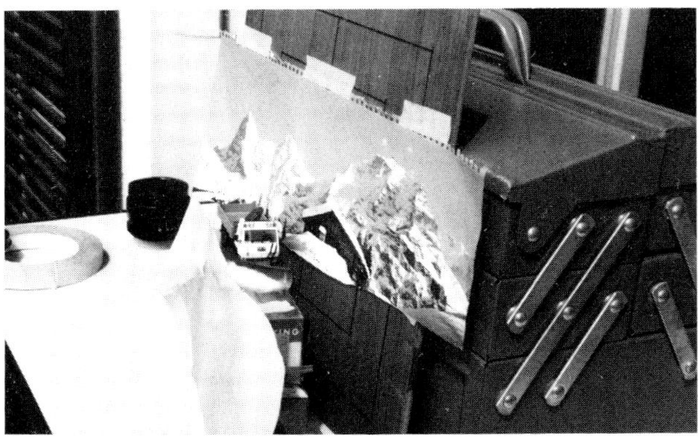

Kompaktblitz Kleine handliche → Blitzgeräte, zum Teil mit Schwenkreflektor, die auf den Mittenkontakt von Spiegelreflexkameras gesteckt werden. Sie sind lichtstark, vielseitig und für den Einstieg in die Modellfotografie gut geeignet.

Konversionsfilter Diese Filter korrigieren bei Farbdiafilmen die Farbtemperatur des Aufnahmelichts und ermöglichen dadurch eine richtige Farbwiedergabe. Man unterscheidet Konversionsfilter mit den Buchstabenkombinationen CR (Color-Rot) und CB (Color-Blau). Mit den Filtern kann man z. B. einen Tageslichtfilm für Kunstlichtaufnahmen verwenden bzw. einen Kunstlichtfilm für Tageslichtaufnahmen.

Konverter Japanische Erfindung für Spiegelreflexkameras mit Wechselobjektiven. Ein Konverter wird zwischen Kamera und Objektiv gesetzt und verdoppelt oder verdreifacht die Brennweite (egal, welches Objektiv man benutzt). Aus einem Normalobjektiv (55 mm Brennweite) wird z. B. ein 110-mm-Tele. Das ist praktisch und erspart den Kauf teurer Zusatzobjektive. Nachteil: Konverter schlucken viel Licht. Hat die Kamera keinen Innenbelichtungsmesser, dann gilt die Faustregel: doppelte Brennweite – vierfache Belichtung.

Kontrast Ein roter Ferrari vor grünem oder gelbem Hintergrund – das sind Farbkontraste. Liegen Teile eines Trucks im Schatten und die Front mit dem verchromten Bullbar im hellen Sonnenschein – ist das ein Lichtkontrast. Fotografiert man einen Trans Am (1:8) mit einem Ford-T-Modell (1:32), hat man ein Motivkontrast. Über Kontraste kann man keine festen Regeln aufstellen, nur sinnvoll und kreativ sollten sie sein.

Kreativfilter Sind Objektivvorsätze (Weichzeichner, Tricklinsen, Farbfilter u. ä.), mit denen sich ungewöhnliche Aufnahmen machen lassen. Siehe → Sternfilter, → Multi Images.

Kunstlicht Darunter fallen alle nicht natürlichen Lichtquellen wie Glühbirnen, Halogenlampen, Scheinwerfer, Quarz- und Jodlampen, Leuchtstoffröhren usw. Sie haben Lichtstärken von einigen hundert bis zu vielen tausend Watt und strahlen Licht mit Farbtemperaturen von 2000 bis 3600 Kelvin aus, aber auch tageslichtähnliches Licht mit einer Farbtemperatur von 5000 bis 6000 Kelvin. Für den Hausgebrauch unterscheidet man drei verschiedene Arten von Kunstlicht: 1. Oberlicht, 2. Hauptlicht und 3. → Effektlicht. Die Wahl der hierzu notwendigen Lampen hängt von den Vorstellungen des Modellbauers und seinen Finanzen ab.

Kunstlichtfilter Mit Hilfe dieses Filters lassen sich Kunstlichtfilme in Tageslichtfilme umkehren. Die Buchstabenkombination lautet dabei CR 12, der Verlängerungsfaktor 4×, d. h. der Film muß bei vorgeschraubtem Filter 4× länger belichtet werden als ohne. Die Farbe des Kunstlichtfilters ist rot.

L

Lackfolie Eignet sich bestens für ästhetische Aufnahmen von Modellen. Man bekommt diese Folie in fast allen Farbtönen in Deko-Geschäften. Wichtig ist, daß die Lackfolie beim Bespannen einer glatten Fläche (Resopal-Platte, Spiegel o. ä.) völlig

Mercedes SSK spiegelt sich in schwarzer Lackfolie

faltenfrei ist, sonst gibt es unschöne Knitterfalten. Ein besonderer Vorteil der Folie: Die Modelle spiegeln sich wunderbar. Nachteil: Jeden Flusen erkennt man leicht auf dem Foto.

Lichtführung Für den richtigen Einsatz des Lichts gibt es eine Devise: Weg von der Kamera. Die Lampen oder Leuchten sollen lediglich das Modell ausleuchten und dies nach Möglichkeit nicht frontal, sonst wirkt das Modell konturlos. Möglichkeiten der Lichtführung siehe → Ausleuchten.

Low Key Das genaue Gegenteil der → High Key-Technik. Das Modell wird mit nur einem Hauptlicht vor einem tiefschwarzen Hintergrund (Fotokarton, gespannter Filz) aufgenommen. Für den plastischen Effekt sorgt ein → Spotlight von hinten, welches das Modell aber nur leicht anstrahlt. Wegen der teils extrem langen Belichtungszeiten ($^1/_2$ bis 5 Sekunden bei Blende 16 oder 22) sollte die auf dem → Stativ montierte Kamera unbedingt mit einem → Drahtauslöser gehandhabt werden.

Gute Ausleuchtung: Hauptlicht von vorn, Effektlicht von hinten

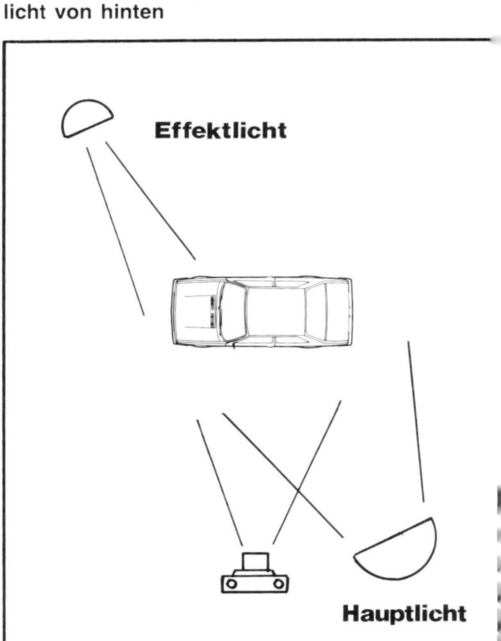

M

Macro-Blitz Für besondere Bereiche der Nah- und Macro-Fotografie gibt es spezielle Blitzgeräte, die helfen, Modelle ins rechte Licht zu setzen. Man unterscheidet zwischen zwei Systemen. Gute Lösungen erreicht man mit dem Ringblitz, der vorn am Objektiv befestigt wird und sich in erster Linie für flächige, direkt fotografierte Modelle bestens eignet. Bei schrägem Aufnahmewinkel versinken einige wichtige Details schnell im Dunkeln.
Effektiver sind Macro-Blitze, die links und rechts des Objektivs befestigt und deren Blitzköpfe auch einzeln verwendet werden können. Die beiden Blitzköpfe lassen sich schwenken, die Lichtführung kontrollieren und gezielt dosieren. Angeboten werden Macro-Blitzsysteme u. a. von Nikon und Olympus.

Macro-Objektiv Spezialobjektive mit hochentwickelter Optik, deren Einstellbereich von Unendlich bis zum Maßstab 1:2 reicht. Mit Adapter läßt sich der Einsatzbereich sogar auf einen Abbildungsmaßstab von 1:1 (natürliche Größe) erweitern. Hervorragend geeignet für Detailaufnahmen, selbst an H0-Modellen, sind die Nikon-Objektive 55 mm f/3,5 und 105 mm f/4.

Multi Images Mit diesen universell einsetzbaren Prismenvorsätzen wird das Modell (je nach Schliff des Prismas) fünf-, sieben- oder zehnfach abgebildet. Multi Images z. B. von Cokin lassen sich leicht durch Objektivvorsätze befestigen und sind drehbar, was den Reiz der Verfremdung noch erhöht. Geeignet sind diese Filter für alle Objektive mit einer Brennweite von 50–105 mm. Es empfiehlt sich nicht übermäßig abzublenden, sonst wird die Kontur des Filtermittelpunkts sichtbar.

N

Nahbereich Bezeichnung für den Aufnahmebereich, der weniger als 20 cm Abstand vom Objekt zum menschlichen Auge beträgt. Es ist die Welt der Käfer, Blumen, Wassertropfen, der Details und des Mikrokosmos. Der fotografische Weg in diese

»Wunderwelt« führt über vier unterschiedliche Stationen: ➝ Macro-Objektive, Vorsatz- oder Nahlinsen, Zwischenringe oder Balgengeräte. Im Nahbereich reduziert sich die ➝ Schärfentiefe erheblich, so daß die Objektive stark abgeblendet werden müssen.

Nahlinsen Erweitern die Einstellungsmöglichkeiten einfacher Kameras und Normalobjektive. Nahlinsen sind Sammellinsen, die aufgesteckt oder aufgeschraubt werden und aus einem Standardobjektiv von 50–55 mm Brennweite ein brauchbares ➝ Macro-Objektiv machen. Vorteil der Nahlinsen: sehr preiswert. Nachteil: Sie vermindern die optischen Qualitäten des Originalobjektivs, vor allem in der Schärfe, diese kann aber durch starkes Abblenden halbwegs korrigiert werden.

Nebelfilter Siehe Fog-Filter

Neger Abschirmblenden aus schwarzem Karton, die Streulicht bei Hintergrundprojektionen oder anderen fotografischen Aufnahmeverfahren absorbieren. Sie lassen sich leicht selbst machen und sind vielseitig verwendbar.

O

Objektive Spiegelreflexkameras sind gewöhnlich mit einem Normalobjektiv, Brennweite 50 oder 55 mm, ausgestattet, deren Bildwinkel etwa 50° entspricht, wobei die Perspektivendarstellung in etwa dem menschlichen Auge entspricht. Normalobjektive lassen sich universell verwenden. Wer Objektive einzeln kauft, sollte sich hüten, auf sogenannte Billigangebote einzugehen, sondern das zu dem Kameratyp passende Markenobjektiv verwenden, d. h. zu einer Nikon gehören Nikon-Objektive (auch wenn sie teurer sind). Für besondere Aufgaben gibt es dann Spezialobjektive, siehe ➝ Weitwinkel, ➝ Teleobjektiv.

Offenblitzmethode Ein Modell mittels Blitzlicht perfekt auszuleuchten, erreicht man durch die sogenannte Offenblitzmethode. Man geht wie folgt vor: Kamera auf

ein Stativ montieren und die Verschlußzeit auf B stellen. Jetzt den Raum verdunkeln, Auslöser der Kamera drücken und nacheinander mehrerer Blitze per Hand auslösen. Auch hier kann man entweder direkt oder indirekt blitzen.

P

Paraflash-Schirm Im Fotofachhandel erhältliche aufspannbare Schirme, mit denen man eine perfekte Lichtführung erzielen kann. Es gibt sie in drei verschiedenen Versionen: Mit weißer Innenbespannung für weich reflektiertes Licht, mit Silberbespannung für härteres reflektiertes Licht und mit Transparentbespannung für besonders weich gestreutes Direktlicht. Man kann sich Paraflash-Schirme aber selbst bauen, indem man einen ausrangierten Regenschirm mit silberner Haushaltsfolie ausschlägt. Das Resultat: das vom Schirm reflektierte Scheinwerferlicht hat fast die Intensität von Tageslicht.

Perspektive Die idealste Art, Modelle richtig zu fotografieren, ist die Übereckperspektive, bei der man bewußt den Kamerastandpunkt etwas tiefer liegt als das Modell (das sich z. B. auf einer Tischplatte befindet). Besonders Autos oder Trucks wirken aus dieser leichten Froschperspektive betrachtet viel dynamischer und authentischer. Hingegen von schräg oben fotografierte Modelle wirken fast immer unnatürlich, weil diese Perspektive für das menschliche Auge unnatürlich ist.

Polarisationsfilter Kurz Polfilter genannt, können in gewisser Hinsicht störende Spiegelungen und Reflexe an Glasscheiben oder glänzenden, nicht metallischen Oberflächen (Lackierungen etc.) reduzieren bzw. ganz aufheben. Diese Filter vertiefen u. a. das Blau des Himmels und bringen Reflektionen von Wasseroberflächen zum Verschwinden. Außerdem wirken alle mit Polfilter aufgenommenen Modelle farbintensiver. Tip: Die Filterwirkung ist optimal, wenn das Licht im rechten Winkel (90°) zur Kamera einfällt. Es gibt sie zum Aufschrauben oder Aufstecken (Cokin).

Prismenvorsatz Mit solch einem Objektivvorsatz können selbst Anfänger ungeahnte Effekte schaffen. Mit Prismenvorsatz aufgenommene Modelle weisen zum Teil blaue, gelbe, grüne oder rote Farbsäume auf (Spektralfarben, die durch Dispersion des weißen Lichts entstehen). So ein Prisma läßt sich beliebig drehen, so daß man aus einem gewöhnlichen Modell bisweilen ein impressionistisches Kunstwerk machen kann. Tip: Die Farbsäume treten am deutlichsten an kontrastreichen Modellen auf. Möglichst Objektive von 135–200 mm Brennweite verwenden.

R

Reflektoren Vorrichtungen, die das auftreffende Licht zurückwerfen. Es gibt Reflektoren an Blitzgeräten, als Reflexwände (spezialvergütet) oder als → Paraflash-Schirme. Im Prinzip kann man jede glatte weiße Fläche (Karton, Styropor- oder Resopalplatte) als Reflektor verwenden. Das Licht wird getreu der physikalischen Gesetzeinheit »Einlaßwinkel = Auslaßwinkel« reflektiert. Dadurch lassen sich Modelle weicher und besser ausleuchten.

Rotfilter Dämpft zu starkes Blaulicht. Mit dem Verlängerungsfaktor 4× (CR 12) läßt sich unter Verwendung eines Rotfilters ein Kunstlichtfilm fast problemlos als Tageslichtfilm verwenden. In der s/w-Fotografie bewirken diese Filter, daß z. B. bestimmte Farben reduziert werden. Wolken erscneinen selbst bei schlechten Sichtbedingungen kontrastreicher.

Rückprojektion Bei deser Methode wird ein Dia mit dem Projektor schattenlos von hinten gegen eine Mattfolie (Transparentpapier oder Astralon) geworfen. Vor der Folie wird dann das Modell in Szene gesetzt. Nachteil der Rückprojektion: Man erhält nur sehr schwierig eine gleichmäßige Ausleuchtung, da das Projektionsbild im mittleren Bereich stets heller erscheint als in den Randzonen (Hot Spot). Bessere Resultate erreicht man mit der → Frontprojektion.

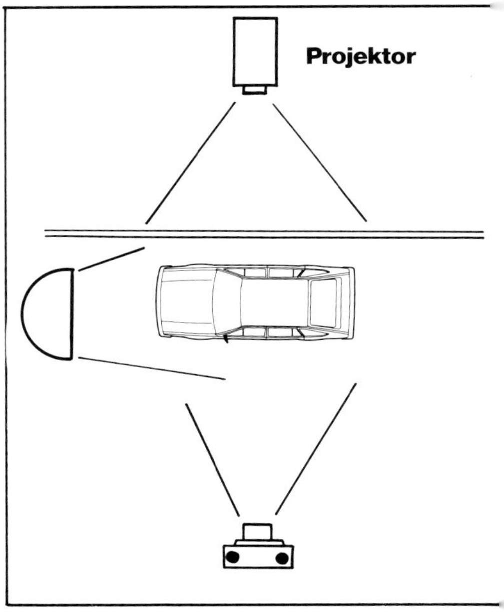

S

Sandwichtechnik Hat nichts mit belegten Weißbrotscheiben zu tun. Bei der Sandwichtechnik werden zwei Dias übereinanderkopiert, z. B. kombiniert man ein Segelschiff mit einer realen Meer-Himmel-Aufnahme. Die Möglichkeiten sind unerschöpflich. Man kann die beiden aufeinandergelegten und gerahmten Dias entweder auf eine glatte weiße Fläche (Resopalplatte) projizieren und abfotografieren oder läßt gleich im Fachlabor einen Farbabzug vom »Sandwich« machen.

Schärfentiefe Darunter versteht man den Bereich vor und hinter der eingestellten Entfernung, in dem das Foto noch Schärfe aufweist. Die Tiefenschärfe bei Objektiven ist um so größer, je kürzer die Brennweite ist. Weitwinkel sind deshalb den normalen Objektiven überlegen. Beim Fotografieren wird der Bereich der Tiefenschärfe um so größer, je kleiner die gewählte Blende ist (z. B. Blende 22 ergibt mehr Schärfe als Blende 2,8).

Bei der Schärfeneinstellung (fokussieren) eines Modells legt man die Schärfe ans Ende des ersten Drittels, d. h. fotografiert man einen schräg vor der Kamera stehenden Sportwagen, stellt man das Objektiv im Bereich des sichtbaren Vorderrades scharf ein und blendet dann ab auf 16 oder 22. Jetzt hat man die Gewähr, daß das Modell von vorne bis hinten scharf abgebildet ist.

Richtig fokussiertes Modell (oben), falsche Einstellung der Schärfentiefe (unten)

Schattenverlauf Bei Aufnahmen mit → Kunstlicht stets ein Problem. Wird das Modell zu stark oder direkt → ausgeleuchtet, ergeben sich unschöne lange Schatten. Wird das Modell vor einem Hintergrund fotografiert, sollte man darauf achten, daß es keine Schatten auf diesen wirft. Wer sein Modell vor einem realen Hintergrund (z. B. Kalenderblatt) aufnimmt, sollte vorher prüfen, wie der Lichteinfall bei der Szenerie ist. Kommt auf dem Hintergrund das Licht von links, sollte es natürlich beim davor plazierten Modell ebenfalls von links kommen.

Schokoladenseite Hat bestimmt jedes Modell. Es wird wohl nie passieren, daß z. B. ein Rennwagen von allen Seiten gleich gut aussieht bzw. rundherum perfekt verarbeitet ist. Deshalb sollte jeder, der sein Modell fotografieren möchte, sich dieses genau durch den Sucher der Kamera anschauen, bevor er den Auslöser drückt.

Silhouetten Gegenlichtaufnahmen, bei denen sich die Lichtquelle direkt hinter dem Modell befindet, so daß nur die dunkle Fläche des Objekts vor hellem Hintergrund abgelichtet wird. Silhouetten von alten Segelschiffen oder rassigen Sportwagen wirken besonders effektvoll.

Sonnenuntergangfilter Spezialfilter, die von der Tageszeit unabhängig machen: Die Sonne kann nun selbst vormittags oder mittags untergehen. Es handelt sich hier um → Verlauffilter, deren obere Hälfte stärker orange gefärbt ist als die untere. Dadurch wird die Wirkung des Sonnenuntergangs erreicht. Die Filter gibt es in zwei Stärken (Cokin).

Spiegel Wer sein Modell gerne doppelt sieht, stellt es zum Fotografieren auf einen Badezimmerspiegel. Der Kamerastandpunkt sollte bei der Aufnahme ziemlich hoch, d. h. über dem Modell liegen. Bei Freilichtaufnahmen lassen sich oft schöne Effekte mit einfangen, z. B. sich spiegelnde Wolken, Bäume etc.

Spiegelungen Schon mit einem einfachen kleinen Taschenspiegel, den man quer vors Objektiv der Kamera hält, lassen sich ungewöhnliche Spiegelungen bewirken. Wichtig dabei: Die Finger sollten nicht im Blickfeld des Objektivs sein. Professioneller als mit dem Handspiegel arbeitet man mit dem Cokin-Mirage-Vorsatz, in dem sich der eingesteckte flache Spiegel optimal bewegen läßt.

→ Effektlicht. Anstelle von teuren Lampen läßt sich auch ein → Diaprojektor als Spotlight verwenden. Die Lichtaustrittsöffnung kann mit einer Schablone aus schwarzem Fotokarton verkleinert werden.

Stativ Gehört zur Grundausstattung, wenn Modelle »gescheit« fotografiert werden sollen. Ideal sind stabile Stative mit Teleskopbeinen. Der Stativkopf, auf dem die Kamera geschraubt wird, sollte in jedem Fall beweglich sein und Befestigungsmöglichkeiten für eine Schiene bieten, an die weiteres Zubehör (Blitzgerät) geschraubt werden kann. Für Aufnahmen im → Macro-Bereich empfiehlt sich ein Stativ mit drehbarer Mittelsäule.

Die besten Spiegelungen erzielt man auf Glas und Kristallspiegel, hier bei einem Bentley Blower von Airfix

Spotlight Bezeichnung für Fotolampen, die das Licht stark gebündelt auf das Modell werfen. Spotlights dienen meistens als

Sternenhimmel Eine Besonderheit im Plastikmodellbau stellen die zahlreichen Science-fiction-Serien dar, welche vor al-

Bei dieser Ausleuchtung fällt das Licht durch den feingelöcherten Karton. Der Effekt kommt einem Sternenhimmel gleich

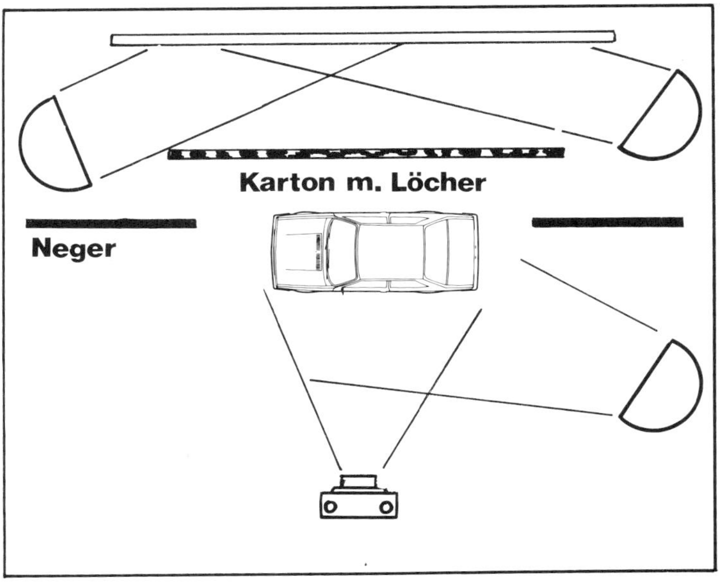

lem von japanischen Herstellern angeboten werden. Raumschiffe und fliegende Kampfmaschinen lassen sich recht realistisch vor entsprechendem Hintergrund fotografieren. Die einfachste Methode: Man streut feines Mehl über schwarzen Fotokarton. Noch besser, man bohrt mit einer Stahlspitze eine Anzahl kleiner Löcher in schwarzen oder tiefblauen Fotokarton. Dieser wird nun vor einer weiß angestrahlten Fläche befestigt. Das reflektierte Licht dringt durch die winzigen Löcher – der Sternenhimmeleffekt ist da.

Sternfilter Diese Filter sind besonders wirkungsvoll, wenn helle Lichtstrahlen vor dunklem Hintergrund auf der Bildfläche erscheinen. An den glänzenden Partien des Modells (Stoßstangen, Radkappen, Metalliclackierung etc.) werden mit Hilfe des Sternfilters die Spitzlichter in 4-, 8- oder 16zackige Sterne aufgelöst (je nach Filter). Da die meisten Filter vors Objektiv geschraubt werden, läßt sich die Sternenwirkung durch Drehung verändern.

T

Tabletop Bedeutet nichts anderes, als Modelle auf der Oberfläche eines Tisches (= table) zu fotografieren. Das Modell wird zur schattenfreien → Ausleuchtung vor einem Rundhorizont gestellt. Profis verwenden dafür eine stabile Opal-Plexiglasscheibe, die auch von unten beleuchtet werden kann.

Teleobjektiv Verdichten bei der Perspektivendarstellung die Entfernung und verkleinern den Bildwinkel. In der Modellfotografie haben sich Teleobjektive mit Brennweiten zwischen 85 und 135 mm bestens bewährt. Bereits Trucks im Maßstab 1:24 lassen sich mit solch einem »leichten« Tele formatfüllend ablichten. Noch besser ist der Einsatz-

bereich natürlich bei den größeren Maßstäben (1:16 bis 1:4).

Tageslicht Schafft die natürlichsten Bedingungen, um Modelle zu fotografieren. Vermieden werden sollte direktes Sonnenlicht (Mittagszeit) und dunkler wolkenverhangener Himmel (Aufnahmen werden dann zu kontrastarm). Ideal ist leicht bedeckter Himmel am Vor- und Nachmittag. Die Modelle sind dann weich und harmonisch ausgeleuchtet.

Tiefenschärfe siehe Schärfentiefe

Tricklinsen Bezeichnung und Sammelbegriff für Objektivvorsätze wie Halbnahlinsen, Weichzeichner, Kreuzgitter (für Sterneffekte), Multi Images oder Prismenvorsätze. Mit ihnen lassen sich ungeahnte »Showeffekte« erreichen.

U

Unschärfe Fehler, der häufig unbewußt begangen wird. Entweder wird nicht richtig abgeblendet, so daß nur ein Teil des Modells scharf wiedergegeben wird oder die Aufnahme ist generell unscharf. In diesem Fall liegt der Fehler in der falschen Entfernungseinstellung oder die Kamera wurde bei der Aufnahme verwackelt. Bei Spiegelreflexkameras lassen sich Unschärfen weitgehend vermeiden, denn diese Kameras verfügen über Fresnel-Linsen im Sucher, die sich selbst bei schwierigen Licht- oder Aufnahmeverhältnissen gestochen scharf einstellen lassen.

V

Verlaufsfilter Speziell für die Farbfotografie entwickelte Filter, die eine breite Palette von sanft ineinander übergehenden Farbverbindungen besitzen. Die dunkle Filterpartie erstreckt sich etwa bis zu Filtermitte. Durch verschieben oder drehen läßt sich Farbdichte stufenlos verändern. Es gibt die Verlaufsfilter in fast allen Farbschattierungen, so läßt sich z. B. mit einem Grau-Verlaufshimmel der Himmel dramatisch verdunkeln, das Modell im Vordergrund bleibt dabei allerdings (je nach Bildaufbau) unberücksichtigt.

Vaseline Fettcreme, die dünn auf einem vor dem Objektiv der Kamera befestigten Glasfilter gestrichen, für träumerische Weichzeichnereffekte in der Modellfotografie sorgt. Tip: Im Sucher (bei Spiegelreflexkameras) den Vaselineauftrag kontrollieren und nach Geschmack variieren.

W

Weichzeichner Spezialfilter, die den Motivkontrast mindern. Mit Weichzeichner aufgenommene Objekte wirken fließender, weicher. Kleine Schönheitsfehler (Lackschäden, Klebespuren o. ä.) werden abgeschwächt und teilweise unsichtbar. Es gibt diese Filter in mehreren Dichten zum Aufschrauben oder Aufstecken.

Weitwinkel Dehnen die Entfernungen, vergrößern den Bildwinkel und verfügen über einen immensen → Schärfentiefebereich. Durch die vordergründliche Verzerrung und Überbetonung sind sie für die Modellfotografie weniger geeignet. In Verbindung mit einem Zwischenring oder → Konverter läßt sich ein Weitwinkelobjektiv (Brennweite 28–35 mm) allerdings ganz gut für Dioramen- und Modellfotos benutzen.

Z

Zoom-Objektive Gummilinsen oder auch Vario-Objektive genannt. Aufgrund ihrer veränderlichen Brennweite lassen sich mit diesen Objektiven vom gleichen Standpunkt Aufnahmen mit unterschiedlicher Brennweite machen. Beispiel: Mit einem Zoom 35–70 mm oder 80–200 mm werden Dioramen zuerst in der Totalen, danach (vom gleichen Standpunkt) im Detail fotografiert. Zoom-Objektive sind zwar praktisch, aber leider ziemlich teuer.

Hersteller von Bausätzen und Fertigmodellen aller bekannten Maßstäbe

Airfix
Britische Firma: Flugzeuge 1:48 und 1:72, Schiffe 1:72 und 1:600, Militaria in H0 und 1:35, Autos in 1:32, 1:25, 1:16 und 1:12, umfangreiches Science-fiction-Angebot, Figuren und Zubehör wie Farben, Pinsel etc.
Vertrieb: Plasty Spiel- und Sportartikel GmbH, Plastyweg, 6823 Neulußheim

Albedo-Forkel GmbH
Modellautos 1:87 (H0)
Gottmannsdorfer Weg 11, 8807 Heilsbronn

amt
Bausätze aus den USA: US-Trucks, Feuerwehren, Pickups in 1:43, 1:32, 1:25 und Pkw in 1:43, 1:25 und 1:16 sowie Raumschiffe
Vertrieb: Kager Hobby Division, Postfach 61 03 24, 6000 Frankfurt 61

Aoshima
Bausätze von Sportwagen, Vans und Nobelkarossen aus Japan in den Maßstäben 1:24 und 1:20, Motorräder in 1:12 und 1:16
Vertrieb: Kager Hobby Division, Postfach 61 03 24, 6000 Frankfurt 61

Arii
Japanische Firma: Sport- und Rennwagen in 1:14, Racing Cart in 1:10, Roboter-Dioramasätze und historische Modelle (Telefon, Grammophon usw.)
Vertrieb: Karger Hobby Division, Postfach 61 03 24, 6000 Frankfurt 61

Bandai
Made in Japan: Oldtimer 1:16, Autos moderner Bauart 1:20 und 1:16, Flugzeuge 1:24 und 1:72, Panzer 1:24 und 1:15
Vertrieb: Bandai BV, P. O. Box 38, 3620 AA Breukelen, Holland

Billing Boats
Bausätze für Schiffe aus Dänemark, DK-6640 Gejsing per Luderskov
Vertrieb: Simprop Electronic, Ostheide 5, 4834 Harswinkel 1

Brekina Modellspielwaren GmbH
H0-Hersteller, Am Gansacker 4, D-7801 Umkirchen

Britains Limited
Plastik- und Metallspielzeuge »Autoway-Model«
Blackhorse Lane, London, E 17 5QD/GB England

Brumm S.N.C.
Via L. Bizzarone 3, I-22070 Oltrona S. Mammete (Como)

BBurago S.P.A.
Fertigmodelle und Bausätze, sehr nobel, aus Italien in Metall/Plastik
Via Galileo Galilei 4, I-10040 Burago Molgora
Vertrieb: Gerd Herbertz GmbH, Wöhlerstraße 10, 7800 Freiburg

CB-Cars
Die-Cast-Modelle 1:24
Via Torino 15/19, I-20063 Cernusco sul Naviglio, Milano/Italien

Chota Sahib
Figuren-Kits aus England, Größe 54 mm, sehr gut detailliert (Soldaten, Gladiatoren u. a. historische Figuren)
Vertrieb: J. Peddinghaus, Beethovenstraße 20, 5870 Hemer

Cinerius Lda. – »Vitesse«
Spritzguß-Modelle
P. O. Box 106, Rua das Rosas 87, Gueifães, P-4471 Maia Codex/Portugal

Conrad GmbH
Zinndruckguß-Modelle 1:43/50
Birkgartenstraße 15, D-8501 Kalckreuth-Röckenhof

Conrad Electronics
Modellbau-Zubehör, RC-Bausätze von Schiffen, Flugzeugen, Autos etc.
Postfach 11 80, 8452 Hirschau

Danhausen Spielwaren
Modellautos im Zinngußverfahren als Bausätze und Fertigmodelle
Kleinkölnstraße 20/22, D-5100 Achen

Doyu Sha
Kits aus Japan: Flugzeuge 1:28, 1:76 und 1:100, Panzer 1:76, Schiffe 1:150, 1:250 und 1:300, Figuren und Dioramen-Teile und Samurai-Schwerter 1:3
Vertrieb: Kager Hobby Division, Postfach 61 03 24, 6000 Frankfurt 61

Duve GmbH »Praline«
H0-Hersteller, Postfach 310, Tronstraße 4, D-6082 Mörenfelden-Walldorf
Vertrieb: Revell Plastics GmbH, Henschelstraße 7–11, 4980 Bünde 1

Efsi-Toys
Miniatur-Autos aus Spritzguß, H0
Horizonstraat 75, NL-6446 SC Brunssum

Ertl Company
Landwirtschaftliches Spielzeug aus Spritzguß, Trucks, Autos, H0
Hwys 136 & 20, Dyersville,
Iowa 5 20 40/USA

Esci Modellistica S.N.C.
Trucks und Pkw 1:32 und 1:24, Motorräder 1:9, Militaria 1:72 und 1:48, Eisenbahnen 1:87, Flugzeug-Cockpits 1:12
Via Torino 1:19, I-20063 Cernusco sul Naviglio (Milano)
Vertrieb: Kager GmbH, Postfach 61 03 24, 6000 Frankfurt 61

Essex Miniatures
Historische Figuren und Bausätze aus England, Größe 25 mm, fast alle Epochen
Vertrieb: MM Modellbauspezialversand, Falkensteinstraße 311, 4200 Obernhausen

Faller GmbH
Modellbahnzubehör, Spieleisenbahn, Autobahnen
(Vertrieb von Italeri und Pocher)
D-7741 Gütenbach

Fleischmann KG
Elektrische Modellbahnen H0 und N
Kirchweg 13, D-8500 Nürnberg

Gunze-Sangyo
Japanische Bausätze: Sportwagen und Oldtimer im Maßstab 1:24
Vertrieb: Karger Hobby Division, Postfach 61 03 24, 6000 Frankfurt 61

Fulgurex SA
Modelleisenbahnen, Zubehör und amerikanische Blechautos 1:20
Avenue de Rumine 33, CH-1005 Lausanne

Graupner, Johannes
Baukästen für Flug- und Schiffsmodelle, Automodelle, Modellmotoren, Funkfernsteuerungen, Zubehör etc.
Henriettenstraße 94–96, D-7312 Kirchheim/Teck

Hasegawa
Japanischer Hersteller: Autos 1:24, Flugzeuge 1:8, 1:32, 1:48, 1:72, Militaria 1:72, Waterline-Schiffe 1:700, Großmodelle (Yachten)
Vertrieb: Richard Schreiber, Postfach 134, 8510 Fürth

Heller
Bausätze und Zubehör aus Frankreich: Trucks und Pkw in 1:43, 1:24 und 1:8,

Rennwagen 1:12, Motorräder 1:8, Flugzeuge 1:72, 1:50, 1:25, Schiffe und historische Segelschiffe
Rue de Paradis, F-75010 Paris
Vertrieb: Plasty Spielwaren, Postfach 12 20, D-6831 Neulußheim

Herpa
Fritz Wagner GmbH
Automodelle 1:87 (H0), Pkw, Trucks und Busse
Leonrodstraße 46, D-8501 Dietenhofen

Humbrol
Consumer Products Division of Borden (UK) Limited
Modellbaufarben, Klebstoffe, Pinsel, Spritzpistolen, Werkzeuge etc.
Marfleet, GB-Hull/England
Vertrieb: Plasty Spielwaren, Postfach 12 20, D-6831 Neulußheim

Imai
Made in Japan: Historische Schiffe 1:40 bis 1:350, Buddelschiffe 1:450 und 1:750, Motorräder 1:4 und 1:12, Trucks 1:28, Pkw 1:35, 1:24, 1,2ß und 1:32, Science fiction 1:72 bis 1:800
Vertrieb: Richard Schreiber, Postfach 134, 8510 Fürth

Italeri S.P.A.
Trucks und Oldtimer 1:24, Flugzeuge 1:48 und 1:72 sowie Schiffe 1:720
Vertrieb: Faller GmbH, Postfach, D-7741 Gütenbach

Jamara Modelltechnik
Flugmodellebausätze, Motoren-Schrumpfschläuche, Zubehör
Mailand 29, D-7970 Leutkirch

Jo-Han
Made in USA: Oldtimer 1:24, amerikanische Fahrzeuge 1:25, Vitrinen
Vertrieb: Karger Hobby Division, Postfach 61 03 24, 6000 Frankfurt 61

Kibri
Spielwarenfabrik GmbH
H0-Programm: Lkw und Nutzfahrzeuge, Modellbahn-Zubehör
Otto-Lilienthal-Straße 40, D-7030 Böblingen

Krick,
Klaus Modelltechnik
Flug-, Schiffs- und Automodellbaukästen
Industriestraße 1, D-7134 Knittingen

LS
Japanische Kits: Autos 1:24 und 1:16, Motorräder 1:20, Flugzeuge 1:72 und 1:144
Vertrieb: Richard Schreiber, Postfach 1 34, 8510 Fürth

Märklin & Cie. GmbH
Elektrische Eisenbahnen
Holzheimer Straße 8, D-7320 Göppingen

Majorette
Maßstabgerechte Miniaturmodelle aus Spritzguß mit vielen Funktionen
Schießplatz 10, D-8510 Fürth

Matchbox Spielwaren GmbH
Miniaturfahrzeuge aus Metall, Modellbausätze, Flugzeuge, Militaria, Schiffe, Motorräder und Sammelmodelle: Models of Yesteryear
Siemensstraße 23, D-8759 Hösbach

Maxicraft –
APP-Star Electric Tools GmbH
Mini-Elektro-Werkzeuge und -Zubehör, Flugmodellbausätze etc.
Friedhofstraße 42, D-4330 Mülheim/Ruhr

Mitsuwa
Made in Japan: vorwiegend Panzer und Militaria 1:20 und 1:48
Vertrieb: Kager Hobby Division, Postfach 61 03 24, 6000 Frankfurt 61

Monogram
US-Firma mit umfangreichem Programm: Flugzeuge 1:48, 1:72 und 1:32, Autos und Trucks 1:24, 1:32, 1:16 und 1:8, Schiffe 1:400, Lokomotiven Spur H0 und Militaria 1:35
Devon Ave, Chicago, Illinois 60659/USA
Vertrieb: Kager Hobby Division, Postfach 61 03 24, 6000 Frankfurt 61

Multiplex Modelltechnik GmbH
Modellbaukästen, Zubehör
Neuer Weg 15, D-7532 Niedern-Öschelbronn 1

Nichimo
Bausätze aus Japan: Jeeps 1:20, Pkw 1:24, Motorräder 1:10, Flugzeuge 1:20 und 1:48, Schiffe 1:150 bis 1:300, Militaria 1:35
Vertrieb: Richard Schreiber, Postfach 134, 8510 Fürth

Nitto Kagaku Co. Ltd.
Japanische Firma: Autos 1:24 und 1:28, Motorräder 1:15, Flugzeuge 1:100, Science fiction und Figuren div. Maßstäbe
6-4 Nishiura, Chiba Pref. 173/Japan
Vertrieb: Kager Hobby Division, Postfach 61 03 24, 6000 Frankfurt 61

NZG-Modelle
Bau- und Erdbewegungsmaschinen, Pkw und Lkw aus Metall, maßstabgetreu und funktionsecht
Sigmundstraße 147, D-8500 Nürnberg 80

Otaki
Bausätze aus Japan: Autos 1:12 und 1:24, Flugzeuge 1:48 und 1:144, Schiffe 1:250 bis 1:800, Lokomotiven 1:50 und 1:87, Militaria 1:35 und 1:48
Vertrieb: Richard Schreiber, Postfach 134, 8510 Fürth

Phoenix
Britische Figuren fast aller Epochen, Höhe 54, 75 und 80 mm, Möbel und Zubehör in 1:32
Vertrieb: J. Peddinghaus, Beethovenstraße 20, 5870 Hemer

Pocher, Division of Rivarossi S.P.A.
Modellautos aus Metall – Oldtimer und ein Truck (Volvo F-10) im Maßstab 1:8
I-22100 Como
Vertrieb: Faller GmbH, Postfach, D-7741 Gütenbach

»Praline« – Duve GmbH
siehe Duve GmbH

Preiser
Paul, M., Kleinkunst-Werkstätten
Miniaturfiguren und Zubehör für Modellbahnanlagen und Dioramen, Automodelle 1:87, Elastolin-Figuren
Postfach 12 33, D-8803 Rothenburg o. d. T.

Protar
Micro Modelli Provini
Micromodelle von Rennrädern, Motorrädern und Autos (Rennwagen)
Via Fucini 1, I-40033 Casalcchio di Reno (Bologna)
Vertrieb: Kager Hobby Division, Postfach 61 03 24, 6000 Frankfurt 61

Revell
Flugzeuge 1:48 bis 1:144, Raumfahrzeuge 1:72 bis 1:288, Schiffe 1:72 bis 1:524, Trucks und Pkw 1:24/25 und 1:16, Motorräder 1:8, Eisenbahnzubehör in H0, Farben, Kleber etc.
Henschelstraße 7–11, D-4980 Bünde 1

Revival
SNC die Serattini Stefano e Bergami Sando
Automodelle aus Metall
Via Casaroli Nr. 6, I-40061 Minerbio (Bologna)

Rietze Automodelle
Automodelle 1:87 und Zubehör
Banatstraße 40, D-8500 Nürnberg 31

Rivarossi S.P.A.
Via Pio XI, I-22100 Como/Italy

robbe-Modellsport GmbH
Komplettes RC-Programm, Schiffe, Hubschrauber, Flugzeuge, Trucks, Autos, Fernsteuerungsanlagen, Zubehör
Postfach 11 08, 6424 Grebenhain 1

Schabak-Modellspielwaren
Automodelle 1:43 Zinkdruckguß, Flugmodelle 1:600
Petzoltstraße 6, D-8500 Nürnberg

Roco-Modellspielwaren
Modelle im Maßstab 1:87 – Einsatzfahrzeuge, Geländewagen, Nutzfahrzeuge, Baumaschinen und Zubehör etc.
Postfach 38, A-5033 Salzburg/Österreich

Roskopf Miniaturmodelle
H0-Modelle, Oldimer-Busse, Schweizer Lkw etc.
Staufenstraße 9, D-8220 Traunstein-Haslach

Serpent
Modell-Import Deutschland
Ferngesteuerte Rennauto-Modelle, Buggies, Mondial-Rennmotoren
Am Lindenbaum 20, D-6200 Wiesbaden 37

Siku
Sieper Werke
Lkw, Pkw und Spezialmodelle aus Druckguß
Schlittenbacher Straße 60, D-5880 Lüdenscheid

Simprop Electronic
Komplettes RC-Programm: Flug-, Auto- und Schiffsmodelle, Motoren, Farben, Kleber, Fernsteuerungsanlagen etc.
Ostheide 5, D-4834 Harswinkel 1

Solido
Miniaturmodelle aus Spritzguß mit vielen Funktionen
Schießplatz 10, D-8510 Fürth

Sunny
Made in Japan: Oldtimer 1:16, Autos und Rennwagen 1:20, 1:25, Motorräder 1:15
Vertrieb: Kager Hobby Division, Postfach 61 03 24, 6000 Frankfurt 61

Tamiya
Plastic Model Co.
Edel-Japaner, im Programm: Motorräder 1:6 und 1:12, RC-Kits 1:10, Formel-I-Rennwagen 1:12 und 1:20, Pkw 1:24, 1:32 und 1:20, Militaria 1:35, 1:25 und 1:16, Flugzeuge 1:32 und 1:48, Schiffe 1:72 bis 1:350, Farben, Kleber etc.
Shizuoka-City 422/Japan
Vertrieb: Dickie-Vertriebs-GmbH, Widhalmstraße 4–10, D-8500 Nürnberg 40

Tekno Toys BV
Druckgußmodelle im Maßstab 1:50, Trucks aus Skandinavien
Rotterdamseweg 370a, NL-2629 HG Delft/Holland

Union
Made in Japan: Oldtimer 1:16, Autos und Rennwagen 1:20, 1:25, Motorräder 1:15
Vertrieb: Kager Hobby Division, Postfach 61 03 24, 6000 Frankfurt 61

Vitesse
Spritzguß-Modellautos
P. O. Box 106, Rua das Rosas 87, Nucieo Industrial, 4470 Maia/Potugal
Vertrieb: Richard Schreiber, Keplerstraße 8–10, 8510 Fürth

Webra Modellbau GmbH
Modellmotoren, Fernsteuerungen, Zubehör für Modellbau, Zahnräder, Luftschrauben, Flug-, Schiffs- und Automodelle
Industriestraße 287, D-8588 Weidenberg

WEDICO
Metall-Kits und Fertigmodelle, Trucks, Rennwagen 1:16, RC-Schiffe, Zubehör, Figuren
Postfach 14 04 01, 5600 Wuppertal 2

Western Modells Ltd.
Modellautos
Priory Way, Taunton, Somerset TA 12 AL/ GB

Wiking
Modellbau GmbH & Co. KG
H0-Hersteller: Pkw, Oldtimer, Jeeps, Anhänger, Lkw, Busse, Feuerwehr, Landwirtschaftsmaschinen
Unter den Eichen 101, D-1000 Berlin 45

Williams
Plastik-Kits aus den USA, Flugzeuge in 1:32 und 1:72, Motoren, Waffen u. a. Zubehör
Vertrieb: Kager Hobby Division, Postfach 61 03 24, 6000 Frankfurt 61

Yamada
Japanische Firma, Programm: Schwimmfähige U-Boote 1:50 und 1:300
Vertrieb: Richard Schreiber, Postfach 134, 8510 Fürth

Yodel
Made in Japan: Autos 1:24, Motorräder 1:8, Motorroller 1:24, Vitrinen
Vertrieb: Kager Hobby Division, Postfach 61 03 24, 6000 Frankfurt 61

Yonezawa Corporation
Batteriebetriebenes Spielzeug, Spielzeug mit Reibungsantrieb, Elektronikspielzeug
No. 16–6 Asakusabashi 3-chome, Taito-ku, Tokio 111/Japan

Anhang

Zubehör

Badger
Air Brush Company
Spritzpistolen, Zubehör und Künstlerfarben
9128 West Belmont Avenue, Franklin Park, USA

Bausch, Peter
Pebaro-Werkzeugfabrik
Blombachstraße 21–23, D-5600 Wuppertal

Bemo
Modelleisenbahnen GmbH
Modelleisenbahn/Zubehör
Stuttgarter Straße 59, D-7336 Uhingen

Brawa
Artur Braun Modellspielwarenfabrik
H0, N, Z, Leuchten, Signale, Bahndienstfahrzeuge, Schranken, Containerkran, Seilbahnen, Schiebebühne, Relais etc.
Waldmühleweg 82, D-7050 Waiblingen

Busch
Modellspielwaren GmbH
Modellbahnzubehör Spur H0, N, Z und I
Heidelberger Straße 26, D-6806 Viernheim

da Vinci – Künstlerpinselfabrik
Gustav-Adolf-Straße 33,
D-8500 Nürnberg 70

EMA-Industriemodellbau
(Plastruct-Profile), Wilhlemstraße 27,
6233 Kelkheim

Faber Castell
Zeichengeräte und Künstlerbedarf etc.
Nürnberger Straße 2, D-8504 Stein/Nürnberg

HEKI
Modelleisenbahn Spur I, 0, H0, N und Z, Tunnel, Bäume, Moos, Grasmatten, Streumaterial, Schotter usw.
Am Bahndamm 10, D-7550 Rastatt 15

Heljan Plastic
Bausätze für Modelleisenbahnen
Egestubben 24, DK-5270 Odense (Dänemark)

Kreul, C.
Künstlerfarben und Maltuchfabrik
Hainbrunnenstraße 8, D-8550 Forchheim

Lanitz-Modellbau
Flugmodelle, Modellbauzubehör, Funkleitsystem, Zubehör für Modellbau
Finckensteinallee 34a, D-1000 Berlin 45

Letraset GmbH
(Aufreibebuchstaben, Folien etc.)
Mergenthaler Straße 6, 6000 Frankfurt 60

Lux, Emil GmbH
Kleinmaschinen für Modellbau und Modellbauwerkzeuge
Industriestraße 10, D-5632 Wermelskirchen

Marabuwerke
Erwin Martz GmbH
Farben und Sprays, Zeichenbedarf
Asperger Straße 4, D-7146 Tamm

Martor – Argentax
Schneidgeräte, Messer und Klingen
Katternberger Straße 24a
D-5660 Solingen 1

Minicraft GmbH
Spezialwerkzeuge für Modellbau
Robert-Klinger-Straße
D-6270 Idstein/Taunus

Model Power
Eisenbahnen, Spritzgußmodelle, Messer und Werkzeuge
180 Smith Street, Farmingdale, New York 11735, USA

MZZ AG Modellbahnzubehör
Modellautos
Windeggstraße 24, CH-8203 Schaffhausen

Noch GmbH & Co.
Modellbahnanlagen mit Landschaft für Schaufensterwerbung und Hobby, Eisenbahnzubehör, Bastlermaterial, Autostraßen und Flugzeuge
Lindauer Straße 49, D-7988 Wangen/Allgäu

Pactra INC.
Hobbyfarben, Zement, Sprays, Hobbysets und Zubehör, Aero Gloss, Formula-U.-Szenarien für Modelleisenbahnen, Metallformen und -rohre
16946 Sherman Way, Van Nuys, CA 91406, USA

Pelikan AG
Hobby-, Bastel- und Malartikel
Podbilskistraße 141, D-3000 Hannover 1

Pola-Modellspielwaren
Am Bahndamm 59, D-8734 Rothausen

Proxxon GmbH
Werkzeuge und Maschinen, Minimot Präzisions Bohr- und Fräsgeräte, Kleindrehmaschinen, andere Geräte für Modellbau
Im Spanischen 18–24, D-5561 Niersbach

Rotring-Werke
Farben, Zeichengeräte etc.
Kieler Straße 303, D-2000 Hamburg 54

Schmincke H. & Co.
Künstlerfarben, Malzubehör und Hilfsmittel etc.
Otto-Hahn-Straße 2, D-4006 Erkrath-Unterfeldhaus

Staedtler Mars GmbH
Farben etc.
Kirchenweg 10, D-8500 Nürnberg 90

Takara Co. Ltd.
Japanische Firma für mechanisches und nicht-mechanisches Spielzeug
19–16 Aoto 4-chome, Katsushika-ku, Tokyo 125/Japan

Titan GmbH
Transformatoren für Modellbahnen und Autobahnen, Ladegeräte und Zubehör für den Modellbau
D-7170 Schwäbisch Hall

Vau-Pe
Friedrich Poppsitz KG
Modellbahnzubehör für die Landschaftsgestaltung
Lerchenweg 11

Vollmer GmbH
Modelleisenbahnzubehör für Dioramen
Porschestraße 25, D-7000 Stuttgart 40

Vertreiber

Behringer, Heinz
Hobby – Modellbau – Spielwaren
Lehrberger Straße 56, D-8500 Nürnberg

Danhausen Modelcar Aachen
Vertreiber von Western Models, Eligor, Brumm etc., siehe auch Hersteller
Postfach 485, Neerscheider Weg 6,
D-5100 Aachen

Dickie-Vertriebs-GmbH
Vertreiber von Tamiya, Widhalmstraße 4–10, D-8500 Nünberg 40

Faller GmbH
Vertreiber von Italeri und Pocher, s. a. Hersteller
D-7741 Gütenbach

Karger Hobby Division
Vertreiber von Monogram, Ertl/amt, Badger, Nitto, Fujimi, Aoshima, Union, Doyusha, Kawai, Arii, Gunze, Crown, Yodel, Mitsuwa, Jo-Han, Model-Poser, Comet, Pactra, North-Pacific, Krasel, MPC, Esci, Protar, Sunny u. a.
Postfach 61 03 24, D-6000 Frankfurt 61

Plasty GmbH
Vertrieb von Airfix, Heller-Humbrol
Plastyweg, D-6823 Neulußheim

Schreiber, Richard
Vertreibt: Otaki, Revival, Imai, LS, Mitsuwa, Nishimo, Marui, Gunze, Sangyo, Hasegawa, Vitesse u. a.
Keplerstraße 8–10, D-8510 Fürth

Gerd Herbertz GmbH
Vertreiber von BBurago, Rio
Wöhlerstraße 10, 7800 Freiburg

J. Peddinghaus
Vertreiber von Chota Sahib, Phoenix, Historex, Barton (alles Figuren)
Beethovenstraße 20, 5870 Hemer

Modellbau-Clubs in Deutschland

PMC-Duisburg
Porsche-Modell-Club
Ulrich Upietz
Am Golfplatz 60, 4100 Duisburg 29

C.A.M. e. V. **Berlin**
Stresowstraße 5, 1000 Berlin 20

EPMC München e. V.
Jörg Schlattner
Hauptstraße 20a, 8011 Heimstetten

Plastik-Modellbau-Verein
Frankfurt e. V.
Heinz Tonn
Am tiefen Born 4, 6374 Karben 3

Roco-Fan-Club Kassel
Siegfried Walter
Konrad-Adenauer-Straße 77a, 3500 Kassel

Erster Modellbau-Club Dorsten
U. Granzeier
Overbergstraße 31, 4270 Dorsten

Freunde des Plastikmodellbaus „Modelpoint"
Jürgen Kiroff
Ansbacher Straße 91, 8500 Nürnberg 60

Modellbau-Club Mainspitze e. V.
Helmut Gottron
Rathaus, 6095 Ginsheim-Gustavsburg 2

EAC Eisenbahn-Amateurclub Hagen e. V.
Siegmar Peter
Augustastraße 73, 5800 Hagen 1

Modell-Interessen-Gemeinschaft Westerwald
Axel Linger
Im Wiesengrund 19, 5439 Halba/West

Plastik-Modellbau-Club Erding
Fritz Neureuther
Äußere Regensburger Straße 43, 8300 Landshut

Verein der Plastik-Modellbauer Hannover e. V.
Hans-H. Schurig
Bonhoefferstraße 5, 3015 Seelze 1

Hobby-Modellbaugruppe
Flugabwehrregiment 2
Eberhard Welz
Eugen-Richter-Straße 4, 3500 Kassel

KLIO
Vereinigung der Zinnfigurensammler
Horst Schneidereit
Ravensbergerstraße 70, 5600 Wuppertal 1

mtc
Mini-Truck-Club
Hans-Jürgen-Szmytkowski
Winnlohstraße 57, 4350 Recklinghausen

I.P.M.S. Deutschland
Günter Lindow
Oertzenweg 12b, 1000 Berlin 37

Modellbaugruppe Braunschweig
Hunsrückweg 14, 3300 Braunschweig

Plastik-Modell-Club Dortmund e. V.
Dirk Oppendorf
Begonienstraße 25, 4600 Dortmund 41

Club der H0-Automodell-Freunde e. V.
Stresowstraße 5, 1000 Berlin 20

Plastik-Modellbau-Club Mannheim
Victor Stepanek
Postfach 56 51, 6800 Mannheim

CV Römerrunde Moselland
Trucks
Peter Kiefer
Brückenstraße 6, 5550 Trier

Erster Modellbau-Club Lübeck e. V.
Wolfgang Schulz
Albert-Schweizer-Straße 22, 2407 Bad Schwartau

Erster Modellbau-Club Mainz e. V.
Postfach 33 06, 6500 Mainz 1

Plastik-Modellbau-Club Kassel
Wernher-von-Braun-Straße 41, 3507 Baunatal 1

Club der Modellauto-Freunde
Schubertstraße 7, 4178 Kevelaer 1

Frankfurter Plastik-Modellbau-Fan-Club 1983 e. V.
Hans-Jürgen Epp
Postfach 71 02 02, 6000 Frankfurt 71

DMC e. C.
Deutscher Minicar-Club e. V.
Hans Ludwig Walther
6490 Schlüchtern

MCSO Modellbau-Club Süd-Ost e. V.
Uwe Lässig
Prof.-Kurt-Huber-Straße 5b
8202 Bad Aibling

Die Autoren

Bernd P. Keiner, Jahrgang 1950, studierte Visuelle Kommunikation und Allgemeine Literaturwissenschaft in Wuppertal. Nach längeren Auslandsaufenthalten in Australien und Ozeanien lebt er seit 1982 in München und arbeitet dort als Buchautor und Redakteur für die Themenbereiche Freizeit, Unterhaltung, Reisen und Sport. Er ist leidenschaftlicher Modellbauer (Trucks, Motorräder, Sportautos) und Mitherausgeber des bekannten Fachmagazins MODELL HIT.

Barbara Riedmann, Riemerling/München, Jahrgang 1957. Freie Journalistin für die Bereiche Unterhaltung und Freizeit, außerdem Mitbetreiberin einer PR-Agentur und Herausgeberin u. a. des Fachmagazins MODELL HIT.

Tausende von Leserbriefen und ungezählte Diskussionen mit Modellbauern gaben mit den Anstoß zu diesem Nachschlagewerk rund um den Modellbau, in dem sowohl Anfänger als auch Fortgeschrittene und Experten Anregungen und Tips für ihr interessantes Hobby erhalten.